es 1017

edition suhrkamp

Neue Folge Band 17

Friedensanalysen 12
Vierteljahresschrift für
Erziehung, Politik und Wissenschaft

Herausgegeben von der
Hessischen Stiftung Friedens- und Konfliktforschung
(HSFK)
in Zusammenarbeit mit der Arbeitsgemeinschaft für
Friedens- und Konfliktforschung (AFK),
mit Unterstützung
der Berghof-Stiftung für Konfliktforschung

Die Ereignisse im Gefolge der iranischen Revolution zeigen, welch ungeheure Kraft der Tradition vom gerechten bzw. »heiligen« Krieg noch heute innewohnt. Der 12. Band der »Friedensanalysen« beschreibt und untersucht die Wurzeln und vielfachen Differenzierungen der Lehre vom »gerechten«, ohne Gewissensnot zu führenden Krieg seit Augustinus, die einmal ein historischer Fortschritt war, insofern sie eine Einschränkung der völlig willkürlichen Eroberung bedeutete. Der Akzent liegt dabei jedoch auf der *gegenwärtigen* Bedeutung dieser Lehre im Islam, in Katholizismus und Protestantismus, im chinesischen und osteuropäischen Marxismus sowie im Völkerrecht: Kann es angesichts der modernen Massenvernichtungs-Waffen und ihrer Folgen überhaupt noch einen gerechten Krieg geben? Die Relevanz dieser Frage wird u. a. an folgenden Punkten ausgewiesen: Der Nationalsozialismus hätte ohne die in der Weimarer Republik weitverbreiteten Kriegsrechtfertigungs-Ideologien keine Chance gehabt; die Evangelische Kirche Deutschlands hat nach dem Zweiten Weltkrieg und bis heute erbittert über die Frage nach der Legitimität von Krieg und Rüstung gestritten, und die iranische Revolution ist nur zu begreifen vor der Folie der Geschichte des islamischen »Heiligen Krieges«.

Der gerechte Krieg: Christentum, Islam, Marxismus

Redaktion Reiner Steinweg

Suhrkamp

Redaktionsadresse:
Hessische Stiftung Friedens- und Konfliktforschung,
Leimenrode 29, 6000 Frankfurt/M. 1.

edition suhrkamp 1017
Neue Folge Band 17

Erstausgabe.

Satz: Georg Wagner, Nördlingen
Druck: Ebner Ulm.
Umschlagentwurf: Willy Fleckhaus.
Printed in Germany.

Inhalt

Thesen aus den Beiträgen

- Die im Iran praktizierten Widerstandsformen, die zum Sturz des Schahregimes geführt haben, wären ohne die islamische Tradition des »Heiligen Krieges« nicht denkbar. Die Stoßrichtung der heutigen islamischen Bewegung erklärt sich aus dem speziellen islamischen Staatsverständnis und der kolonialen Geschichte der islamischen Welt.

- Für das allgemeine katholische Bewußtsein vom Kriege waren in der ersten Hälfte unseres Jahrhunderts »Handbücher der Moral« von größerer Bedeutung als die gleichzeitigen Kriegsächtungen der Päpste. In diesen Handbüchern wurden die von den mittelalterlichen Theologen erarbeiteten, zunehmend radikaler formulierten Bedingungen »gerechter« Kriege zugunsten einer absoluten Gehorsamspflicht für den einzelnen Soldaten aufgegeben.

- Die Ev. Kirche Deutschlands geriet über die Frage des gerechten Krieges im Atomzeitalter mehrfach an den Rand der Kirchenspaltung. Der Kompromiß, die Lehre vom gerechten Krieg zu verwerfen, dennoch aber die fortgesetzte Aufrüstung zumindest zu dulden, ist nur begrenzt tragfähig und politisch zweifelhaft.

- Die historische Leistung des Völkerrechts besteht in der Überwindung der Lehre vom gerechten Krieg und in der Ersetzung des Rechts zur Kriegführung durch die allgemeine Friedenspflicht. Eine völkerrechtliche Sanktionierung von Befreiungskriegen als »gerechten« Kriegen, wie sie von UNO-Delegierten der Dritten Welt gefordert wird, würde bedeuten, daß diese wichtige Normenschranke niedergerissen wird.

- Die nationalsozialistische Machtübernahme ist nicht nur durch die antidemokratischen, sondern speziell auch durch die militaristischen Tendenzen in der Weimarer Zeit ermöglicht worden.

Zu diesem Band

»Und natürlich: es darf geschossen werden!« Dieser Satz, der, auf die innenpolitische Situation der Bundesrepublik bezogen, Anfang der 70er Jahre Entsetzen hervorrief, könnte schon morgen auf breite Zustimmung stoßen, wenn es um die immer häufiger beschworene militärische »Sicherung des Ölhahns« gehen sollte. Angesichts solcher interessenbestimmter Positionswechsel, angesichts auch des Zynismus, mit dem die Großmächte ihre machtpolitischen Ziele zu verfolgen pflegen – sei es nun in Vietnam (und wieder in Vietnam) oder in Afghanistan –, könnte es als ein müßiges Unterfangen erscheinen, sich mit den verschiedenen Traditionen zur Unterscheidung von gerechten und ungerechten Kriegen zu beschäftigen. Wird nicht im Zweifelsfall *jeder* Krieg (und Bürgerkrieg) von jeder kriegführenden Partei für »gerecht« erklärt? Und doch zeigt gerade der Vietnamkrieg, daß im 20. Jahrhundert die Frage, ob die Bevölkerung eines kriegführenden Staates diesen Krieg für gerecht hält, mit kriegsentscheidend sein kann.

Die unerhörte militärtechnologische Entwicklung seit dem Zweiten Weltkrieg läßt jedoch die Frage nach der »Gerechtigkeit« von Kriegen zumindest in Europa als absurd erscheinen. Sie verlagert sich aber in ein anderes Feld: Wenn angesichts der modernen Massenvernichtungsmittel ein Krieg überhaupt nicht mehr als »gerecht« verstanden werden kann – gleichgültig, welche Anlässe, Ursachen und Ziele ihm zugrunde liegen, gleichgültig auch, ob es sich um »Verteidigung« oder »Angriff« handelt –, ist dann die *Vorbereitung* auf einen solchen Krieg, also Rüstung, auf die Dauer noch zu rechtfertigen? Denn Abschreckung kann nur glaubhaft sein, wenn und solange sie Ausdruck des festen Willens ist, das Kriegsbilder-Spiel mit den Megatoten notfalls in den euphemisch so genannten Ernstfall zu überführen.

Vor diesem moralischen Dilemma stehen in der Gegenwart nicht nur die Kirchen. Aber sie, die die Lehre vom gerechten Krieg über die Jahrhunderte entwickelt haben, noch ehe das Völkerrecht diese Lehre überwand – vgl. den Beitrag von *Otto*

Kimminich –, und die damit einen zunächst nicht unwesentlichen Beitrag zur Domestizierung des Krieges lieferten, sind davon in ganz besonderer Weise betroffen. Die beiden Beiträge über den gerechten Krieg in den christlichen Hauptströmungen Westeuropas von *Paulus Engelhardt* und *Wolfgang Lienemann* zeigen, wie tiefgehend der Konflikt in dieser Frage seit dem Zweiten Weltkrieg ist. Er ging, wie erst jüngst angesichts der Frage, ob die Kirchen Befreiungsbewegungen unterstützen können, die zur Gewalt greifen, gelegentlich bis an den Rand der Kirchenspaltung. Die Erbitterung, mit der hier gestritten wird, oder auch die Verlegenheit, mit der Kompromisse in dieser Frage eingegangen, weitergeschleppt und immer wieder in Frage gestellt werden, ist nur vor dem hier dargestellten historischen Hintergrund zu verstehen. An der geschichtlichen Entwicklung wird sichtbar, wie sich gegenüber den immer brutaleren Formen der Kriegführung eine zunehmend radikalere Eingrenzung der Bedingungen entwickelt, unter denen ein »gerechter« Krieg noch vorstellbar wäre. Fortschritt und Rückschritt der menschlichen Geschichte werden an der Frage von Krieg und Kriegsrechtfertigung so deutlich wie nur selten.

Das scheint nicht zu gelten für den Islam. Die Lehre vom gerechten, »Heiligen« Krieg hat hier die Jahrhunderte praktisch unverändert überdauert. Während man sich heute kaum vorstellen kann, daß der Hinweis auf die Gerechtigkeit eines europäischen Krieges hierzulande besonders motivierend wirken könnte, hat die Ausrufung des Heiligen Krieges im Islam – der im Unterschied zum gerechten (oder auch Heiligen) Krieg des Christentums auch Sache des einzelnen sein kann – nichts von seiner früheren Stoßkraft verloren. Daß im Iran die Bedeutung dieses Aspekts der vorherrschenden schiitischen Religion im Verlauf der Revolution von 1978/79 eher noch zugenommen hat, ist natürlich nicht zuletzt darauf zurückzuführen, daß hier die nukleare Dimension des Krieges im Unterschied zum industriellen Westen noch gar nicht im Blick ist, gewissermaßen keine Bedeutung hat. Ob mit der Entwicklung einer »islamischen« Atombombe, wie Pakistan sie in Absprache mit Saudi-Arabien angekündigt hat, langfristig Änderungen im Problembewußtsein gegenüber der Lehre vom Heiligen Krieg eintreten, bleibt abzuwarten. Der Beitrag von *Christiane Rajewsky* geht ausführlich auf die Hintergründe der aktuellen Entwicklung ein und macht Vorgänge wie den ungeheuren Opfermut der iranischen Massen verständlich, die ohne Kenntnis der islamischen Tradition des Heiligen Krieges für Europäer schlichtweg rätselhaft sind. Durch das Elend der iranischen Massen allein, das ja nicht einzigartig ist, sind sie jedenfalls kaum zu erklären. Angesichts der weltweit zu beobachtenden Rückbesinnung auf traditionelle islamische Wertvorstellungen kommt diesem Beitrag besondere Bedeutung zu.

Wie steht es nun mit der Auffassung vom gerechten Krieg in jenen Weltregionen, in denen die Religion keinen Einfluß mehr auf die Politik ausübt? Durchaus im Gegensatz zu frühen Marxisten, die die Lehre vom gerechten Krieg als bürgerliches Relikt abtaten, vertritt der Marxismus-Leninismus in Osteuropa wie in China diese Lehre offensiver, als dies heute im Westen der Fall ist. Da aber nur der Ausdruck, nicht die von den Religionen entwickelten und verfeinerten Kriterien und Maßstäbe übernommen wurden, können sich die Marxisten-Leninisten anscheinend (vielleicht auch nur scheinbar) jenem oben bezeichneten moralischen Dilemma entziehen. Auch der Nuklearkrieg kann – zumindest für prominente Vertreter des Marxismus-Leninismus – ein »gerechter« sein. Dabei sind wiederum, wie beim Islam im Vergleich zum Christentum der nördlichen Hemisphäre, die unterschiedlichen politischen und militärischen Situationen in Rechnung zu stellen: Die besonders provozierenden und leichtfertigen Äußerungen in dieser Frage etwa von Mao Tse-tung – vgl. den Beitrag von *Oskar Weggel* – stammen vom Führer eines Staates, der trotz eigener Atombomben nicht einmal theoretisch zu einem Nuklearangriff auf die atomaren Großmächte in der Lage wäre – oder nur mit so geringen Erfolgschancen, daß große Worte dieser Art eher etwas vom Mut der Verzweiflung dessen an sich haben, der selbst nur geringe Verantwortung zu tragen hat.

Anders verhält es sich mit der Sowjetunion und ihren osteuropäischen Verbündeten. Die Gefahr, in eine nukleare Auseinandersetzung verstrickt zu werden, ist hier wesentlich größer. *Egbert Jahn* arbeitet in seiner Kritik an der sowjet-marxistischen Version der Lehre vom gerechten Krieg auch jene Punkte heraus, die von einer vorsichtigen Einschränkung ihres Geltungsbereiches zeugen. So wurde neuerdings – entgegen der früher geltenden Annahme der Unvermeidbarkeit von kriegerischen Auseinandersetzungen zwischen den Systemen – die These entwickelt, daß ein solcher, aus östlicher Sicht gerechter Krieg vermeidbar sei. Im übrigen ist die Sowjetunion (wie auch China) in der *Praxis* eher vorsichtig: Realpolitisch nicht durchkalkulierte Militäraktionen werden als »abenteuerlich« zurückgewiesen bzw. kritisiert, auch wenn es um eine »gerechte« Sache geht. Diesem kalkulierbaren Aspekt der sowjetischen Kriegsauffassung steht die Gefahr gegenüber, daß eine einmal begonnene Militäraktion – anders als in kapitalistisch-demokratischen Gesellschaften – bei Gefahr des Zusammenbruchs des gesamten marxistisch-leninistischen Wertgebäudes nicht mehr für »ungerecht« gehalten oder erklärt und deswegen auch kaum abgebrochen werden kann.

Welch große Bedeutung einer prinzipiellen Rechtfertigung von Kriegen potentiell auch in westlichen Gesellschaften zukommen kann, zeigt *Wolfram Wette* in seinem Beitrag über den Militarismus in der Weimarer Republik: Ohne die zunächst hauptsächlich literarisch verbreiteten Kriegsideologien – so die These des Beitrags – wäre der Sieg des Nationalsozialismus kaum möglich gewesen. Allerdings war dieser Trend vielfach nicht mehr von skrupulösen Erörterungen über Grenzen und Bedingungen eines »gerechten« Krieges gekennzeichnet, sondern von einem Bekenntnis zum Krieg an sich – gleichgültig aus welchen Gründen er geführt wird. Insofern besteht zwischen diesen Wegbereitern des Faschismus und den anderen im vorliegenden Band analysierten Traditionen ein bedeutsamer Unterschied.

Christiane Rajewsky
Der gerechte Krieg im Islam

»Palästina ist unser Heimatland, die Rückkehr ist unser Ziel. Der Heilige Krieg ist unser Weg ... Der Tod wird uns nicht schrecken, Palästina ist unser, unser, unser ... Wir rufen Allah und die Geschichte als Zeugen an, daß wir unser Blut hingeben wollen, um dich zurückzugewinnen ...«
Palästina-Schwur der arabischen Flüchtlinge aus dem Jahr 1948[1]

»Da komme ich, mit meiner Sonne, der Erleuchtung und dem islamischen Wissen, um zu dämmern vor dieser Menschheit, die sich wie Tiere benimmt; da komme ich mit meinen heiligen Schlachten und Kämpfern, um von den Ungläubigen Rechenschaft zu verlangen; da komme ich, um den, der den Kopf vor meiner Größe nicht senkt, mit meinen Waffen, Messer und blanken Händen zu vernichten.«
Die Zeitschrift Alev, Organ des Islamischen Zentrums Münster[2]

»Jede Stunde eures Streiks ist ein Dienst an Gott dem Erhabenen und dem islamischen Land. Diejenigen, die sich anstrengen, diesen Heiligen Krieg zu brechen, sind schuldig und Diener von Ausländern und Verrätern des Volkes und des Landes.«
Botschaft des Imam Khomeini an die Arbeiter und Angestellten der iranischen Erdölgesellschaft vom Oktober 1978[3]

»Hier ist es wichtig, hervorzuheben, daß es im Islam zweierlei Arten von Sterben gibt: Einmal durch die Teilnahme am bewaffneten Kampf (Heiliger Krieg), wo man den Feind bewaffnet angreift. Aber wenn man den bewaffneten Kampf noch nicht starten kann, ... muß man den Weg des Zeugentodes gehen, bis diese Stufe erreicht wird.«
Interview mit einer schiitischen Hausfrau 1978[4]

Der Islam ist die zweitgrößte der Weltreligionen. Über 800 Millionen Menschen sind Muslims. Sie bilden die religiöse Mehrheit in 36 Staaten, eine Minderheit von zusammen über 100 Millionen in der Sowjetunion und in Indien, das auch nach der Abtrennung Pakistans fast so viele muslimische Bürger hat wie alle arabischen Staaten zusammen. Muslims rechnen zu über 300 verschiedenen ethnischen Gruppen, etwa ein Drittel der Sowjetbürger in Kaukasien und Zentralasien lebt im Einflußbereich islamischer, meist türkischer Traditionen. In Schwarzafrika wächst die Zahl der Anhänger der islamischen Religion von Jahr zu Jahr. Weltweit, selbst in längst säkularisierten Staaten, beobachten wir ein Wiedererstarken des Islam als Religion; vor allem aber sehen wir, daß der Islam als Träger von Rebellionen und Revolutionen mehr und mehr in den Vordergrund tritt.

Noch können wir diese Bewegungen nicht eindeutig bestimmen. Die populären wie die wissenschaftlichen Erklärungsversuche sind so vielfältig wie die Erscheinungsformen der Re-Islamisierung selbst. Ansatzpunkte der Analyse und Deutung liegen in noch aus der Kolonialzeit stammenden ungelösten Problemen der islamischen, besonders der arabischen Welt. Uns mag die Renaissance des Islam als Renaissance arabisch-islamischer Macht erscheinen, der Aufruf in den Ländern des Nahen und Mittleren Ostens zum »Heiligen Krieg« gegen die westliche Welt nicht nur ferne historische Erinnerungen an Hunnen-, Mongolen- und Türkenangst wecken, an die Bedrohung des Christentums und der Christen aus dem Orient während mehr als tausend Jahre europäischer Geschichte. Die Re-Islamisierung steht für uns in Zusammenhang mit der realen Veränderung der Machtverhältnisse durch die Abhängigkeit der westlichen vom Erdöl der islamischen Welt, die zu Beginn der 70er Jahre deutlich geworden ist. Seitdem treten die arabisch-islamischen Staaten als weithin selbständige Akteure in der Weltpolitik auf. Zwischen der Glanzzeit des Osmanischen Reichs und der Rückkehr von Teilen der islamischen Welt in die selbständige Politik liegen jedoch einige hundert Jahre der Beherrschung und Bevormundung arabischer, türkischer und iranischer Völker durch die westeuropäischen Staaten, Rußland und zuletzt die USA.

Anders als im Christentum ist im Bereich der islamischen Länder die Rechtfertigung des Krieges kein abgeschlossenes Kapitel der Geschichte; auch haben wir hier nicht zu unterscheiden zwischen dem »gerechten« und dem »heiligen« Krieg, sondern wir haben es zu tun mit einem Begriff des Krieges, in dem gerechter und Heiliger Krieg zusammenfließen: dem *ǧihād*. Der Islam bildet eine einzige Gemeinde, organisiert unter einer einzigen Autorität, jeder Kampf zwischen rechtgläubigen Muslims ist verboten, jeder Krieg hat den Zweck, das Reich des Islam zu verteidigen und zu erweitern, das Reich des Islam verstanden nicht als Geltungsbereich einer Religion, sondern als Staatsgrenze einer politischen Gemeinschaft. Weil Staat und Religion zusammenfallen, fallen gerechter Krieg und Heiliger Krieg zusammen, gehören alle nicht-islamischen Gebiete zum »Reich des Krieges«, dessen Eroberung Missionierung und politische Unterwerfung zugleich ist.

Um diesen Sachverhalt verstehen und seine Bedeutung für die politischen Vorgänge in der islamischen Welt unserer Tage abmessen zu können, ist es notwendig, den Islam in seiner besonderen Konstruktion als Glaubenssystem wie als staatstragende politische Kraft und gleichzeitig die Praxis des Krieges und der Versuche seiner Legitimierung in der Geschichte der islamischen Länder zu beschreiben. Die Geschichte des Osmanischen Reiches, die mit der Zerschlagung der staatlichen Einheit der islamischen Weltgemeinde durch die kolonialen Mächte endet, vermag uns wenigstens eine der Stoßrichtungen der heutigen islamischen Bewegung zu erklären: Die Revolte gegen die westliche Vormundschaft, die ja mit der Erlangung der offiziellen Unabhängigkeit der meisten Orientstaaten in den Jahrzehnten nach dem Ende des Ersten Weltkriegs nicht endete, hat häufig die Renaissance von Religion, islamischer Solidarität und charismatischen, zugleich puritanisch-reaktionären Führern eingeschlossen.

Die iranische Revolution kann in diesem Rahmen und zu diesem Zeitpunkt nicht zureichend analysiert, kaum beschrieben werden. Im Zusammenhang mit dem *ǧihād* interessiert hier die Funktion des Islam – und zwar einer seiner besonders volkstümlichen Ausprägungen – sowie seiner geistlichen Führer bei der Mobilisierung der Volksmassen. Die Formen des Aufstands eines ganzen Volkes erinnern in vielem an das uns bekannte Instrumentarium des zivilen Widerstands. Die Verinnerlichung des Glaubens als Vorstufe zu sozialer Aktion und diese selbst wird wiederum nur verständlich aus der Beschreibung ihres Ursprungs in der schiitischen Religion und der Kontinuität ihrer Anwendung in der iranischen Geschichte, besonders der letzten hundert Jahre. Martyrium und Sterben vieler Iraner in der Revolution stehen in der Tradition einer Interpretation des *ǧihād* als asketischer Kampf des einzelnen. Der Volksislam im Iran wie anderswo erweist sich als für die Politisierung der Massen besonders geeignet.[5]

Die orthodoxe islamische Lehre vom *ǧihād*

Das System der Glaubenssätze

Der Islam ist die jüngste der großen Religionen. Er ist eine Religion ohne Sakramente, Kultbilder, geistliche Weihen, ohne einen theologisch unfehlbaren Leiter oder ein Gremium zur Regelung von Glaubensstreitigkeiten. Glaubens-, zugleich aber auch Rechts- und Sittenkodex des Islam ist der Koran *(Qor'ān)*, für den Muslim Gottes eigenes Wort, in dem sein größter und letzter Prophet, Muhammed, in der Zeit von seinem frühesten Auftreten (ca. 614) bis zu seinem Tod (632) das ganze religiöse, politische und soziale Leben in seinem Umfeld und seiner Zeit bis hin zu den alltäglichen Einzelheiten geregelt hat. Entsprechend der Geschichte seiner Entstehung – die Offenbarungen Muhammeds, zu Beginn seines Wirkens von seinen Anhängern nicht immer niedergeschrieben, wurden erst nach seinem Tod aus den zahlreichen umlaufenden Fassungen festgelegt und rein äußerlich, nämlich nach der Länge der Abschnitte *(Suren)*, geordnet – stellt sich der Koran dar als ein unzusammenhängendes Werk aus durcheinandergewürfelten Vorschriften, Ermahnungen, Verheißungen, Drohungen und langatmigen erbaulichen Geschichten legendär-arabischer, alttestamentlich-jüdisch-rabbinischer und christlich-apokrypher Herkunft.[6] Nach dem islamischen

Glauben ist Muhammed in den Schriften der Juden und Christen bereits vorhergesagt;[7] er hat besonders aus dem Judentum zahlreiche religiöse Gebräuche, Praktiken und Glaubenssätze übernommen.[8]

Nach Muhammeds Tod suchten zunächst seine Anhänger bei allen Fragen, die sich nicht direkt aus dem Koran beantworten ließen, in ihrer Erinnerung nach der *sunna,* der Gewohnheit des Propheten, d. h. seinem Verhalten, als maßgebendem Vorbild. Die auf die Gefährten Muhammeds folgenden Generationen der Genossen übernahmen von diesen die Erinnerungen. Als mit der Zeit die *sunna* des Propheten doch verloren zu gehen schien, sammelte man die Überlieferungen, *ḥadīth,* von dem, was Muhammed gesagt, getan oder bei seinen Gefährten gebilligt hatte. Natürlich wurden dabei viele Überlieferungen konstruiert oder fingiert. Die spätere *ḥadīth*-Kritik untersuchte nicht den Text selbst, sondern nur die Überliefererkette, die lückenlose Reihe der Ohren- oder Augenzeugen der Prophetenzeit. Ließ sich keine geeignete Überlieferung für eine bestimmte Frage finden, so erarbeiteten die Gelehrten eine Lösung mittels Analogieschluß *(qijās);* war auch das nicht möglich, so formulierten sie eine unter den gegebenen Bedingungen vernünftig erscheinende Antwort, die dann verbindlich war, wenn sie nicht dem Koran oder der Überlieferung widersprach und wenn über ihre Gültigkeit ein Konsens *(iğmā')* unter ihnen als den Vertretern der Gemeinde zustandegekommen war.[9] Damit war die Unfehlbarkeit, die dem Propheten zugesprochen war, auf die Gemeinde, die *umma,* übertragen (s. S. 25 f.). Die Überlieferungen sind kodifiziert in einer Anzahl von Sammlungen, von denen zwei nahezu kanonisches Ansehen besitzen.[10] Koran, *ḥadīth,* Analogieschluß und Konsens bildeten die Wurzeln des islamischen Rechts. Eine eigenständige Interpretation des Koran *(iğtihād)* durch den einzelnen Muslim ist nun, seit auch die Auslegung des Korans und der Überlieferung unter den *iğmā'* fällt, nicht mehr zulässig.[11] Theologische Fragen bekamen in der Folgezeit oft staatspolitischen Charakter und wurden gelegentlich auch mit Mitteln staatlicher Macht entschieden, z. B. durch Hinrichtung von Ketzern auf Grund inquisitorischer Verfahren.[12] Das islamische Gesetz (*šar'* oder *šarī'a),* das

= Konsens

Koran, Überlieferung, Analogieschl.

Konsens => Rechtswissenschaft

aus den vier Wurzeln der Rechtswissenschaft (Koran, Überlieferung, Analogieschluß und Konsens) alle Verhältnisse des Menschenlebens regeln will, ist vor allem eine Lehre der Pflichten des Muslim gegenüber anderen Menschen und gegenüber Gott. Die gesetzlichen Regelungen, die den Kern der islamischen Religion ausmachen, haben sich über Jahrhunderte hinweg nicht verändert.[13] Dies hat dazu geführt, daß der Abstand zwischen der Theorie des *ǧihād* und der Praxis muslimischer Kriege oft beträchtlich und auch durch die weitläufigen Arbeiten der arabischen Juristen nicht zu überbrücken war.

Sunniten und Schiiten

Die Beachtung aller durch den Propheten und seine Gefährten gesetzten Präzedenzfälle, der *sunna*, erschien den Muslims so entscheidend für ihren Weg *(šarī'a)* zu einem gottgefälligen Leben, daß sie sich selbst als *»ahl as-sunna«*, als »Leute der *sunna*«, bezeichneten, als »die Sunniten«, wie wir heute noch die Angehörigen dieser Konfession des Islam nennen, zu der etwa 92% aller Mohammedaner rechnen.[14] Alle diejenigen Muslims, die sich als Anhänger der Schia *(šī'at 'Alī)*, der Partei Alis, des Vetters und Schwiegersohns von Muhammed, verstehen, nennen wir Schiiten. Zwar achten sie ebenso die *sunna* wie die orthodoxen Muslims, doch erkennen sie nur Ali (den ermordeten vierten Kalifen) und dessen Nachkommen aus der Ehe mit einer Tochter Muhammeds *(Fāṭima)* als einzig berechtigte Leiter *(Imāme)* der muslimischen Gemeinde, also als Nachfolger Muhammeds, an. Hinsichtlich der Frage, welcher dieser Nachkommen nach dem Tode Alis die Nachfolge hätte antreten sollen, zerfallen die Schiiten in verschiedene Gruppen, deren wichtigste die Zaiditen, die Ismailiten (von denen sich die Drusen Syriens und des Libanons herleiten) und die Zwölferschia sind. Die Schiiten im Iran (s. S. 50 ff.) gehören zu den Anhängern der Zwölferschia, sie werden auch ›Imamiten‹ genannt. Ihre Religion ist seit Schah Ismail (1501-1523) Staatsreligion im Iran; im Irak, in Syrien, im Libanon, in der Türkei, in Afghanistan, Indien und Pakistan ist sie in großen Gemeinschaften vertreten. Nach ihren Vorstellungen haben bisher, beginnend mit Ali, zwölf Imame gelebt, der zwölfte, *Muhammad al-Mahdi,* ist im Jahre 873/74 nicht gestorben, sondern in die Verborgenheit eingegangen, aus der er eines Tages als *Mahdi* (= der von Gott Rechtgeleitete) wiederkehren wird, um die Tyrannei der Verderber des Islam zu beseitigen und die Herrschaft des göttlichen Rechts auf Erden anzutreten. Für die breiten Massen ist der Glaube an den Mahdi immer ein Trost gewesen. Während der Dauer seiner Verborgenheit ist bestimmten Gelehrten als seinen Stellvertretern die Führung der geistigen und weltlichen Angelegenheiten übertragen.

Die schiitische Religion ist besonders aufgeschlossen für philosophische Gedanken; infolge der in ihr – im Gegensatz zur sunnitischen Richtung – gegebenen Möglichkeit, auf Grund eigener Interpretation des Koran neue Entscheidungen zu treffen *(iǧtihād),* hat sich ihre Lehre stets weiterentwickelt. Charakteristisch für die schiitische Religionspraxis sind die ausgedehnten, oft von Selbstverletzungen begleiteten Trauerfeiern am Grab ihrer Heiligen (s. auch S. 55 f.).

Da es der *imām* ist, der den *ǧihād* ausrufen muß, gibt es für die Schiiten theoretisch keinen *ǧihād,* bis der *imām* wieder erscheint;[15] in der Praxis wurde und wird diese Funktion von den Stellvertretern übernommen.

Die Pflicht zum ǧihād

Die arabische Sprache kennt mehrere Ausdrücke für Krieg und Kampf, so z. B. *qitam* für die bewaffnete Auseinandersetzung im Heiligen Krieg. Der im Abendland geläufigen Bezeichnung Heiliger Krieg entspricht im Koran und in den theologisch-juristischen Abhandlungen meist der Ausdruck *»ǧihād«*, der wegen der besonderen Konstruktion des islamischen Religionsverständnisses mit unserer Vorstellung von »gerechtem Krieg« zusammenfällt (s. S. 25 ff.). *Ĝihād,* genauer *»ǧihād fī sabīl Allāh«*, bedeutet »die Ausbreitung des Islam auf dem Wege Gottes« oder »für Gott«. Lesen wir einige der zahlreichen Suren des Koran, die sich mit dem *ǧihād* beschäftigen[16]:

»Vorgeschrieben ist euch der Kampf, doch er ist euch ein Abscheu. Aber vielleicht verabscheut ihr ein Ding, das gut für euch ist, und vielleicht liebt ihr ein Ding, das schlecht für euch ist.« (Sure 2, 212 f.)

»Siehe Allah liebt diejenigen, welche in seinem Weg in Schlachtordnung kämpfen, als wäre sie ein gefestigter Bau.« (Sure 61,4)

»Und kämpfet wider sie (die Ungläubigen, Ch. R.), bis kein Bürgerkrieg mehr ist und bis alles an Allah glaubt.« (Sure 8,40)

»Und bekämpfet sie, bis die Verführung (zum Unglauben oder zu Untaten, Ch. R.) aufgehört hat, und der Glauben an Allah da ist. Und so sie ablassen, so sei keine Feindschaft außer wider die Ungerechten.« (Sure 2,188 u. 189)

»Kämpfet wider jene von denen, welchen die Schrift gegeben ward, die nicht glauben an Allah und an den jüngsten Tag ... und nicht bekennen das Bekenntnis der Wahrheit, bis sie den Tribut aus der Hand (= ohne Vermittler, Ch. R.) gedemütigt entrichten.« (Sure 9,29)

»Und wenn ihr die Ungläubigen trefft, dann herunter mit dem Haupt, bis ihr ein Gemetzel unter ihnen angerichtet habt ...« (Sure 47,4)

Nach der islamischen Lehre gehört der *ǧihād* zwar nicht zu denjenigen Pflichten des Muslim, die die fünf religiösen Grundpfeiler *(arkān)* des Islam bilden, wie zum Beispiel das Fasten oder die regelmäßigen Gebete. Er ist aber ein wichtiger Bestandteil der Rechtgläubigkeit[17] und daher für jeden Muslim eine Pflicht, für deren Erfüllung er mit der Vergebung der Sünden und dem Eintritt ins Paradies belohnt wird. Als Kämpfer oder *Ghāzī* (Glaubensheld) oder im Falle seines Todes für die Sache Gottes erhält er wie jeder, dessen Blut unschuldig vergossen wurde, den ehrenvollen Titel eines Märtyrers (*šahīd* = Zeuge[18]) und gelangt als solcher ohne Warten auf die Auferstehung und das Jüngste Gericht direkt ins Paradies. Dort erwarten den in Seide und Brokat Gekleideten – in grünen Gärten – schöne junge, schwarzäugige, ewige Jungfrauen, kostbare Früchte, Milch, Honig, strömendes Wasser, Wein (der nicht betrunken macht), Frieden und die Anschauung Allahs.[19] Der Glaube an diese Verheißungen nahm dem Tod seinen Schrecken und ist bis in die heutige Zeit (s. S. 56 ff.) stets die wesentliche Ursache für die emotionale Anziehungskraft gewesen, die die Lehre vom *ǧihād* auf Muslims ausübt.

Nur beim Einfall von Nichtmuslims in muslimisches Gebiet, also zur Verteidigung, muß unbedingt jeder Gläubige in den Kampf ziehen.[20] In allen übrigen Fällen wird der Umfang der Pflicht dadurch erheblich eingeschränkt, daß sie bereits hinlänglich erfüllt ist, wenn ihr eine »ausreichende Zahl« von Gläubigen nachkommt. Wer nicht die Mittel besitzt, sich und seine daheimgebliebenen Angehörigen während des Feldzugs zu ernähren, braucht nicht in den Kampf zu ziehen. In der Realität ist das sich hieraus ergebende Problem später durch Sold oder Belehnung gelöst worden. In den vier heiligen Monaten, in denen schon vor Muhammed jede Fehde ruhte, war der *ǧihād* nicht vorgeschrieben, und später mußte der Muslim sogar nur noch einmal im Jahr zum *ǧihād*. In der späteren theologischen Literatur ist die Pflicht zum *ǧihād* noch einmal eingeschränkt worden: Sie galt schon mit den bloßen Vorbereitungen zum Kampf als erfüllt.[21] Dies ist die Theorie – Muhammeds Vorstellung von der Ausbreitung des Islam und die Weiterentwicklung dieser Gedanken bei den arabischen Juristen und Theologen der Frühzeit. Die geschichtliche Entwicklung ist häufig anders verlaufen; so hat die politische und wirtschaftliche Praxis immer wieder dazu geführt, daß der Koranvers, nach dem der *ǧihād* durch einen – höchstens zehnjährigen – Waffenstillstand unterbrochen werden kann,[22] sehr weit ausgelegt worden ist. Zuweilen kam es zu einem völligen Stillstand des *ǧihād*.[23]

Historischer Ausgangspunkt: ǧihad *als Verteidigung*

Aus den zitierten Koranversen, aber auch aus anderen Suren über den *ǧihād* geht hervor, daß das heilige Buch des Islam uns keine Auseinandersetzung mit dem Problem des Krieges an sich liefert, also z. B. keinerlei Überlegungen zur Sündhaftigkeit der Kriegführung anstellt, die etwa durch die Gerechtigkeit der Sache aufgehoben werden könnte. Der Koran gibt vielmehr Anweisungen aus der aktuellen Situation heraus, in der sich Muhammed und seine Anhänger zur Zeit der Entstehung und ersten Ausbreitung des Islam befanden. So ist etwa im dritten und vierten Koranbeispiel (S. 19 f.) von Bürgerkrieg und Kampf gegen die Verführung zum Unglauben die Rede. Muhammed bezieht sich hier auf die feindlichen Handlungen seiner ungläubigen Stammesgenossen gegenüber ihm selbst und seinen ersten Anhängern, wie er sie etwa in der Vertreibung aus Mekka sieht und in dem Versuch, sie von ihrem neuen Glauben wieder abzubringen.[24]

Das vorrangige Ziel Muhammeds bei der Verkündung der Aufrufe zum *ǧihād* war also nicht die Ausbreitung des muslimischen Glaubens, sondern der Schutz der kleinen islamischen Gemeinschaft vor dem Abfall vom Glauben.[25]

Vieles weist darauf hin, daß Muhammed den *ǧihād* als zeitlich und räumlich begrenzt angesehen hat, begrenzt durch den Zeitpunkt, zu dem Mekka in der Hand der Muslims sein würde. Universale Ziele wurden erst nach dem Tod Muhammeds proklamiert. Die Tatsache, daß im fünften der zitierten Korantexte auch die Anhänger anderer Religionen erwähnt werden, widerlegt dies nicht; hier waren zunächst diejenigen Juden und Christen gemeint, die in unmittelbarer Nachbarschaft der ersten Muslims auf dem Boden der Arabischen Halbinsel siedelten.[26]

Versuchen wir nun zu verfolgen, wie die einfachen, situationsbezogenen Aufforderungen Muhammeds zum Kampf für die Stärkung der islamischen Gemeinde in der islamischen Traditionsliteratur und der islamischen Geschichte ergänzt und differenziert werden, so bietet sich uns ein verwirrendes Bild von Einzelvorschriften und Allgemeinheiten, Drohungen und Versprechungen, Einschränkungen und Erweiterungen und vor allem von zahlreichen Widersprüchen zwischen gesetzlichen Vorschriften und historischem Ablauf. So ist es z. B. den Muslims verboten, gegen Glaubensgenossen zu kämpfen – die Geschichte gibt zahlreiche Beispiele für Kämpfe von Muslims gegen Muslims, wie etwa der Osmanen gegen die Mamluken. Sie mußten dann eben mit kunstvollen juristischen Gutachten legitimiert werden. Wir wollen uns hier auf einige wesentliche Merkmale des *ǧihād* konzentrieren, für die es in der theologischen Literatur der islamischen Frühzeit und im Ablauf der islamischen Geschichte Beispiele gibt.

Ǧihād *als asketischer Kampf des einzelnen*

Daß der Islam zur Zeit seiner Begründung durch Muhammed nicht auf Eroberungskriege zielte, geht auch aus dem ursprünglichen Inhalt des Begriffs *ǧihād* hervor, der nicht ein bestimmtes, kriegerisches Unternehmen bezeichnet, sondern vor allem den religiös verdienstvollen Kampf des einzelnen meint; die sinnverwandten Bezeichnungen, z. B. *Ghāzī* (erst Grenz-, dann Glaubenskämpfer) werden in den Lebensbeschreibungen von Muslims immer in Zusammenhang mit besonderen religiösen Tugenden und asketischer Lebensform verwendet.[27] In verschiedenen *ḥadīthen* heißt es, der *ǧihād* sei »das Mönchstum des Islam«.[28] Solche Muslims führten sozusagen als asketische Form der Gottesverehrung ihren eigenen heiligen Kampf gegen die Ungläubigen – zum Beispiel als Freiwillige in einem Berufskriegerheer oder im Dienst an der Grenze, als *ribāṭ* (s. S. 37 f.).[29] Die *Ghāzīs*, meist noch nicht lange islamisiert, vertraten einen schlichten und zugleich militanten Islam.[30] Spätestens im 8./9. Jahrhundert verstanden sie ihre Aktionen als *ǧihād*, so daß der Titel *ghāzī* sich allmählich zu dem Ehrentitel Glaubensheld wandelte. Zur besseren Untermauerung des religiösen Charakters des Grenzkriegs wurden, da der Koran darüber sehr wenig aussagt, Überlieferungen des Propheten und seiner Gefährten (*ḥadīthe*, s. S. 17) fingiert, z. B. Gleichsetzungen von *ǧihād* mit *ribāṭ:* »Euer bester *ǧihād* ist das *ribāṭ*«.[31] Der Grenzkrieg oder auch die *ghazwa* (= Beutezüge) sind Beispiele für die Entwicklung der historischen und politischen Wirklichkeit weg von der ursprünglich anspruchsvollen Idee.[32]

Derwische, islamische Mystiker (s. S. 57 f.), haben häufig einzeln an Feldzügen aller Art teilgenommen, die Kämpfer mit der Verheißung des Paradieses anfeuernd. Die religiöse Legitimierung des Kampfes gegen Heiden schloß eigensüchtige Motive bei den Kämpfern nicht aus; der Kampf an sich war verdienstvoll. Aus den muslimischen Quellen geht hervor, daß der persönliche *ǧihād* schon frühzeitig eine von der Kriegführung des Staatswesens unabhängige Aktion war.[33] Viele Armeen in der islamischen Geschichte führten ein ganzes Kontingent von Freiwilligen mit, die sich ihnen aus religiösen Gründen angeschlossen hatten.[34] Angesichts der Größe und Gewalt Allahs, seiner Allmacht im Universum ist der einzelne ein Nichts, er gewinnt erst durch Teilnahme an der Aktivität der islamischen *umma* die Legitimation für sein Dasein, im religiösen Bereich also. Um so wichtiger ist für ihn die Möglichkeit, sich auch durch den persönlich geführten *ǧihād* die religiöse Identität und die Ewigkeit zu sichern. Diese Interpretation des *ǧihād* als religiös verdienstvoller Kampf des einzelnen Muslim hat für die Begründung der Wiederbelebung seiner Idee im Rahmen der Re-Islamisierung im Iran, in der Türkei und in den arabischen Ländern große Bedeutung.

Regelungen für die Praxis

Zu den Vorschriften für den Ablauf des *ǧihād* in der Zeit der großen Kalifen gehörte, daß der Kalif ihn nach dem Freitagsgebet ausrufen und die Statthalter schriftlich verständigen mußte. Weiter mußten vor der Schlacht die Gegner zur Annahme des Islam aufgefordert werden, eine berühmte Anweisung, die freilich nicht immer praktiziert worden ist, so nicht von Mehmed II. beim Sturm auf Konstantinopel 1453.[35] (Andererseits hat noch der sudanesische Kalif 'Abdullāhi Ende des 19. Jahrhunderts entsprechend dem religiösen Recht Aufforderungen an Königin Viktoria von England und den türkischen (!) Sultan gerichtet, den Islam anzunehmen.[36]) Gehören die Gegner zu den – zu Muhammeds Zeiten – polytheistischen Heiden, so haben sie die Wahl, zum Islam überzutreten oder bis zur Vernichtung zu kämpfen. Gehören sie einem monotheistischen Glauben an, der sich auf eine Schrift stützt – Juden, Christen u. a.[37] –, so haben sie die Wahl, Muslims zu werden oder sich der muslimischen Herrschaft zu unterwerfen, indem sie Tribut (*ǧizja*, später Zins) zahlen.[38] Unterliegen sie in der Schlacht, so droht ihnen Plünderung und Sklaverei, nicht unbedingt der Tod: das sechste Koranbeispiel – »herunter mit dem Haupt . . .« – wird von den Sunniten nur auf eine historische Schlacht bezogen. Die Schiiten dagegen erklärten die Tötung des besiegten Gegners auf Grund dieses Verses für legitim.

Einleuchtend ist in diesem Zusammenhang die These, daß Muhammeds ursprüngliche Auffassung vom *ǧihād* das altarabische, aus der Praxis der vorislamischen beduinischen Raubzüge entstandene Beuterecht, nach dem der Raub an Eindringlingen nur als eine Art Besteuerung gesehen wurde, meisterhaft mit dem neuen religiös-asketischen Ideal des Todesmuts verknüpft hat. Der Kalif ʿOmar II. z. B. (717–720) hat den *ǧihād* grundsätzlich abgelehnt, weil er »nicht für Gott, sondern hauptsächlich wegen der Beute geführt wurde«.[39]

Ging es nun also um Kampf gegen Abtrünnige, gegen die Bedrohung durch den Unglauben, um Missionierung der Heiden oder um Beute?

Es zeigt sich an dieser Stelle, daß die Legitimation so unterschiedlicher Motive durch den Begriff des *ǧihād* nur verständlich wird, wenn man sich ein Bild von der Weltsicht des islamischen Gläubigen macht, die sich seit der Zeit nach Muhammeds Tod viele Jahrhunderte hindurch nicht wesentlich verändert hat und einen Schlüssel für das Verständnis der Denk- und Handlungsweise auch des modernen Muslim darstellt, die dem Europäer so häufig fremd bleibt.

Das islamische Staats- und Weltverständnis

Der koranische Staat: Einheit von Politik und Religion

Die Religion des Islam stellt in der muslimischen Welt das staatsbildende und staatstragende Prinzip dar. Der Staat ist eine Institution des Islam, nicht der Islam eine solche des Staates. Es gibt hier keine Trennung zwischen Recht und Religion, Gesetz und Dogma, religiöser Gemeinde und Staat und eben deshalb keine Trennung zwischen »heiligem« und »gerechtem« Krieg. Der Staat ist »koranischer Staat«, seine Mitglieder sind durch einen gemeinsamen Glauben an den einen Gott Allah und die Sendung seines Propheten Muhammed verbunden und bilden eine unteilbare Gemeinde, die *umma*. Sie ist eine übernationale Einheit, eine politische Körperschaft und zugleich die Gemeinschaft der wahren Gläubigen.[40] Zu den wichtigsten Aufgaben der *umma* gehörte es, den wahren Glauben zu verteidigen und zu verbreiten. Die Menschen wurden nach ihrer Religion klassifiziert, nicht nach ihrem Volkstum oder dem von ihnen besiedelten Territorium. Der Islam selbst hat daher auch keinen Nationalismus hervorgebracht, nicht einmal spezifisch nationale Symbole.[41] Die *umma* war also bis zu ihrem Verfall kein religiöser Zusammenschluß, sondern eine staatliche Organisation auf religiöser Grundlage. Der islamische Staatsgedanke ist eine konsequente Weiterentwicklung aus der Frühzeit der islamischen Geschichte, in der das politische Herrschaftsgebiet der Muslims und das Gebiet der islamischen Religion zusammenfielen; dies hat für Jahrhunderte seine Stärke ausgemacht.[42] Die einzige Institution der Exekutive im islamischen Staat war das Kalifat, sein Gesetz der Koran. Zu den Aufgaben des Kalifen, des Beherrschers der Gläubigen, wie sich die Statthalter Muhammeds seit ʿOmar (gest. 644) nennen, gehörten: die Verteidigung des wahren Glaubens, der Schutz des islamischen Territoriums, gegebenenfalls die Erklärung des *ǧihād* gegen die Ungläubigen; der Kalif war also Sachwalter des religiösen Gesetzes, das zugleich das weltliche Gesetz des islamischen Staates war. Der islamische Staat versteht sich als Träger des göttlichen Willens im Diesseits, das Instrument, durch das Allah seine Gemeinde über die Erde ausbreitet. Aus dieser Sicht muß Krieg immer ein Glaubenskrieg sein; die religiöse Pflicht heiligt die kriegerische Handlung, Heiliger Krieg und gerechter Krieg fallen zusammen. Der islamische Staat konnte daher nicht andere, nichtislamische Staaten als gleichberechtigt neben sich anerkennen. Dem modernen europäischen Völkerrecht, das von einer Gemeinschaft unabhängiger und gleichberechtigter Staaten ausgeht, ist die islamische Staatsidee daher immer fremd geblieben, nach der die gegenseitigen Beziehungen nicht auf wechselseitiger Zustimmung basieren, sondern auf der Auslegung der Interessen durch die Muslims selbst.[43] Aus dieser Sicht ließ sich im Lauf der Geschichte jeder Krieg, aus welchen Gründen er auch immer begonnen worden war, rechtfertigen.

Aus der göttlichen Sendung Muhammeds leitete man das Recht zur kriegerischen Eroberung von Ländern der Ungläubigen im Sinne einer Verteidigung des eigenen, einzig rechtmäßigen Glaubens her. Nach dem Verständnis der islamischen Theologen und dem Weltverständnis der Muslims der frühen und nachklassischen Zeit hat Allah die »Erde der Ungläubigen – der Araber wie der Barbaren – den Muslims vermacht und sie zu deren Königen und Herrschern eingesetzt«.[44] Die Erde besteht aus zwei Teilen, dem Reich des Islam oder des Friedens (*dār al-islām, islām* bedeutet »Hingabe an Gott«, aber auch »Frieden«), in dessen Haus sich die staatliche Einheit aller islamischen Länder versammelt, die wohlgeordnete Ökumene, und dem Reich des Krieges *(dār al-ḥarb)*, d. h. dem Gebiet, das noch nicht Islamgebiet ist, oder auch dem *dār al-kufr,* d. h. dem Gebiet der Ungläubigen.[45] Eben die Umwandlung des *dār al-ḥarb* in das *dār al-islām* ist die Aufgabe des *ǧihād,* nicht nur zur Ausdehnung des islamischen Imperiums, sondern »zur Erhöhung des Wortes Gottes«.[46] Der *ǧihād* war also theoretisch die Grundlage der Beziehungen des Islam zu seinen Nachbarn,[47] jedoch war es, wie ausgeführt wurde, nicht notwendig, daß die Bewohner des *dār al-ḥarb,* soweit sie Schriftbesitzer, d. h. wie die Muslims Anhänger einer monotheistischen Religion sind, Muslims werden[48]: Es genügt die Anerkennung der muslimischen Herrschaft in der beschriebenen Weise und die Zahlung des Tributs. Denn nach dem islamischen Weltverständnis befand sich zwar der muslimische Staat dauernd im Zustand des Krieges mit der nichtmuslimischen Welt, zwar ging es gegen Ungläubige, aber diese waren zugleich die Feinde des Staates. Der *ǧihād* zielt auf die Unterwerfung unter die staatliche Herrschaft des Islam, die Annahme der Religion des Islam war nicht zwingend. Jeder Universalanspruch des Islam als Religion mußte sich über die ursprünglichen Aussagen des Korans hinwegsetzen oder aber, wie dies oft geschehen ist, Beweise konstruieren: So wurden, um den Eindruck zu erwecken, daß schon Muhammed solche Universalansprüche gestellt habe, Missionsbotschaften des Propheten an die Herrscher der damaligen Zeit fingiert, z. B. an den byzantinischen Kaiser und den persischen König.[49]

Die Unterworfenen

Wer unter den Ungläubigen durch Waffengewalt bezwungen worden war, verlor seine bewegliche Habe an den Fiskus (zu einem Fünftel) und an die Krieger (zu vier Fünfteln); sein Grund und Boden wurden ihm leihweise belassen gegen Zahlung von Zins. Wer sich ohne Kampf ergeben hatte, zahlte Tribut und gehörte damit zu den Nichtmuslims, deren Leben und deren Freiheit unangetastet blieben.[50] (Diese Bestimmungen über die Schonung des Lebens und der persönlichen Freiheit aller Tributpflichtigen sind natürlich nicht immer eingehalten worden. So wurden z. B. von 1365 an jahrhundertelang periodisch christliche Jugendliche aus den Balkanprovinzen aus ihrer ethnischen, religiösen und kulturellen Umgebung gewaltsam ausgehoben und in die türkisch-islamische Kultur verpflanzt, als sogenannte Janitscharen,[51] die für Spitzenstellungen im Türkischen Reich und für den *ǧihād* ausgebildet wurden.) Es handelt sich hier um ein Vertragsverhältnis: Die Muslims garantieren die Sicherheit *(amān)* der Ungläubigen; wir stoßen damit auf eine Weiterentwicklung des alten arabischen Gastrechts zum Rechtsinstitut der Sicherheitszusage. Die Ungläubigen, nunmehr *dhimmis* = Schutzbefohlene, durften ihre Religion ausüben; sie waren aber häufig verpflichtet, sich im Äußeren von den Muslims zu unterscheiden. So mußten sie z. B. ein buntes Stück Stoff auf der Schulter und einen farbigen Gürtel tragen,[52] durften nicht auf Pferden reiten, ihre Häuser nicht höher als die der muslimischen Nachbarn bauen und keine Waffen tragen. Orthodoxe und armenische Christen sowie Juden hatten im islamischen Reich ihre eigene Gerichtsbarkeit und Verwaltung, an deren Spitze das jeweilige geistliche Oberhaupt stand.[53] Der *dhimmi* war bis zur Revolution der Jungtürken im Osmanischen Reich 1908 vom Militärdienst befreit, sein Grund und Boden war Eigentum der islamischen Gemeinde, blieb aber in seinem Besitz, er zahlte dafür Zins anstelle des koranischen Tributs. Er durfte in allen islamischen Ländern wohnen mit

Ausnahme der Arabischen Halbinsel. Der Tribut der Bewohner eroberter Länder wurde nach einer angenommenen Einwohnerzahl festgesetzt und erhielt daher allmählich die Bedeutung einer Kopfsteuer, wie sie schon aus der sassanidischen und byzantinischen Verwaltung bekannt war. Da die *dhimmis,* wenn auch mit gewissen Einschränkungen, als Bürger zum Reich des Islam gehörten und zudem höhere Abgaben zahlen mußten als die Muslims, denen nur die geringe Almosensteuer auferlegt war, bestand auf seiten des islamischen Staatswesens kein Interesse an einem Glaubenswechsel der Bevölkerung der eroberten Gebiete, ja Massenübertritte zum Islam konnten wegen der damit verbundenen finanziellen Einbußen durchaus als bedrohlich empfunden werden und wurden häufig sogar verboten.[54] Im Lauf der Jahrhunderte, mit fortschreitender Islamisierung, entzog sich die Bevölkerung der Zahlung dieser Abgaben immer mehr und entrichtete schließlich nur noch den Zehnten, die *zakāt*, wie die religiöse Steuer heute noch in vielen islamischen Ländern heißt (s. S. 28).

Der *ǧihād* schuf also sozusagen die finanzielle Basis des jungen islamischen Staatswesens. Er lieferte auch die Mittel zur Bezahlung der Kämpfer: Der Staat erhielt Steuerabgaben aus den eroberten Provinzen und den fünften Teil aller Beute; die Krieger erhielten (sicher seit 641) daraus entweder eine jährliche Geldzuwendung je nach dem Rang ihrer Verdienste und wurden in Heerlagern oder an festen Plätzen stationiert (Besoldung), oder sie wurden in den eroberten Gebieten angesiedelt mit der Auflage, ständig für den Kriegsdienst zur Verfügung zu stehen (Belehnung).[55] Die finanziellen Leistungen der nicht zum Islam übergetretenen Bevölkerung der eroberten Gebiete haben jahrhundertelang ein wesentliches Motiv für immer neue Eroberungszüge geliefert.

Der Islam – eine Religion des Triumphs?

Für das Wort Jesu »Gehet hin und lehret alle Völker« findet sich im Koran keine Parallele, aber im Gegensatz zum frühen Christentum hat der Islam bereits in den ersten hundert

Jahren eine auch staatliche Herrschaft begründet und deren Geltungsbereich bis an die für Jahrhunderte geltenden Grenzen ausgedehnt. In der ersten Expansionswelle bis zur Mitte des 7. Jahrhunderts wurden ganz Vorderasien bis an die südliche Grenze Kleinasiens, das Zweistromland, Persien, Ägypten und Teile Nordafrikas erobert, in der zweiten um 711 drangen die Araber über das westliche Nordafrika nach Spanien vor, über den Oxus bis weit nach Innerasien hinein und ins mittlere Industal. Dies bedeutete die Einnahme weiter christlicher Gebiete, das Eindringen in den Siedlungsraum des Zoroastrismus, den Zusammenstoß mit dem Buddhismus und dem Hinduismus, mit dem Judentum und dem Manichäismus – ohne daß die Muslims dabei wesentliche Bestandteile ihres Glaubens aufgaben.[56]

Entgegen der Darstellung mancher populärer Abhandlungen sprechen Belege dafür, daß verschiedene arabische Stämme schon vor Muhammeds Auftreten über ihre Grenzen hinausdrangen. Islamwissenschaftler wie der erste Historiker der Wirtschaft der islamischen Welt, C. Becker, sehen in diesen Zügen u. a. eine Verknüpfung der arabisch-islamischen Expansion mit den schon *vor* dem Entstehen des Islam in Gang gekommenen Vorstößen der semitischen Völker nach Norden und Westen zur letzten und zahlenmäßig stärksten semitischen Auswanderungswelle.[57] Wir haben uns dabei die ersten Eroberungszüge der Muslims als eine von *»Razzien«*[58] und Schlachten unterbrochene Völkerwanderung vorzustellen[59]: Ganze Stammesgemeinschaften verließen – angelockt von der versprochenen Beute – ihre Wohnsitze auf der Arabischen Halbinsel und siedelten in große Heerlager über. Für diese Annahme sprechen auch die Berichte, die wir aus der Zeit kurz vor Muhammeds Auftreten über die wirtschaftliche Notlage Arabiens infolge der Austrocknung des Landes nach einschneidenden klimatischen Veränderungen haben.[60] Zu diesem Zeitpunkt bot der neu auftretende Islam mit der Verkündigung der Offenbarungen des einen Gottes, Allah, durch seinen letzten und größten Propheten, Muhammed, und dem darin liegenden Gedanken der Überlegenheit des arabischen Volkes den zerstreuten polytheistischen, häufig miteinander verfeindeten Stämmen ein einigendes Programm.

Damit bestand die Möglichkeit, den Stammespartikularismus der Bewohner der weiten Räume Arabiens durch politischen Zusammenschluß aufzuheben.[61] Die Annahme des Islam war, wie Rodinson[62] sagt, die Begleiterscheinung einer Eroberung, einer Integration kleinerer Gesellschaften in eine größere, die diese Religion als gemeinsame Ideologie besaß und benutzte. Nach Wellhausen und anderen[63] spricht man sogar für die erste nachmuhammedanische Zeit besser von einem arabischen, also weltlichen, als von einem islamischen Reich, weil der Islam bei der arabischen Expansion nur die Funktion gehabt habe, die arabischen Stämme zu mobilisieren, und weil er mehr ein Unternehmen der Reichsgründung und Ausdehnung gewesen sei als der Missionierung.[64] Dies wird auch daraus deutlich, daß die Muslims im ersten Jahrhundert ihrer Eroberungszüge den Unterworfenen sogar verboten, die arabische Sprache und die islamische Religion anzunehmen.[65] Einer der Begründer der islamischen Erneuerungsbewegung im 19. Jahrhundert, Jamal ad-Din al-Afghāni, hat den wesentlichen Charakterzug der islamischen Religion zusammengefaßt. Sie habe »ihre Fundamente in dem Ringen um Sieg, Stärke, Eroberung und Macht. Sie beseitigt jedes Gesetz *(qānūn)*, das im Widerspruch zu ihrer *šarīʿa* steht, und verwirft jede Macht, deren Inhaber nicht mit dem Vollzug ihrer Vorschriften betraut ist . . . Ihre Anhänger bilden zweifellos die erste kriegerische Religionsgemeinschaft *(milla)* in der Welt«.[66]

Der *ǧihād* in der Entwicklung des Islam von einer arabischen zur universalen Religion

Die arabischen Eroberer beließen den unterworfenen nichtarabischen Völkern ihre ursprüngliche Religion, ihre Sitten und Institutionen, bildeten selbst aber die eigentliche Staatsnation.[67] Für die Bauern veränderte sich nur die Herrschaft, oft wurde die neue weniger drückend empfunden als die alte.[68] Die Regelung, daß diejenigen Schriftbesitzer, die im Verlauf des *ǧihād* zum Islam übertraten (meist, um Zugang zu Militär und Staatsverwaltung zu erlangen), von der besonderen Steuer befreit und in die Gemeinschaft der Muslims aufgenommen wurden, hatte soziale und finanzielle Folgen: Die Herrenschicht der Araber wurde allmählich von islamischen Nichtarabern durchsetzt, und mit der Zeit verringerte sich durch Massenübertritte zum Islam die Zahl der Abgaben leistenden Untertanen. Das wurde im Verlauf der islamischen Expansion über die Grenzen Arabiens hinaus fühlbar: ʿOmar II. bestimmte daher, daß bei Übertritt eines tributpflichtigen Grundbesitzers sein Gut an die Dorfgemeinde zurückfalle, von der er es dann pachten konnte,[69] so daß zu empfindliche finanzielle Einbußen vermieden wurden. Das Steuersystem wurde dann unter den Abbasiden (749-1258) weiter so reformiert, daß beim Glaubenswechsel nach wie vor die Grundsteuer bezahlt werden mußte, bis schließlich auch dies entfiel (s. S. 28 f.).

Als die islamische Expansion über arabische Länder hinausging, wurde die Überlegenheit der materiellen und geistigen Kultur der unterworfenen Völker über das Steppenvolk der Araber fühlbar, zumal die Eroberer die Verwaltungen der unterworfenen Gebiete übernehmen mußten. Dieser Überlegenheit konnten die Araber nur ihre »arabische« Religion entgegensetzen. Aber bald wurde der Islam nicht mehr von den Arabern weitergetragen, sondern von den Neubekehrten selbst, die je nach ihrer Herkunft der Religion auch eine neue kulturelle Ausprägung gaben, wie vor allem die schiitischen Perser in der Herrschaftszeit der Abbasiden. Es ist anzunehmen, daß hier die Ausbreitung des Islam, wie in der mekkanischen Zeit, tatsächlich aus religiösen Gründen erfolgte. Erst durch die Ausweitung der kleinen Urgemeinde in Medina weit über die arabischen Grenzen hinaus wird eine Reflexion über religiöse Fragen in größerem Umfang möglich, die Festlegung der Formen ritueller Gesetzlichkeit und des praktischen Lebens. Denn noch ehe sich die islamische Religion über die von Muhammed mitgeteilten ersten Offenbarungen und Anweisungen hinaus hatte entwickeln können, waren die arabischen Muslims (als gerade erst bekehrte Krieger) in ganz neue Länder und Kulturen vorgestoßen, für deren fremde Verhältnisse der Koran keine Auskunft gab. Das »Suchen nach der Tradition« (*talab al-ḥadīth*, vgl. S. 17 f.) schuf die

Voraussetzungen für das umfassende Gesetzeswerk der muslimischen Theologen und Juristen; nun erst war der Islam fähig zur Weltmission, sein Charakter als Religion, Kulturträger und staatsschaffende Kraft voll ausgebildet. Später breitete er sich ohne staatlichen Rückhalt aus, besonders durch die Ordensmitglieder der Derwischorden, der islamischen Mystiker oder *Sūfis*.[70] Im orthodoxen Islam gibt es keinen Mittler zwischen Allah und dem Muslim, also z. B. kein Priestertum; daher kann jeder gewöhnliche Muslim als Missionar wirken. In Afrika und in Indonesien ist der Islam vor allem durch muslimische Händler und Lehrer verbreitet worden.

Krieg als Mittel der Reproduktion

Die fast kampflose Einnahme Bagdads 1258 durch Tschingis Chans Enkel Hülägü (der Zehntausende, darunter auch den Kalifen und seine Familie, erschlagen ließ) kennzeichnet das formale Ende des Arabischen Weltreichs und zugleich das faktische Ende der Macht des Kalifats; aber die arabische Kultur, die einheitliche islamische Zivilisation auf dem Boden der alten mittelmeerländischen Geisteswelt, blühte vor allem in Ägypten und Spanien noch Jahrhunderte weiter. Erst nachdem die Mongolendynastie, die die politische Herrschaft im Zentrum der islamischen Welt übernommen hatte, sich selbst der Religion des Islam angeschlossen hatte, begann eine neue Entwicklung, in deren Verlauf der Islam neue Völker und Kulturen für sich gewann. Seit der Schlacht von Nikopolis 1396 gegen die Kreuzfahrer unter König Sigismund von Ungarn verbreitete sich in der muslimischen Welt der Ruf der Osmanen als der bedeutendsten Macht im Kampf gegen die Ungläubigen. Die Einnahme von Konstantinopel 1453 nach fast 800 Jahren Glaubenskampf war nicht so sehr Signal eines neuen Zeitalters als vielmehr der Höhepunkt einer konsequenten Eroberungspolitik der Osmanen seit Begründung der Dynastie durch Osman I. im 14. Jahrhundert,[71] zu einem Zeitpunkt, zu dem sich das Byzantinische Reich und das Reich des islamischen Kalifats in Auflösung befanden. Der Aufstieg dieses kleinsten unter den turkmenischen Reiterfürstentümern im nordwestlichen Kleinasien erreichte seinen Höhepunkt zu Beginn des 16. Jahrhunderts, als das militärisch-bürokratisch organisierte Feudalreich der Osmanen[72] unter Suleiman II., dem »Großen«, auf dem Gipfel seiner Macht stand.[73] Das osmanisch-islamische Weltreich umfaßte damals ganz Vorderasien einschließlich Arabien und Kaukasien, Nordafrika bis nach Algerien hinüber und bis zum oberen Nil hinauf, Südosteuropa bis an die Tore Wiens und einen großen Teil der Ukraine, die Osmanische Flotte kontrollierte den Indischen Ozean und das Schwarze Meer, Istanbul war mit über 800 000 Einwohnern die größte Stadt der Welt. Erst mit der Abwehr des zweiten Angriffs auf Wien 1683 endete die jahrhundertelange Bedrohung Mitteleuropas durch die Türken.

Max Weber nennt die permanente Kriegführung des Osmanischen Staates »eine wesentlich an feudalen Renteninteressen orientierte Unternehmung zur grundherrlichen Landnahme«[74]; dies ist allerdings nur eine Interpretation des komplexen Sachverhalts. Von seinen Historikern ist die Gründung des Osmanischen Reichs als ein kosmischer Akt der Ordnungsschöpfung in der Welt dargestellt worden,[75] als sein Auftrag die Universalherrschaft und die absolute Herrschaft des Sultans im Reich selbst. Mehmed II., für das Abendland der eigentliche Antichrist,[76] träumte nach der Eroberung Konstantinopels 1453 von einem Reich, das sich vom Atlantik über Europa und Asien bis an den Pazifik erstreckte, mit ihm als Ghazi der Muslims, Khan der Türken und Kaiser der Christen.[77] Das Weltreich, so sagte, er, müsse *ein* Glaube und *eine* Herrschaft sein.[78] Ein geplanter Vorstoß nach Italien, dessen Ankündigung dort Panik auslöste und den Papst zur Vorbereitung der Flucht nach Frankreich zwang, scheiterte nur an Mehmeds Tod 1481. Die Überführung des in Kairo residierenden Schattenkalifen nach Istanbul nach der Einnahme Kairos 1517, dessen Amt die Einheit der Muslims verkörperte, ist ein weiteres Symbol dafür, daß die Osmanenherrscher sich nun als Oberhaupt des Imperiums verstanden. Folgerichtig erhoben sie den Anspruch auf Führerschaft im Krieg gegen die Ungläubigen.[79]

Die ungeheure Ausdehnung des Osmanischen Reichs in so

kurzer Zeit war nur möglich, weil die Osmanen zum einen christliche Söldner sowie Janitscharen[80] einsetzten, die sie an der Kriegsbeute beteiligten,[81] zum anderen, weil sie in allen eroberten Regionen die lokalen Herrscher an der Macht beließen und ihnen gestatteten, im Rahmen der vorher gültigen Rechtssysteme und Traditionen zu regieren. Dieses Vasallensystem ersparte vor allem den Aufbau eines eigenen großen Verwaltungsapparates oder einer Besatzungsmacht, die das Reich kaum hätte aufbringen können. Jährliche Tribute und Lehensmilizen aus den eroberten Gebieten, die ständig kriegsbereit sein mußten, schufen die Grundlage für weitere Eroberungen.[82] Unter Mehmed II. wurde der Krieg »Daseinszweck, ja eigentliche Beschäftigung der osmanischen Gesellschaft«.[83]

Das vielbeschriebene »*millet*«-System (millet = Religionsgemeinschaft) der relativen Autonomie für die unterworfenen Glaubensgemeinschaften der orthodoxen und armenischen Christen und der Juden[84] bildete 500 Jahre einen wesentlichen Faktor der Sicherheit für die herrschende osmanische Minderheit,[85] in dem auch die Völker Südosteuropas ihre Sprache und ihr Volkstum behielten, allerdings als politisch rechtlose Gesellschaftsschicht.

Der Islam – eine Religion mit Feuer und Schwert?

Zwischen dem ursprünglichen aktuellen Bezug von Muhammeds Werbung für den *ǧihād*, der späteren Ausprägung der islamischen Lehre und dem Ablauf der Geschichte gibt es ebensoviele Entsprechungen wie Widersprüche, besonders in der Frage, wie sich der Islam gegenüber den unter seiner Herrschaft lebenden nichtislamischen Minderheiten verhalten hat. Die grausamsten Morde an den Gegnern, die Ausplünderung der Tributpflichtigen, Verständnis für die seit Jahrhunderten vertrauten Religionen und Bekämpfung der fremden Glaubensinhalte, Waffenstillstands- und Friedensverträge, Kompromisse, Nichtangriffsverhandlungen, Bündnisse, Koexistenz – alle Formen und Gradabmessungen von Toleranz und Unduldsamkeit, von Freundschaft und Feindschaft zwischen Muslims und Juden, Muslims und Christen finden wir in der Geschichte des Islam. Hier können wir nur wenige Beispiele aus der Vielfalt der Verhaltensmuster anführen.

Vorab ist daran zu erinnern, daß der Islam sich in seiner historischen Entwicklung vom Juden- und Christentum dadurch unterscheidet, daß er sich von den Lebzeiten seines Stifters an in einem islamisch geführten, politisch unabhängigen Staatswesen entwickeln konnte und seit etwa 658 keine nennenswerte Abspaltung mehr erlebte.[86] Das Selbstgefühl des Muslims wurde auch davon bestimmt, daß für ihn Christen- und Judentum als frühere Entwicklungsstufen des Islam gelten. Damit stellte sich ihm der Islam als die Vollendung aller früheren Religionen dar. Gleichzeitig war dem Muslim – jedenfalls theoretisch – ein auf Gottes Autorität beruhender Schutz dieser Religion verpflichtend.[87]

Die islamische Traditionsliteratur spricht davon, daß der Kampf gegen die Ungläubigen bis zum Ende der Tage nicht abbrechen dürfe; die geschichtliche Realität sieht anders aus: Die Absicht, die Welt zu islamisieren, erwies sich spätestens dann als unrealisierbar, als die Eroberungen erstmals ins Stokken kamen – im 8. Jahrhundert. Von da an war es häufig notwendig, friedliche Vereinbarungen mit den nichtmuslimischen Ländern zu treffen und sogar Bündnisse mit ihnen zu schließen.

Muhammeds kompromißlose Feindschaft gegenüber Ungläubigen hatte vor allem den polytheistischen arabischen Stämmen in seiner Nachbarschaft und den Stammesgenossen in Mekka gegolten, die ihn nicht als Propheten anerkannt hatten,[88] keineswegs den Juden und Christen der Arabischen Halbinsel. Araber haben schon seit der Zeit Salomons vielfältige Beziehungen mit dem Volk Israel unterhalten. Der jüdische Glaube hat großen Einfluß auf Muhammeds Aussagen im Koran gehabt, und auch zwischen dem Talmud und der islamischen *ḥadīth*literatur bestehen erstaunliche Übereinstimmungen.[89] Die fruchtbarste Begegnung zwischen Judentum und Islam hat es in den Jahrhunderten der jüdisch-arabischen Zivilisation in Spanien 980-1492 gegeben,[90] zu einer Zeit, in der die Juden in den christlichen Ländern Europas bereits ständig schweren Verfolgungen ausgesetzt waren.[91] Im Reich des für seine Grausamkeit berühmten Mehmed II. ging es den Juden so gut, daß einer von ihnen, Isaak Sarfati, seine im Westen lebenden Glaubensgenossen in einem Rundschreiben zur Einwanderung ermutigte.[92]

Im Verhältnis der Muslims zu den Christen in den eroberten Ländern gab es *vor* den Kreuzzügen drei Jahrhunderte hindurch keine stark empfundene Feindschaft, die zu kriegerischen Auseinandersetzungen gedrängt hätte, abgesehen von lokalen Grenzkämpfen. Unmittelbar nach den ersten großen islamischen Eroberungen, um 650, berichtet der Patriarch der nestorianischen Christen über die Araber, ». . . die christliche Religion aber bekämpfen sie nicht nur nicht, sondern sie fördern sogar unseren Glauben, ehren die Priester und Heiligen und helfen den Kirchen und den Klöstern«[93], und ähnliche Nachrichten gibt es später (um 950) von den Christen in Spanien.[94] Dies entspricht der deutlich »pragmatischen Komponente im Erscheinungsbild islamischer Toleranz«.[95] Jedoch ist in der Geschichte des Islam die Spannung zwischen Christen und Muslims immer stärker gewesen als die zwischen Juden und Muslims,[96] schon deshalb, weil die dogmatischen Gegensätze erheblich waren, vor allem die zwischen dem unbedingten Monotheismus der Muslims und der christlichen Lehre von der Dreieinigkeit (viele große Christen und Muslims haben im Mittelalter miteinander Streitgespräche geführt[97]).

Die religiöse Toleranz des Islam gegenüber Christen und Juden hat die Toleranz des christlichen Westens gegenüber Andersgläubigen stets übertroffen.[98] Für die christlichen und jüdischen Bewohner der islamischen Länder gab es jedoch, da sie ja nicht vollwertige Mitglieder des islamischen Staates waren, keine Gleichheit vor dem Gesetz, faktisch also keine Teilhabe am gesellschaftlichen und politischen Leben zu denselben Bedingungen, wie sie für die Muslims galten.[99]

Es gibt Hinweise darauf, daß die Idee der Verteidigung und schließlich auch Ausbreitung des christlichen Glaubens als eines Heiligen Krieges, die neben wirtschaftlichen und anderen Momenten Entstehung und Verlauf der Kreuzzüge bestimmt hat, auf islamische Anregungen zurückgeht,[100] die die abendländische Ritterschaft bei ihren Kämpfen gegen die Araber in Sizilien und Spanien empfing: Entsprechend der islamischen Vorstellung vom nichtmuslimischen Land als Kriegsgebiet (s. S. 26 ff.) bestanden an allen Grenzen zwischen islamischem und nichtislamischem Gebiet Kampffronten, die sehr bald zu militärischen Niederlassungen wurden, zu *ribāṭ* (s. S. 23). Auf der feindlichen, der christlichen Seite bildete sich folgerichtig eine Grenzzone ganz ähnlicher Struktur. Die von den Grenzkämpfern in Abständen unternommenen Razzien machten Verhandlungen zwischen Christen und Muslims über Freigabe oder Loskauf der eingebrachten Gefangenen notwendig,[101] und aus vielen Quellen sind uns Briefwechsel mit Aufforderungen zu humaner Kriegführung, zum Waffenstillstand zwischen dem christlichen Kaiser und dem Kalifen oder mit Kritik an der Massakrierung der Zivilbevölkerung bekannt.[102]

Der Verteidigungskampf muslimischer Heere gegen die einfallenden Christen, obgleich nach der islamischen Lehre zweifelsfrei als *ǧihād* zu bezeichnen, wird erst von späteren Chronisten so benannt.[103] 1110/11 und 1137/38 mußten Sultan und Kalif vom fanatischen Volk zur Ausrufung des *ǧihād* und zur Aussendung von Truppen gegen die in Palästina ansässig gewordenen Kreuzfahrer gezwungen werden,[104] weil sie offensichtlich mit diesen Maßnahmen zögerten. Die Idee des *ǧihād* entfaltete sich erst wieder unter Nuraddin und dem im Abendland als Saladin berühmt gewordenen *Ṣalāḥaddīn Yūsuf ibn Aiyūb* (1169-1193), die ihre Hauptaufgabe in der Bekämpfung der Kreuzfahrer gesehen haben. Saladin war es auch, der 1192 in einem Friedensvertrag mit den Kreuzfahrern den Christen den Küstenstreifen von Palästina sicherte und die Erlaubnis, – ohne Waffen – zu den heiligen Stätten in Jerusalem zu wallfahren; andererseits hat er unzählige christliche Gefangene ermorden lassen. Einer seiner Nachfolger, der Sultan *al-Kāmil* dagegen hat Franz von Assisi, der ihn 1219 mitten im Feldzug zum Christentum überreden wollte, vor der Ermordung durch seine Untergebenen gerettet und ihn wohlbehalten zu seinen Landsleuten zurückkehren lassen.[105] Er hat Kaiser Friedrich II. vom Mordanschlag des Papstes Gregor IX. rechtzeitig informiert, und er bewahrte das christliche Kreuzfahrerheer, das gerade erst im Blutrausch der Kreuzzugsekstase die arabische Bevölkerung hingemordet hatte, durch die Übersendung von 4 × 30 000 Broten vor dem Hungertod.[106]

Auf islamischer Seite ergab sich als Folge der Kreuzzüge eine Ausweitung der Kluft zwischen Christentum und Islam,[107] eine stärkere Fanatisierung der Muslims,[108] für die etwa die Sufis (s. S. 33) beispielhaft sind, die gelegentlich Saladin baten, gefangene Christen selbst, als besonders gutes Werk im *ǧihād*, töten zu dürfen.[109] Die entsetzlichen Massaker Mehmeds II. bei der Eroberung von Konstantinopel[110] und die zahllosen Untaten vieler anderer osmanischer Herrscher und Provinzstatthalter in den christlichen Balkanländern werden uns von christlichen und muslimischen Quellen gleich glaubwürdig berichtet,[111] aber auch die Mordtaten der Christen in Jerusalem sind im Orient bis heute nicht vergessen. Im Islam läßt das System der Glaubenssätze Intoleranz und Toleranz in gleicher Weise zu, und sie sind auch so praktiziert worden, häufig sogar, wie etwa bei Saladin und Mehmed II., von derselben Person.

Die Grundlegung des *ǧihād* als Kampf gegen Kolonialherrschaft und Imperialismus

Das gleiche System, das die Expansion des turkmenischen Fürstentums zum osmanischen Weltreich ermöglichte, hat die Auflösung dieses Imperiums eingeleitet: Die zunehmende Macht der feudalen Grundherren und der immer selbständiger werdenden Provinzstatthalter führten zum Zerfall des Reiches in einzelne Gebiete, die späteren Landesfürstentümer. Ein weiteres entscheidendes Moment für die Schwächung des Reiches lag im System der sogenannten *Kapitulationen*, Verträge, die den im Sultansreich lebenden oder dahin reisenden Angehörigen der jeweiligen europäischen Nation Handels-, Zoll- und Steuerfreiheit und den Schutz ihrer nationalen Gerichtsbarkeit gaben, insgesamt das Vorbild für alle späteren Konzessionen an auswärtige Mächte. Frankreich machte 1535 den Anfang. Die Präambel des Vertrags behandelt König Franz I. von Frankreich als gleichgestellten Herrscher, in Artikel 1 wird ein »gültiger und sicherer Frieden« »auf Lebenszeit« vereinbart: Beides, die Gleichstellung eines nichtmuslimischen Herrschers und die Aufhebung des Kriegszustandes zwischen einem muslimischen und einem nichtmuslimischen Land für einen langen Zeitraum, widerspricht der Lehre vom *ǧihād* und verändert die Qualität der Beziehungen zwischen der islamischen und der übrigen Welt. Das *dār al-ḥarb* (s. S. 27) war hier dem *dār al-islām* gleichgestellt worden. Mit ähnlichen Vereinbarungen[112] folgten England 1580, die Niederlande 1612, Österreich 1617, Polen 1678, Rußland 1700. Nach häufiger westlicher Darstellung zeigen die Kapitulationen den Eintritt des Osmanischen Reichs »in das europäische Spiel der Mächte« an;[113] tatsächlich aber stellen sie den Ursprung der europäischen Kolonialherrschaft im Gebiet des ehemaligen Osmanischen Reichs dar,[114] längst vor der Expedition Napoleons nach Ägypten und der Einnahme Algiers 1830 durch eine französische Flotte und die Übernahme eines Aktienpakets der Suezkanalgesellschaft durch England.[115] Der Zerfall wurde beschleunigt durch die auf Grund der Entwicklung ihrer bürgerlichen Gesellschaft wachsende technische und damit zugleich militärische Überlegenheit der europäischen Staaten.[116] Bisher hatte die Ausplünderung des Auslands *durch Kriegführung* die finanzielle Grundlage des muslimischen Reichs gebildet. Nun zeigte sich die »Welt des Krieges« dem Islam allmählich überlegen. Je mehr der Agrarfeudalismus die Reichsgewalt im Inneren schwächte und je deutlicher die militärische Unterlegenheit des Osmanischen Reichs gegenüber Österreich zutage trat, desto weniger ging es noch um den Anspruch universaler Herrschaft. Mit der Errichtung von Botschaften des Osmanischen Reichs Ende des 18. Jahrhunderts in London, Wien, Paris und Berlin[117] hatten die Osmanen den Gedanken der Koexistenz – nach 1814 in Europa »Europäisches Konzert« genannt – akzeptiert. Die *millets* (s. S. 35 f.) entwickelten sich im 19. Jahrhundert unter dem Schutz Rußlands (für die orthodoxen Christen), Frankreichs (für die Katholiken) und Englands (für die Protestanten) zu nationalistischen und ökonomischen Vorposten der westlichen Mächte. Kurz nach der Auflösung des Janitscharenkorps 1826 entschied sich der Wettkampf zwischen Frankreich, England und Preußen um den größten

Einfluß in der Osmanischen Armee zugunsten Preußens: 1898 ließ sich Kaiser Wilhelm II. am Grabe Saladins in Damaskus als Beschützer aller 300 Millionen Muslims feiern,[119] mit dem Bau der Bagdadbahn und mit anderer Militärhilfe für den Sultan faßte Deutschland nach 1908 im Zeitgeist des europäischen Kolonialismus weiter wirtschaftlich, politisch und militärisch Fuß im Osmanischen Reich.

Versuche gegen Ende des 19. Jahrhunderts, den Islam durch Reformen den technischen, ökonomischen und politischen Veränderungen anzupassen, scheiterten daran, daß die Mehrheit der Muslims nicht in Neuerungen, sondern gerade in der Rückkehr zu den Vorbildern der Vergangenheit Möglichkeiten zur Wiederherstellung der alten Macht sahen. Der Reformer *al-Afghānī* (1839-1897) ist durch die Nachwirkungen seiner antiimperialistischen und vor allem antibritischen Lehre der einflußreichste Muslim des 19. Jahrhunderts gewesen und zusammen mit *Muhammad 'Abduh* (1849-1905), dessen Schriften wesentliche Wirkungen auf die nordafrikanische Befreiungsbewegung hatten und heute von den revolutionierenden iranischen Studenten studiert werden, der Begründer des islamischen Modernismus des 20. Jahrhunderts geworden.[120]

Die Integrationskraft der religiösen, übernationalen Gemeinschaft der *umma* als Träger politischer Ordnung verlor an Bedeutung, je mehr in den arabischen Ländern Vorstellungen von säkularen Territorial- und Nationalstaaten wuchsen,[121] teils mit anti-englischer Stoßrichtung, teils mit dem Ziel, die Herrschaft des osmanischen Sultans abzuschütteln, die bei den Arabern seit der auf Zentralisierung und Türkifizierung des Reiches gerichteten Politik der stark westlich beeinflußten Jungtürken auf große Ablehnung stieß. Beim Ausbruch des Ersten Weltkrieges war der Haß der Araber gegenüber den Türken so angewachsen, daß der *šeyh ül-islam* von Istanbul, der oberste Repräsentant der muslimischen Gelehrten im Osmanischen Reich, in den arabischen Provinzen kein Gehör fand, als er in Verkennung der aktuellen Situation und seiner politischen Möglichkeiten im November 1914 den *ğihād* gegen Frankreich und Großbritannien ausrief.[122] In diesen Krieg hatte Deutschland die Türkei hineingezogen, was den holländischen Sozialwissenschaftler Snouck Hurgronje veranlaßte, den sarkastischen Begriff des »Heiligen Krieges made in Germany« zu prägen.[123]

Im arabischen Freiheitskampf von 1916 unter der Führung des Sherifs von Mekka, *Ḥusein ibn 'Alī*, dem die Engländer für die Unterstützung Englands und Frankreichs gegen die Türkei[124] und Deutschland einen unabhängigen arabischen Staat versprachen, bestehend aus dem Gebiet des Hedschas, Palästinas, Syriens und des Irak,[125] erhofften sich die Araber die Loslösung vom Osmanischen Reich wie von den europäischen Kolonialmächten. Aber die zwischen England, Frankreich, Rußland und Italien längst vorgenommene Aufteilung der arabischen Teile des Osmanischen Reichsgebiets in künstliche Staatengebilde unter englischem und französischem Mandat und die Balfour-Erklärung zur Bildung einer jüdischen »nationalen Heimstätte« in Palästina (das seit 1516 zum Osmanischen Reich gehört hatte) zerstörten diesen arabischen Traum. Großbritannien war nicht an der Entstehung unabhängiger arabischer Staaten interessiert, sondern an der stärkeren Sicherung des Suezkanals, der Landbrücke zum Persischen Golf und an den Ölquellen, Frankreich wünschte sich die Levante, die territoriale Sicherung seiner alten Einflußzone und ebenfalls Anteil am Öl. Mit der Bestätigung der Geheimabkommen im Vertrag von Sèvres 1920 war der Norden der Arabischen Halbinsel in eine englische und eine französische Interessensphäre zerteilt, die Araber einschließlich Ägyptens für ihren Beitrag zum Sieg der Entente um alle einst gegebenen Zusagen betrogen, die Türkei durch Zuweisung einzelner Provinzen an Griechenland, Italien und Armenien auf das nordwestliche Anatolien reduziert, die von der osmanischen Regierung zu Beginn des Krieges aufgehobenen Kapitulationen wieder eingesetzt, große Teile Irans (nach dem Einmarsch russischer, englischer, türkischer und deutscher Truppen während des Krieges) von England besetzt. Nach Jahrhunderten politischer Einheit und stabiler Zivilisation herrschten nun politisches, soziales und wirtschaftliches Chaos. Bis heute ist das Jahr 1920 in den Schilderungen orientalischer Autoren als das *Jahr der Bitterkeit* beschrieben;[126] ihm folgten Volksaufstände und Befreiungskämpfe in der Türkei und in den arabischen Ländern, die hier nicht behandelt werden können. Der arabische Nationalismus erschien zunächst als die einzige Macht, die die Fremdherrschaft brechen konnte.

Erscheinungsformen des *ǧihād* unter den politischen Bedingungen der Re-Islamisierung

In vielen Teilen des Vorderen Orients beobachten wir gegenwärtig – je nach den ethnischen, historischen und kulturellen Bedingungen verschieden – ein Wiederaufleben des Islam als politische Kraft: In *Malaysia* nutzen islamische Gruppen antiwestliche Tendenzen zu verstärkter Missionierungstätigkeit und militanten Aktionen. Auf den *Philippinen* kämpfen die Moros um religiöse und kulturelle Eigenständigkeit, in *Indien* streiten 70 Millionen Muslims für die Gleichberechtigung mit den Hindus, in *Bangladesch* ist die orthodoxe Muslim-Liga aktiv, Zehntausende in Indien verfolgter Muslims flüchteten 1979 dorthin. In *Indonesien* arbeiten Muslims im Untergrund mit dem Ziel, eine Islamische Republik zu errichten. In *Pakistan* äußert sich die seit dem Sturz Bhuttos wachsende Islamisierung im Rückgriff auf das islamische Recht, die *šarīʿa*, bei schweren Strafen und besonders in der zunehmenden Anwendung islamischer Regelungen auf ökonomische Fragen. In *Schwarzafrika* ist der Islam außerordentlich erfolgreich bei der Missionierung. Auch in den für sozialistische Gedanken aufgeschlossenen Staaten wie *Syrien* und dem *Irak* gibt es ein Wiederaufleben der Tätigkeit religiöser Gruppen, die sich auf Grund der Spannungen zwischen sunnitischen und schiitischen Muslims (wie wir sie auch in der Türkei finden), z. T. unter dem Einfluß der Vorgänge im Iran, auch in Attentaten äußert. In *Libyen* bildet seit der 1977 angenommenen Verfassung der Koran das Grundgesetz der Gesellschaft: Es handelt sich hier um eine besondere Form der Re-Islamisierung von oben; in *Ägypten* werden vor allem unter Studenten die zum Teil von Libyen unterstützten islamischen Bruderschaften wie zum Beispiel die *»Bekämpfer des Unglaubens«*, *»Heiliger Krieg«* oder *»Reue und Weltflucht«* aktiv. Schließlich nimmt so wie in Pakistan die Geltung der *šarī'a* auch in den *Golfstaaten* und der *Arabischen Republik Jemen* und in *Saudi-Arabien* zu, wo theoretisch auch heute noch der Rat der islamischen Gelehrten, der *'ulamā'*, den Monarchen absetzen kann, wenn er nicht den religiösen Anforderungen entspricht.[127] Im Juli 1979 kritisiert der turkmenische KP-Sekretär der UdSSR Gaparow »den wachsenden Einfluß des Islam«,[128] dessen Angehörige in den Südprovinzen der Sowjetunion die orthodoxen Christen und die Atheisten bald an Zahl übertreffen werden. In der Bundesrepublik Deutschland wie auch in anderen Staaten Westeuropas rufen die *»Grauen Wölfe«* aus faschistischen und islamisch-reaktionären Gruppierungen zum *ǧihād* gegen Kommunisten, Zionisten, Sozialdemokraten, Juden und die Arbeiterwohlfahrt auf mit der Ankündigung der Errichtung einer Großtürkei wie zur Zeit des Osmanischen Reichs und der Verheißung des Paradieses für jeden, der einen solchen Ungläubigen ermordet.[129]

Ein Teil der islamischen Aktivitäten wird von reichen Ölstaaten – Saudi-Arabien, Libyen – mit enormen Geldsummen gefördert. Eine Re-Islamisierung setzte auch in den Staaten ein, die den Versuch gemacht hatten, den Islam in seiner Bedeutung als beherrschendes Element im Staat einzudämmen, zum Beispiel durch Abschaffung seiner Stellung als Staatsreligion in der Türkei, durch Verfolgung der orthodoxen islamischen Organisationen in Ägypten oder durch Betonung vorislamischer Traditionen im Iran zur Zeit des Schah.

Die Ursachen und Zielrichtungen dieser in vielfältigen Erscheinungsformen auftretenden Wiederbelebung des Islam lassen sich noch nicht eindeutig feststellen. Unbestritten scheint, daß sie in vielen Fällen Ausdruck eines Versuchs großer Teile der Dritten Welt ist, zu sich selbst zu finden.[130] Sie ist die Schutzhaltung eines »heranreifenden neuen Selbstverständnisses gegenüber dem massiven Andringen fremder Einflüsse«,[131] das insgesamt das Ende des Eurozentrismus und der vorbehaltlosen Übernahme westlicher Entwicklungsmodelle und Wertvorstellungen samt ihrer zivilisatorisch-technischen Auswirkungen in diesem Teil der Welt anzeigt,[132] in der Erkenntnis, daß »die Verbreitung der westlichen Kultur eine der wesentlichen Voraussetzungen ist, um den Widerstandswillen der Völker der Dritten Welt gegen imperialistische Ausbeutung zu lähmen«.[133] Dies ist auch eine Erklärung für den Erfolg des Islam in Schwarzafrika. Die Sowjetunion ist in diese antiwestliche Haltung durchaus eingeschlossen.

Historischer Ausgangspunkt dieser Entwicklung war die beschriebene Zerschlagung des islamischen Osmanenreichs nach dem Ende des Ersten Weltkriegs (s. S. 42). Das Weltverständnis des Muslims mußte damals eine tiefe Krise durchmachen: Die heilsgeschichtliche Verheißung von der Ausbreitung des Islam über die ganze Erde ist nicht in Erfüllung gegangen, das *dār al-islām* (s. S. 27) fiel an die Ungläubigen. Die darauf einsetzende Entwicklung der heutigen arabischen Staatenwelt, aber auch Irans und der Türkei (die sich für die völlige Angleichung an das westliche Europa entschied), war ein Prozeß, der dem Grundgedanken von der *umma* als religiös-politischem Einheitsstaat der Bekenner des islamischen Glaubens entgegenlief.[134] Entsprechend nehmen zum Beispiel die ersten Verfassungstexte der neuen arabischen Staaten, die entweder nach europäischen Vorlagen gearbeitet sind oder sich jedenfalls eng an den Interessen der jeweiligen Mandatsmacht orientieren mußten,[135] auf die *umma* als Solidarität der religiös-politischen Gemeinschaft keinen Bezug. Erst nach 1945 wurden vorsichtig islamische Elemente in den offiziellen staatlichen Verlautbarungen gewissermaßen als Pathosformeln eingesetzt. So enthält etwa die syrische Verfassung von 1950 erstmals nach dem Zusammenbruch des Osmanischen Reichs die Wendung von der Zugehörigkeit zur arabischen *umma* als dem überregionalen arabischen Großreich und vom *ǧihād* als Befreiungskrieg.[136]

Der eigentliche realpolitische Ausweg aus der Zersplitterung und Demütigung der islamischen Welt seit dem Zerfall der *umma*, der Etablierung des israelischen Staates in Palästina und der Fremdbestimmung durch auswärtige Mächte und Interessen schien gegeben, als deutlich wurde, daß das nahöstliche Öl ein politisches Instrument von internationaler Bedeutung ist. Die erste Erdölkonzession in Persien war 1901 an einen britischen Untertan vergeben worden, bis zum Beginn der 70er Jahre hatten sich die gesamten Erdölquellen des Nahen Ostens zu über 90% im Besitz von sieben amerikanischen und britischen Großkonzernen befunden. In der Folgezeit erlangten die Mitglieder der OPEC schrittweise die Kontrolle über die Preise und Fördermengen des Erdöls. Aus der europäischen und imperialistischen Nahostpolitik der Mandatsperiode und der ihr folgenden Jahrzehnte wird verständlich, daß heute viele der OPEC-Staaten ihre Erdölpolitik als Ausgleich für altes koloniales Unrecht ansehen. »Arabische Soldaten, arabische Diplomatie und arabisches Erdöl«[137] wirkten im Jom-Kippur-Krieg gegen Israel vom Oktober 1973 zusammen, der nach der Niederlage gegen Israel vom Juni 1967, von vielen Muslims als erneuter Zerfall der islamischen Solidarität erlebt, als Signal der Befreiung empfunden wurde. So konnte der Scheich der ägyptischen al-Azhar-Universität einen Tag nach dem Vorstoß ägyptischer Truppen über den Suezkanal im Oktober 1973 verkünden: »Der *ǧihād* obliegt allen ohne Unterschied, Muslimen und Christen, er ist die erste Pflicht für jedermann unter dem Himmel Ägyptens, des gemeinsamen Vaterlandes.«[138]

Die politische Problematik, die sich aus der arabisch-israelischen Konfrontation ergibt, kann hier nicht angemessen aufgefächert werden. Im Zusammenhang des Themas steht im Vordergrund, daß die Existenz Israels aus dem geschilderten Staatsverständnis des Muslims heraus (s. S. 26 ff.) die Wegnahme eines Gebietes des *dār al-islām* durch nichtmuslimische, koloniale Mächte bedeutet und zugleich den Verlust der Oberhoheit über die heiligen Stätten in Jerusalem und Palästina. Daraus ergibt sich, daß Israel keineswegs nur ein nationales Problem derjenigen Staaten darstellt, auf deren Territorium es sich befindet; das islamische Völkerrecht versteht politische Akteure nicht als nationale Individuen, sondern als Teil der zwei Welten von Krieg und Frieden.[139] Angesichts der arabischen Aufrufe zum *ǧihād* gegen Israel wird aber auch, vergleichbar mit der innenpolitischen Integrationswirkung des Antikolonialismus, eine der vielfältigen Funktionen deutlich, die der Einsatz islamischer Traditionen haben kann, nämlich die, (neben der innerarabischen Rivalität um die Führung) die Kluft zwischen den Fortschrittlichen und den Rückständigen in der arabischen Gesellschaft zu verdecken. Daß 1967 sowohl der feudale Großmufti von Jerusalem, der oberste Ausleger des islamischen Rechts, ein alter Freund Hitlerdeutschlands, als auch das Kairoer Ministerium für religiöse Angelegenheiten des sich als sozialistisch verstehenden ägyptischen Staates unter der Führung Nassers sowie die arabischen Guerillagruppen zum *ǧihād* gegen die Juden in Israel aufriefen, verdeutlicht dies. Notwendige gesellschaftliche Auseinandersetzungen innerhalb der arabischen Welt, ja innerhalb jedes einzelnen arabischen Landes, zwischen Königen, Fürsten und Stammesfürsten, Großkaufleuten, Großgrundbesitzern, Erdölgesellschaften, den Reaktionären unter den Offizieren und in den Staatsbürokratien auf der einen und den Massen der Kleinbauern, der Land- und Fabrikarbeiter, den fortschrittlichen Intellektuellen und Militärs auf der anderen Seite werden so hinausgeschoben.[140]

Dies ist jedoch nur *eine* der Funktionen, die der Mobilisierung religiöser Traditionen zukommt. Die antikolonialistische Stoßrichtung der Politik islamischer Solidarität ist schon im letzten Jahrhundert in Erscheinung getreten, etwa bei dem von Abdel Kader 1838 unter dem Zeichen des *ǧihād* geführten bewaffneten Widerstand gegen die französische Herrschaft in Algerien oder beim Mahdi-Aufstand im Sudan gegen Großbritannien 1898. In der ägyptischen Verfassung von 1956 wird auf den antikolonialistischen Kampf der Vergangenheit mit den Bezeichnungen *ǧihād* und Märtyrer Bezug genommen.[141] Der theologische Hintergrund dieser Verwendung des Begriffs *ǧihād* ist, daß der Einfluß kolonialer Mächte auf muslimische Länder sozusagen die Werte des Islam in diesen Ländern zerstört – also kann ein Befreiungskrieg als *ǧihād* verstanden werden, weil es sich um die Rückeroberung muslimischer Gebiete aus dem Machtbereich Ungläubiger handelt.

Ein Beispiel für die Verwendung der mobilisierenden Funktion des *ǧihād* in der innerislamischen Konfrontation ist die Revolution gegen einen islamischen Herrscher, die auch schon in der früheren islamischen Geschichte vorgekommen ist (etwa bei Reform- und Erneuerungsbewegungen innerhalb des islamischen Reichs).[142] In der nordjemenitischen Verfassung von 1963 heißt es: »Im Namen des *ǧihād* führenden jemenitischen Volkes, das vor Gott und der Geschichte geschworen hat, sich mit all seiner Kraft in den großen *ǧihād* zu stürzen ...«.[143] Um ihre Revolution zu rechtfertigen, sie als *ǧihād* – der gegen Muslims theoretisch nicht erlaubt ist – auszuweisen, mußten die Jemeniten ihrem Imam Unglauben vorwerfen. Aber auch der von Glaubensgenossen angegriffene Herrscher kann sich auf den *ǧihād* berufen: In der Nationalcharta des jemenitischen Volkes von 1964 appelliert er an die Gläubigen, für die Wiederherstellung des status quo den *ǧihād* zu kämpfen.[144] Die sunnitischen Ägypter, die die jemenitischen Republikaner unterstützten, wurden zu Ungläubigen erklärt, weil sie zusammen mit den Revolutionären islamisches Land besetzten und die zaiditische (schiitische) Herrschaft (s. S. 18 f.) in Frage stellten.

Unter die hier angedeuteten vielfältigen Erscheinungsformen des *ǧihād* als politische Instrumentalisierung islamischer Traditionen – Verteidigung, Eroberung, Befreiung von kolonialer Abhängigkeit, Verdeckung sozialer Gegensätze und innerislamischer Rivalitäten – können wir die islamischen Massenbewegungen der letzten Jahre nicht widerspruchsfrei einordnen. Besonders die religiösen Elemente in der revolutionären Bewegung im Iran 1978/79 lassen sich nicht ausschließlich ideologiekritisch als religiöse Überhöhung weltlicher Interessen interpretieren.

Zeugentod und *ǧihād* in der iranischen Revolution 1978/79

Ursachen und Träger der revolutionären Bewegung

Fast 90% der etwa 34 Millionen Einwohner des Iran gehören zur schiitischen Richtung des Islam (s. S. 18 f.); nur etwa 60% sprechen Persisch (Farsi) als Muttersprache.[145] Zu den ethnischen Minderheiten mit Autonomiebestrebungen gehören u. a. Kurden, Beluchen, Araber sowie die turksprachige Gruppe der Aserbeidschaner, der Luri-Bakhtiari und Turkmenen, die nur zum Teil Schiiten sind.

Zu den Ursachen der Revolution[146] seien hier nur Stichpunkte genannt: Ökonomische Ungleichgewichte und Vernachlässigung der Grundbedürfnisse der Massen, Unausgewogenheit der Entwicklungsplanung (vor allem Bevorzugung der Industrialisierung vor der Landwirtschaft, die zur Landflucht von Millionen Menschen und damit zum Elend großer Bevölkerungsteile in den Slums der Städte führte[147]), politische Repression und unmenschliche Methoden der politischen Unterdrückung einschließlich Gefangennahme und Folter, Verschwendung und Korruption unter den Nutznießern des Entwicklungsprozesses, die im Ölboom verstärkte kulturelle Aushöhlung[148] und Fremdbestimmung durch die Interessen des westlichen Auslands, besonders der USA, mit denen die privilegierten einheimischen Schichten zusammenarbeiteten, wachsende Autonomieforderungen der Minderheiten.[149] Im Zusammenhang dieses Beitrags interessiert vor allem die Unterschätzung der Bedeutung des Islam für das islamische Volk durch den Schah. Sie äußerte sich beispielsweise im Rückgriff auf Leitbilder der vorislamischen Geschichte Persiens und sogar – 1976 – auf die vorislamische Zeitrechnung (nach dem Krönungsjahr von *Kyros*, der 559 v. Chr. persische Stämme zu einem machtvollen Reich vereinigt hatte); sie zeigte sich weiter darin, daß der Schah dem muslimischen Volk in seiner Staatsphilosophie die Gleichsetzung von zoroastrischem mit islamischem Gedankengut zumutete,[150] in seiner chauvinistischen Haltung gegenüber den arabischen Staaten, ganz besonders aber in der ökonomisch ohnehin mißlungenen Agrarreform, der sogenannten Weißen Revolution,[151] die infolge der Auflösung bis dahin durch die Religion erhalten gebliebener ländlicher Versorgungsbindungen zu einem Verlust an Religiosität führte und zudem die *mollas*, weil sie in den Reformen ihr Land verloren (s. auch S. 51), in die Abhängigkeit von den Zahlungen ihrer Anhänger trieb. Alles dies waren Maßnahmen, die die religiösen Gefühle vieler iranischer Muslims verletzten.

Der Ausbruch der Revolution wurde erleichtert durch die sich mit jedem Einsatz vertiefende Kluft zwischen der obersten Offizierskaste und den unteren und mittleren Rängen[152] – Entwicklungen, die dazu führten, daß große Teile des Militärs, der wichtigsten Stütze des Schahregimes, sich der Revolution anschlossen.

Nach der Flucht des Schah ist die Oppositionskoalition

wieder zerfallen. Sie hatte bestanden aus den nichtpersischen Nationalitäten[153] (von denen die großenteils sunnitischen Kurden und Turkmenen, aber auch die zum Teil schiitischen Araber Kuzhestans bald selbst wieder von Khomeini bekämpft wurden[154]), den Guerillas – Mojaheddin, Fedayin –, Arbeiter- und Soldatenkomitees und der marxistischen Tudehpartei[155] sowie den Liberalen (die ursprünglich führend am Widerstand gegen den Schah beteiligt gewesen waren) und den Geistlichen mit ihrer Anhängerschaft. Die Führung der Revolution ging zunächst in die Hände des Ayatollah Khomeini (Rohallah al-Mosawi al-Khomeini) über, dessen Islamisches Revolutionskomitee zusammen mit den lokalen Komitees der *mollas* (s. unten) die Massenbewegung steuerte, der sich auch die Studenten anschlossen.

Schiitische Elemente in der iranischen Revolution und Formen des zivilen Widerstands der Massen

Die Geistlichkeit, entgegen dem ursprünglichen Ordnungsprinzip des Islam hierarchisch reich gegliedert, besteht aus den *mollas,* d. h. aus den etwa 180 000 örtlichen geistlichen Führern[156] ohne höhere theologische Ausbildung, den Predigern und Vorbetern in größeren Moscheen, den zu Interpretatoren des Korans (*iǧtihād* = die Auslegung des Korans, die im sunnitischen Islam heute nicht mehr möglich ist, s. S. 17 f.) und Sprechern des verborgenen *imāms* (s. S. 18 f.) erhöhten »Autoritäten« (= Hujjat, etwa 100) sowie den an der Spitze dieser Religionsführer stehenden *Ayatollahs* (Ayat Allah = Zeichen Allahs), nach Schätzungen 1200 im schiitischen Raum.[157] Nach 1920 hat sich aus diesen oberen Geistlichen noch einmal eine Hierarchie-Ebene herausgebildet, nämlich die heute sechs Ayatollahs, die als *»Quellen der Nachahmung«* bezeichnet werden. Jeder schiitische Gläubige kann sich unabhängig vom Wohnort seine »Quelle der Nachahmung« wählen.

Diese religiösen Lehrer und Richter mußten von jeder Modernisierung Persiens, wie sie unter dem Einfluß westlicher Ideen und europäischer Interessenpolitik zu erwarten war, eine gefährliche Beeinträchtigung ihrer eigenen Stellung und des Geltungsbereichs ihrer Religion im öffentlichen Leben befürchten. So hatte die Festigung der Monarchie seit 1920 (dem Jahr des erfolgreichen Staatsstreichs Mohammed Reza Chans) ihren Einfluß geschwächt; sie verloren im Bereich von Recht und Erziehung Funktionen an den Staat. 1963 verletzte der Schah durch die Aufhebung der traditionellen islamischen Unterordnung der Frau[158] mittels Einführung des Wahlrechts für Frauen die islamische Gesellschafts- und Herrschaftsordnung; schlimmer noch mußten die *mollas* den Verlust des Grundbesitzes ihrer religiösen Stiftungen *(vaqf)* empfinden, der damals 2% der iranischen Ländereien ausmachte; zwar blieb ihnen ihr Einfluß auf die Gläubigen erhalten, insbesondere auf die Pilger, deren Zahl sich z. B. in Mashad in Ost-Iran von 332 000 im Jahre 1966/67 auf 3,5 Millionen 1976/77 erhöhte.[159] Aber seit dem Wegfall ihrer Ländereien waren sie mehr als zuvor von der religiösen Steuer *(zakāt)* der Gläubigen abhängig, die im schiitischen Islam nicht wie in sunnitischen Ländern an den Staat, sondern direkt an die Geistlichen gezahlt wird. 80% dieser Einnahmen kommen von den religiös-konservativen *basaris,* den Kaufleuten in den Basars, die im politischen Leben der iranischen Städte auf Grund einer engen organisatorischen und finanziellen Verflechtung der Geschäftswelt eine wichtige Rolle gespielt haben. Im Basar von Teheran zum Beispiel werden nicht nur Waren aller Art verkauft, sondern auch täglich finanzielle Transaktionen über Milliarden Rial getätigt;[160] die *basaris* finanzieren islamische Theologie-Schulen und die Veröffentlichung religiöser Schriften, sie spielen weiterhin für die untere Schicht der städtischen Bevölkerung eine Rolle als Mittelspersonen in Angelegenheiten, die über Einkauf und Verkauf weit hinausgehen: So organisieren die *basaris* häufig die Massenveranstaltungen der religiösen Gedenktage.

Die besondere Stellung der Geistlichen im Iran gründet sich vor allem darauf, daß nach schiitischem Glauben kein weltlicher Machthaber sein Amt legitim ausübt, vielmehr die einzig rechtmäßige Macht jenen zusteht, die den Willen des verborgenen *12. imām,* der erst am Jüngsten Tag wiederkommen wird, am besten interpretieren können.[161] Das bedeutet, daß die schiitischen Geistlichen im Verlauf der Geschichte jeder staatlichen Herrschaft kritisch gegenüberstanden.[162] Auch der Schah war nach schiitischem Verständnis nur Stellvertreter, Treuhänder des zu erwartenden Imams. Unter den breiten Bevölkerungsmassen, die sich zu allen Zeiten von Fremden unterdrückt fühlten, zuletzt von den Osmanen, der englischen und russischen Interessenpolitik nach dem Ende des Osmanischen Reichs und schließlich, seit dem Bündnis zwischen Mohammed Reza Schah mit den USA 1947, von den Amerikanern, war die Schīa stets populär, denn sie hat seit dem Mittelalter den Kampf des iranischen Volkes gegen ausländische Fremdherrschaft ideologisch gestützt.

Die *mollas*, von den Okkupationsmächten stets verachtet,[163] haben schon in der ersten Massenbewegung im modernen Iran, dem sogenannten Tabakboykott von 1891 gegen die Überlassung des Tabakmonopols an das Ausland für jährliche Zahlungen an den Schah (nur eine seiner zahlreichen Konzessionen an fremde Mächte, die die Kaufleute empfindlich trafen), die *basaris* unterstützt und bei der Solidarisierung der Bevölkerung eine führende Rolle gespielt.[164]

Sie riefen alle Männer in den Städten und Dörfern zum Verzicht auf den Tabak auf. Angesichts der Tatsache, daß das Rauchen eines der wenigen vom Islam erlaubten Genüsse ist, war es bemerkenswert, wie konsequent dies befolgt wurde; der Schah mußte die Vergabe des Tabakmonopols an die Engländer zurücknehmen und ihnen eine hohe Abfindung zahlen; dies war der Beginn einer seither nicht mehr aufgehobenen Verschuldung des persischen Staates. *Mollas* und *basaris* haben ferner die revolutionäre Bewegung 1905/6 angeführt, die im Dezember 1905 dadurch ausgelöst wurde, daß der Gouverneur von Teheran eine größere Anzahl von *basaris* öffentlich verprügeln ließ mit der Begründung, sie hätten die Preise für Zucker unerlaubt hochgetrieben. In etwas weniger direkten Aktionen wiederholte sich dieses Vorgehen der Regierung gegen die *basaris* 1976, im sogenannten Preiskrieg, als rund 250 000 Geschäftsleute in Teheran und anderen iranischen Städten, die insgesamt ein Drittel der Importe und zwei Drittel des Großhandels kontrollieren,[165] wegen Überteuerung ihrer Waren zu Geldbußen und Haftstrafen verurteilt wurden (und ebenso wiederholte sich die Solidarisierung der

Massen mit den *basaris*).[166] Im Dezember 1905 und noch einmal im Juli 1906 veranstalteten die *basaris* und *mollas* von Teheran als Protest gegen die Strafmaßnahmen des Schahs ein sit-in in der Moschee von Ghom. Sie griffen damit zu einer seit Jahrhunderten im Iran geübten religiösen Handlung, der Zufluchtnahme an bestimmten Plätzen, hauptsächlich in einer Moschee, bei Verfolgung durch staatliche Macht, dem *»bast«* (= Asylsuchen): Der *basti* verläßt den Ort seiner Zuflucht erst nach Erfüllung seiner Wünsche.[167] Den Forderungen der *bastis* schlossen sich bald Zehntausende von Männern und Frauen an. Die *mollas* hielten in den Moscheen aufrüttelnde Ansprachen über die Unterdrückung des Glaubens durch den Gouverneur und den Schah, wiesen den Geschlagenen den Ehrentitel Märtyrer zu und ordneten damit den relativ unbedeutenden Vorfall ein in die schiitische Märtyrergeschichte, die mit dem Tod *'Alīs,* des ersten rechtmäßigen Nachfolgers Muhammeds, begann und in der Ermordung *Ḥuseins* den Höhepunkt fand. Die Koalition von Kleinbürgern *(basaris)* und Geistlichkeit zwang den Schah 1906, ein Grundgesetz zu erlassen, dessen wichtigste Neuerung für die Schiiten weniger die Einsetzung eines demokratisch zu wählenden Parlaments war als vielmehr eine Formulierung, daß das Parlament im Gedanken an den entrückten *imām,* die eigentliche Autorität, tagen und beraten werde. Damit war die schiitische Auffassung, daß Exekutive und Legislative nur Statthalter des geistlichen Führers seien, in der Verfassung verankert – ein Beispiel für die enge Verknüpfung von Religion und Politik noch in einem islamischen Staat des 20. Jahrhunderts. Der Schah mußte diesen verborgenen Herrscher als Rivalen empfinden, den Glauben des schiitischen Volkes an die jederzeit mögliche Wiederkehr des *imām* als Gefahr für seine Autorität. Die intensive Hinwendung des letzten Schah auf vorislamische Traditionen wird hieraus verständlich. Daß ein Artikel des Zusatzgesetzes von 1907 zur Verfassung von 1906, nach dem alle Gesetzentwürfe des Parlaments einem Theologengremium vorgelegt werden mußten, vom Schah nicht beachtet wurde, ist in der Folgezeit einer der weiteren Ansatzpunkte für die Agitation der *mollas* gegen die Monarchie gewesen.[168]

An der Demonstration im Winter 1978, am höchsten schiitischen Gedenktrauertag (12. 12.), haben sich mehr als eine Million Menschen beteiligt, bei einigen der iranischen Demonstrationen im Sommer und Herbst 1979 waren es mehr als zwei Millionen; damit handelte es sich um die größten nichtinszenierten Protestmärsche der Geschichte.[169] Auffallend an diesen Vorgängen war die Übereinstimmung mit gewissen Kampfformen der sozialen Verteidigung, wie wir sie aus Europa kennen: Die Bevölkerung ging auf die Straßen, ohne daß irgendwelche überregionalen Organisationen für die Oppositionsbewegung existiert hätten. Es gab – jedenfalls zu Beginn unbewaffneten – Widerstand gegen den Schah und seine Militärs, zivilen Ungehorsam[170] einschließlich Streiks (besonders wirksam in der Energieproduktion) mit Konsumverzicht und solidarischer Versorgung der Bevölkerung, Hungerstreiks, massenhafte Verweigerung und legale Nichtzusammenarbeit, die Bildung von Räten an Schulen, Universitäten und in der Armee, von landwirtschaftlichen Genossenschaften und gewählten Volksgerichten.[171] Viele Tausende Iraner besetzten in der alten schiitischen Tradition des *bast* (s. S. 53) Moscheen und Plätze, wie schon 1906, als 12-14 000 *bastis* das Gelände der britischen Botschaft in Teheran besetzten.[172]

Die Moscheen dienten als Sammelplätze und Kampfzentralen, an denen Protest artikuliert und Widerstand organisiert werden konnte, in denen Informationen ausgetauscht, Demonstrationen vorbereitet und begeisterte Predigten, aber auch Schulungsvorträge von Intellektuellen für die Massen oder speziell für Frauen gehalten wurden.[173]

Demonstrationen, Streiks und andere der geschilderten Aktionsformen sind uns als immer wieder spontan praktiziertes Instrumentarium der sozialen Verteidigung geläufig, nicht mehr dagegen das freiwillige Opfer unbewaffneter Zivilisten als *»Blutzeugen«* oder der Tod des Kämpfers in der bewaffneten Auseinandersetzung. Sie stehen aber in der islamischen Tradition und haben im schiitischen Zweig des Islam immer eine besondere Rolle gespielt, besonders im Rahmen der Anbetung des Prophetennachfolgers *'Alī* und seines Sohnes, des Märtyrers *Ḥusein.*

In den arabischen Quellen heißt Märtyrer *šahīd*; dieser Titel wurde allen Muslims zugesprochen, deren Blut »unschuldig und ohne Sühne«[174] vergossen wurde. Auch Opfer und Kämpfende in modernen islamischen Bürgerkriegen können Märtyrer *(šuhadā')* genannt werden. Dem Märtyrer ist hoher Lohn im Jenseits sicher. In Sure 4,76 heißt es:[175]

»Und so soll kämpfen in Allahs Weg, wer das irdische Leben verkauft für das Jenseits. Und wer da kämpft in Allahs Weg, falle oder siege er, wahrlich dem geben wir gewaltigen Lohn.«

Der berühmteste Märtyrer in der schiitischen Geschichte ist der Prophetenenkel *Ḥusein*, 680 in Kerbela von dem sunnitischen Kalifen der Omajadendynastie *Jezid* ermordet.[176] Seit Jahrhunderten führen die schiitischen Geistlichen das gläubige Volk jedes Jahr durch die Passion *Ḥuseins*: Nach einem Tag des Fastens ziehen die Frauen mit wirrem Haar und geschwärzten Gesichtern gruppenweise auf den Straßen umher, sich immer wieder ins Gesicht schlagend, unter Tränen den Tod *Ḥuseins* beklagend. Die Männer geißeln sich die nackten Oberkörper blutig, Sprechchöre intonieren Flüche gegen die Kalifen der Omajaden. Die *mollas* stellen in ihren Predigten die Verbindung zwischen den einstigen Glaubenskämpfern und der heute noch währenden Unterdrückung der schiitischen Gläubigen her, zwischen den Märtyrern *'Alī* und *Ḥusein*, den Imamen und den Männern und Frauen, die im Kampf gegen das Schahregime starben. Als Ayatollah Khomeini 1963 im Zusammenhang mit der offenen Revolte der schiitischen Geistlichen gegen die Weiße Revolution des Schahs verhaftet wurde, unmittelbar nachdem er in einem Manifest den Schah mit dem Mörder *Ḥuseins* in Verbindung gebracht hatte,[177] demonstrierten Hunderttausende für seine Freilassung, etwa 9000 Menschen (die Zahlenangaben schwanken) starben für ihn im Feuer der Polizei und der Armee.[178] Khomeini wurde ins Exil – erst in die Türkei, dann in den Irak – abgeschoben, er rief dort, an den heiligen Stätten des Todes *'Alīs* und *Ḥuseins*, die Schiiten zum Kampf gegen die Monarchie und gegen die amerika- und israelfreundliche Politik des Schahs auf, sehr ähnlich wie seine Vorgänger 1906, und auch dies, die Agitation der Ayatollahs aus dem Exil, hat Tradition im schiitischen Islam.

Fünfzehn Jahre nach dem ersten Massensterben für Khomeini beginnt ein Flugblatt der Mitarbeiter des iranischen Energieministeriums vom Dezember 1978 mit der Erinnerung an *Ḥusein,* »dem Führer zur Freiheit, der ... den Märtyrertod starb und sich dem Satan nicht unterwarf«[179] und es schließt damit, daß, »bis der Volkswille erreicht ist«, jeder Tag der Gedenktag an das Martyrium *Ḥuseins* in Kerbala und jedes Grab die Grabstätte *Ḥuseins* sein wird.[180]

Mohammed Reza Pahlewi wird von den schiitischen Geistlichen mit dem Mörder *Ḥuseins* gleichgestellt, zum *Schah Jezid* erklärt. Die Wut über die mehr als 1000 Jahre zurückliegende Tat des Sunniten *Jezid*, der den Schiiten als der schlimmste Verbrecher aller Zeiten gilt, ist auch in den Tagen der Revolution in erprobter Weise in revolutionäre Aktion umgelenkt worden. Bei jeder Rebellion der Neuzeit wurde im Iran die Parole »Schah Jezid« verwendet, zuletzt 1906 und 1978/79. Eine der größten Demonstrationen des Jahres 1978 war von den *mollas* auf den Jahrestag der Ermordung *Ḥuseins* gelegt worden. Einfache Soldaten sollen dort Offiziere, die den Befehl gaben, auf Demonstranten zu schießen, erschossen und dann Selbstmord begangen haben.[181] Seit 1978 fanden täglich Massenveranstaltungen zum Gedenken an die Opfer der Revolution statt, organisiertes Weinen an den Gräbern und Heiligtümern[182] (von ihnen soll es im Iran rund 1200 geben, an allen sind, wie an den Moscheen, Angestellte tätig, die aus der religiösen Steuer finanziert werden[183]), ein geradezu rauschhaftes Erleben ungezählter Todesfeiern. Viele hüllen sich dabei in weiße Leinentücher, so die Bereitschaft zum eigenen Märtyrertod demonstrierend.

Die Funktion des *ǧihād* bei der Mobilisierung des Volksislam in der politischen Massenbewegung

»Waren Sie bei den letzten blutigen Demonstrationen dabei?« »Ja, sicher ... Es ist eine Auszeichnung für einen Menschen, auf diesem Wege zu sterben. Denn er hat mit seinem Blut dem Islam neues Leben gespendet. Wer auf diesem Weg stirbt, kommt ins Paradies.«[184]

Dies sagt eine 15jährige Schiitin in einem Interview vom Sommer 1978. Auf dem Weg zu einer Aktion auf dem Teheraner Friedhof murmelt sie das *»Gebet zum Zeugentod«*, weil sie und ihre Freundinnen damit rechnen, von der Miliz, die die namenlosen Gräber der erschossenen Oppositionellen umstand, getötet zu werden. Auch eine schiitische Hausfrau berichtet,[185] daß sie sich vor der Demonstration mit einem Gebet auf den Zeugentod vorbereitet, der für sie der Ausdruck ihres Widerstands gegen das Regime ist, des Widerstands, wie ihn ihr der Heilige *Ḥusein* vorgelebt habe. Jeder Zeugentod, so lautet ihre Aussage, ist Ausdruck eines inneren Sieges, und zwar so lange, wie man den bewaffneten Kampf, den *ǧihād*, noch nicht beginnen kann. Der Weg des Zeugentodes ist also die notwendige Stufe der unbewaffneten Rebellion vor dem *ǧihād.*

Bei einem anderen Besuch schiitischer Frauen am Grabe ermordeter Oppositioneller stehen die Soldaten – es herrscht Ausnahmezustand mit Versammlungsverbot – mit schußbereiten Maschinengewehren um das Grabgelände. Jemand hält eine Rede gegen den Schah. Mehr als tausend Demonstranten gehen singend und betend der Miliz entgegen: Sie müssen damit rechnen, erschossen zu werden wie die, an deren Grab sie trauern. Sie praktizieren die Kampfstufe des Zeugentodes, des »Roten Todes«, sie entscheiden bewußt selbst darüber, wann und wofür sie sterben wollen, anstatt auf den »Schwarzen Tod« zu warten.[186] Daß Khomeini immer wieder zum *ǧihād* aufruft, ist bekannt: »Hält der Islam die Menschen von einem gerechten Kampf ab oder ... macht er ihn nicht zur Pflicht eines jeden?«[187] Während einige der Ayatollahs, wie zum Beispiel Shariat-Madari, für gewaltlosen Widerstand eintreten, drohte Khomeini von Anfang an mit dem bewaffneten Aufstand. Seine harte Linie fand in der Bevölkerung immer mehr Anerkennung. »Bewaffnet euch, macht eine militärische Ausbildung, bildet auch eure Freunde aus, eine islamische Nation muß durch und durch militärisch sein.«[188]

Unverkennbar knüpft die Bejahung des Opfertodes an die alte islamische Tradition des *ǧihād* als asketische Verehrung Allahs an (s. S. 23 f.), an den persönlichen Heiligen Krieg des einzelnen Muslim, dem dafür das Paradies sicher ist, außerhalb von staatlicher Kriegführung. Die schiitischen Geistlichen können so im Aufruf zum *ǧihād*, wie zu den Zeiten der

Kalifen, jeden einzelnen gewissermaßen persönlich ansprechen und damit die Grundlage für eine Massenbewegung schaffen. Mit der Verwendung des Begriffs *ǧihād* als politischer Kampf oder ideologische Auseinandersetzung, etwa in der Agitation gegen den »Satan« Vereinigte Staaten, werden anders als in der rationalen, zweckgebundenen Begründung des *ǧihād* im Koran nun örtlich und zeitlich nicht mehr einzugrenzende Ziele aufgestellt.

In einer Zeit, in der im überwiegenden Teil der Dritten Welt der Eurozentrismus an Bedeutung verliert, ist die Wiederbelebung islamischer Traditionen der Ausdruck der Suche nach Identität, die neben religiösen Komponenten wirtschaftliche, politische und kulturelle Elemente aufweist (s. auch S. 44 f.). Im schiitischen Islam, wie ihn das Volk kennt und praktiziert, werden mystische Vorstellungen wieder lebendig, die bei sozialrevolutionären Bewegungen im islamischen Reich oft eine Rolle gespielt haben.[189] Nicht nur im Bereich der Schia hat der außerordentlich weit verzweigte und vielfältige *Volksislam* – im Gegensatz zur Orthodoxie (noch mehr zur puritanischen Sonderkirche der Wahhabiten in Saudi-Arabien und der Senussi in Libyen) – die mystischen Kulte und Sitten mehr als die kanonischen Vorschriften gepflegt. Dazu gehören Wundergeschichten und Magie, Musik und Tanz – alle mit Elementen aus der hellenistischen, christlichen und indischen Religion. Aber vor allem hat er eine vertiefte Ethik entwickelt. Besonders in der schiitischen Richtung des Islam wird die Landbevölkerung auf dem Weg der mystischen Gotteserkenntnis *(taṣawwuf)* wie im Mittelalter durch Tausende von religiösen Bruderschaften, Laienorden, geführt, die die im orthodoxen Islam fehlende Seelsorge übernommen haben.[190]

Die Verinnerlichung des Glaubens im mystischen Islam kann als Vorstufe zu sozialer Aktion gesehen werden, wie auch die sozialrevolutionäre Rolle mancher Ordensbruderschaften in der islamischen Geschichte zeigt. Die Kraft des Volksislam ist natürlich stets auch für politische Interessen aktiviert worden. Die *mollas* waren nach Jahrzehnten der Unterdrückung jeder politischen Opposition die einzige Gruppe, die eine breite Widerstandsbewegung führen konnte.

Tiefgreifende wirtschaftliche, politische und soziale Mißstände, aber auch die Hoffnung auf die Wiederentdeckung der religiös-politischen und historischen Identität gaben dem iranischen Volk die Grundlage für die Bereitschaft, im Kampf, im *ǧihād*, in den Tod zu gehen:

»Wir lieben ihn (Khomeini, Chr. R.) und ehren ihn, weil er es versteht, den Schiismus auf die wahren Lebensbedingungen der Massen im Iran anzuwenden, und uns einen Weg zeigt, mit diesem System fertig zu werden.«[191]

Die etwa 3,5 Millionen analphabetischer Bauern und Landarbeiter, die im Verlauf der Landreform in die Städte flüchteten und dort die Auswirkungen von Inflation und Arbeitslosigkeit zu spüren bekamen, waren für die Agitation der schiitischen Geistlichen sehr viel empfänglicher als etwa für die von säkularistischen Parteien.[192] Sie hatten keine Möglichkeit, die Ursachen ihrer Not zu erkennen; aus ihrer Sicht war ausschließlich der Schah für den millionenfachen Zusammenbruch ihrer familiären Existenzen verantwortlich, ihnen blieb nur die Hoffnung, innerhalb ihrer islamischen Glaubenswelt jene Gerechtigkeit zu erreichen, die ihnen im Koran und von den *mollas* immer wieder ausgemalt wird, in einer Sprache, die sie verstehen.[193]

Noch sagt der Begriff »Islamische Revolution« nichts darüber aus, ob die sozialen Probleme und Forderungen der Arbeiter, der Frauen, der nichtpersischen und nichtschiitischen Minderheiten berücksichtigt werden.[194] Viele Anzeichen sprechen dagegen: Die islamische Konstruktion des Staates, die schon die Ausbildung von individuellen Grundrechten im europäischen Verständnis des Begriffs verhindert, die Durchsetzung der totalen Pressezensur und das blutige Vorgehen gegen das kurdische Volk, die Turkmenen und die Araber in Kuzhestan sowie gegen die pazifistische Religionsgemeinschaft der Bahais.

1 *Palästina-Nachrichten,* hrsg. von den Freunden Palästinas, Nr. 2/3, Bonn, Juni/Juli 1964, S. 1, zitiert nach Hans Süssmuth, *»Heiliger Krieg« – Barriere des Friedens,* in: *Saeculum* 22/1971, S. 389.

2 Zitiert nach Jürgen Roth in: *Sozialmagazin,* Febr. 1978, S. 48.

3 Flugblatt, zitiert nach Ulrich Tilgner, *Umbruch im Iran, Augenzeugenberichte – Analysen – Dokumente,* Reinbek 1979, S. 44 f.

4 Ebenda, S. 128.

5 In einem Beitrag, der sich in den Gesamtrahmen des Themas Gerechter Krieg einordnen muß, bleiben viele für die islamische Welt wichtige Aspekte unberücksichtigt, so beispielsweise die Rolle der Reformbewegungen in der islamischen Entwicklung wie etwa der pazifistisch-liberalen *Ahmadija* (vgl. Hans Kohn, *Geschichte der nationalen Bewegung im Orient,* Berlin 1928, S. 30 f.), der antibritischen Bewegung von Jamal ad-Din *al-Afghānī* (vgl. Friedemann Büttner, *Islamische Reform,* in: ders. (Hrsg.), *Reform und Revolution in der arabischen Welt,* München 1971, S. 59 ff.) und *Muhammad 'Abduh* oder der liberal-humanistischen, jede Form des Krieges ablehnenden *Bahaisekte* (vgl. Kohn, a.a.O., S. 18). Auch auf die Funktion der vielfältigen Kombinationen des Islam mit anderen politischen Kräften, des Panarabismus, Panislamismus, arabischen Sozialismus kann hier nicht eingegangen werden. Ein besonderes Problem bei der Verarbeitung des zu diesem Thema verwendeten Materials bestand in dem Mangel an sozialwissenschaftlichen Kategorien und Theorien in der älteren wie auch in der modernen Islamwissenschaft vor allem deutscher Sprache, die nur zum Teil damit erklärt werden kann, daß die Begründer dieser Disziplin im deutschsprachigen Raum vorwiegend Theologen und Philologen gewesen sind. (Vgl. hierzu Ulrich Haarmann, *Die islamische Moderne bei den deutschen Orientalisten,* in: Friedrich H. Kochwasser u. Hans R. Roemer, *Araber und Deutsche,* Tübingen u. Basel 1974, S. 56-91). Über den ǧihād gibt es zwar einige ältere Arbeiten, die die arabischen Quellen erschließen, doch ist ihre Aussagekraft für diesen Beitrag dadurch eingeschränkt, daß sie den Gegenstand nicht in seiner historischen Ausformung behandeln, sondern als ein Kapitel des islamischen Rechts und auch dies ohne Verweis auf die geübte Praxis. Den Lesern der *Friedensanalysen* sind nicht alle der in der Branche der Islamwissenschaftler geläufigen Abhandlungen erreichbar. Es ist daher versucht worden, vorwiegend einigermaßen zugängliche Arbeiten zu zitieren.

6 Max Henning, *Der Koran,* Aus dem Arabischen übertragen und mit einer Einleitung versehen, Leipzig 1901, S. 29.

7 So z. B. in 1. Deut. 33,2; 2. Psalm 50,2 oder 3. Ev. Joh. 16,7; vgl.

Sure 2,130 und Franz Kastberger, *Der Islam,* Salzburg 1946, S. 29. Umgekehrt sahen die Christen im Islam wegen der vielen christologischen Zeugnisse in der Prophetie Muhammeds eine christliche Häresie, vgl. Julia Gauss, *Toleranz und Intoleranz zwischen Christen und Muslimen in der Zeit vor den Kreuzzügen,* in: *Saeculum* 19/1968, S. 378.

8 Zur Entwicklung der Vorstellungen Muhammeds über den Islam als eine dem Christen- und Judentum übergeordnete Weltreligion vgl. Franz Taeschner, *Geschichte der Arabischen Welt,* Heidelberg 1944, S. 45 f.

9 *Handbuch der Orientalistik,* 1. Abt., Erg.-Bd. III, Orientalisches Recht, Leiden-Köln 1964, S. 220 f.

10 Die von *al-Buchari,* gest. 870, und von *Muslim,* gest. 875.

11 Büttner (s. Anm. 5), S. 56; der Muslim hat nur die Wahl zwischen einer der vier gleichberechtigten Rechtsschulen.

12 Taeschner (s. Anm. 8), S. 98.

13 Maxime Rodinson, *Islam und Kapitalismus,* Frankfurt 1971, S. 242 f., hebt hervor, daß die Vorschriften des Islam nirgendwo eine radikal neue Sozial- oder Wirtschaftsstruktur geschaffen haben, daß vielmehr die Annahme des Islam die Begleiterscheinung einer Eroberung war (s. auch S. 30 f. in diesem Beitrag).

14 Bertold Spuler, *Islamisches Selbstbewußtsein,* in: *Die Welt als Geschichte,* Jg. 18, 1958, S. 22.

15 *Encyclopédie de l'islam,* nouvelle édition, Leiden 1954 ff., »Djihad« (E. Tyan); zur Schi'a auch A. Falaturi, *Die Zwölfer-Schia aus der Sicht eines Schiiten,* in: *Festschrift W. Caskel,* Leiden 1968; R. Strothmann, *Die Zwölferschia,* Leipzig 1926.

16 Nach der Übersetzung von Henning (s. Anm. 6).

17 Albrecht Noth, *Heiliger Krieg und Heiliger Kampf in Islam und Christentum,* Beiträge zur Vorgeschichte und Geschichte der Kreuzzüge, Bonner Historische Forschungen Bd. 28, Bonn 1966, S. 34.

18 Zum Problem des Begriffes vgl. ebd., S. 27 f.

19 Koranstellen zum Paradies u. a., nach Henning (s. Anm. 6): Sure 55,56 ff.; 44,53 ff.; 47,16 ff.; 56,22 ff.

20 Noth, *Heiliger* ... (s. Anm. 17), S. 35.

21 Zur eingeschränkten Pflicht beim Aufbruch einer ausreichenden Anzahl s. *Enzyklopädie des Islam,* Bd. 1-4, Leiden-Leipzig 1913-1934, Erg. Bd. 1938, *»Djihad«*; Einschränkung bei Armut: Sure 4,97 und 9,92; in den vier heiligen Monaten: Sure 9,2 und 9,5.

22 Vgl. Sure 9,4.

23 Udo Steinbach, *Die Gewalt im Islam,* in: Kroker (Hrsg.), *Die Gewalt in Politik, Religion und Gesellschaft,* Stuttgart 1976, S. 164. Auf andere theologische Aussagen über den *ǧihād,* etwa solche, die in

ihm nicht notwendig einen bewaffneten Kampf sehen, soll hier nicht eingegangen werden, etwa auf Beispiele wie bei Gustav E. von Grunebaum, *Der Islam im Mittelalter*, Zürich und Stuttgart 1963, S. 301, der Az-Zarmīǧī, 13. Jahrhundert, zitiert: »Erwirb Wissen, es zu erlernen, ist heiliger Krieg!«

24 Ausführlich Noth, *Heiliger* ... (s. Anm. 17), S. 13 f.

25 Ebenda; ausführlich in diesem Beitrag.

26 Noth, *Heiliger* ... (s. Anm. 17), S. 15 f.

27 Ebenda S. 48 und 58.

28 *Encyclopédie de l'Islam* (s. Anm. 15).

29 Vgl. auch Noth, *Heiliger* ... (s. Anm. 17), S. 58 ff. u. 88.

30 Claude Cahen, *Der Islam I, Vom Ursprung bis zu den Anfängen des Osmanenreiches*, Fischer Weltgeschichte Bd. 14, Frankfurt 1978, S. 66 ff.

31 Zitiert nach Noth, *Heiliger* ... (s. Anm. 17), S. 69. Auch die Seekriege der arabischen Korsaren, die um 1640 über eine Flotte von insgesamt 90 Segelschiffen verfügten, gegen die Küsten der christlichen Mittelmeerländer wurden als Krieg »auf dem Wege Allahs«, als *ǧihād*, geführt; eine interessante These zur sozialpsychologischen Deutung der Seeräuberei bei Gerrit Confurius, *Klaus Störtebeker*, in: Hans Peter Duerr, *Unter dem Pflaster liegt der Strand*, Bd. 6, Berlin 1979, S. 23-65.

32 Steinbach, *Die Gewalt* ... (s. Anm. 23), S. 164.

33 Vgl. hierzu Noth, *Heiliger* ... (s. Anm. 17), S. 42 ff.

34 Von Grunebaum, *Der Islam im Mittelalter* (s. Anm. 23), S. 306.

35 Franz Babinger, *Mehmed der Eroberer und seine Zeit*, München 1953, S. 97; vgl. auch Engelhardt in diesem Band, S. 89.

36 Quellen bei Gustave E. von Grunebaum, *Studien zum Kulturbild und Selbstverständnis des Islam*, Zürich und Stuttgart 1969, S. 309, Anm. 7.

37 Vgl. auch S. 27; die islamische Einteilung der Fremdreligionen in Buch- und andere Religionen hat sich bis in moderne arabische Staatsverfassungen fortgesetzt, vgl. Monika Tworuschka, *Die Welt des Islam in den arabischen Staatsverfassungen*, Beiträge zur Sprach- und Kulturgeschichte des Orients, Walldorf 1976, S. 45 f.; wenn im Folgenden die Ausdrücke Heiden und Ungläubige beide sowohl für Polytheisten als auch für Schriftbesitzer verwendet werden, so entspricht dies der historischen Praxis, in der sich die ursprünglichen Unterschiede zwischen diesen Bezeichnungen verwischt haben, vgl. Noth, *Heiliger* ... (s. Anm. 17), S. 18, Anm. 17.

38 Vgl. das fünfte der zitierten Koranbeispiele, S. 20.

39 Taeschner (s. Anm. 8), S. 79.

40 Von Grunebaum, *Studien* ... (s. Anm. 36), S. 158.

41 Hans Henle, *Der Neue Nahe Osten,* Frankfurt 1972, S. 15.
42 Von Grunebaum, *Der Islam im Mittelalter* (s. Anm. 23), S. 17.
43 Steinbach, *Die Gewalt* ... (s. Anm. 23), S. 162 f.
44 Der Historiker und Theologe M. at-Ṭabarī, 839-923, gestützt auf verschiedene Koranstellen, Tafsīr al-Qur'ān (= Korankommentar), Kairo 1321 isl. Zeitr., Bd. 18, S. 109, zit. nach E. Tyan, *Institutions du droit public musulman,* Bd. 1, Paris 1954, S. 130, Anm. 1.
45 Ein ähnliches Verhältnis wie das der Hellenen zu den Barbaren, s. von Grunebaum, *Der Islam im Mittelalter,* a.a.O., (s. Anm. 23), S. 445 f., Anm 6.
46 Klaus Kreiser u. a. (Hrsg.), *Lexikon der Islamischen Welt,* Stuttgart 1974, »Völkerrecht«.
47 Steinbach, *Die Gewalt* ... (s. Anm. 23), S. 163.
48 Vgl. Sure 2,257: »Es sei kein Zwang im Glauben.«
49 Frants Buhl, *Faßte Muhammed seine Verkündigung als eine universale auch für Nichtaraber bestimmte Religion auf?* Islamica 2 (Festschrift für August Fischer), Leipzig 1926, S. 135 ff.; weitere Hinweise bei Noth, *Heiliger* ... (s. Anm. 17), S. 20.
50 Zum arabischen Beuterecht vgl. Richard Hartmann, *Die Religion des Islam,* Berlin 1944, S. 104.
51 Vgl. Basilike D. Papoulia, *Ursprung und Wesen der »Knabenlese« im Osmanischen Reich,* Südosteuropäische Arbeiten 59, München 1963, die das *Devširme,* die Aushebung der männlichen Christenkinder, als Folge einer Art Verewigung des Kriegszustandes zwischen Christen und Muslims betrachtet, welche darin besteht, daß die Versklavung eines Teils der Bevölkerung auch in Friedenszeiten möglich ist (ebenda S. 52). Diese stehende Truppe wurde von Selim I. (1512-1520) zu einem persönlichen Machtinstrument der Sultane ausgebaut und bildete eine der Grundlagen für eine expansive Politik, bis sie 1826 von Mahmud II. vernichtet wurde.
52 So auch die Hindus im Indien der Mogulzeit. Die Beamten im Osmanischen Reich des 19. Jahrhunderts lehnten es ab, ihre schon längst europäische Kleidung um Hut und Krawatte zu vervollständigen, weil diese in ihren Augen die erniedrigenden Kennzeichen des *dhimmi* waren.
53 Heinrich Reiners, *Die klassische islamische Staatsidee. Ihre moderne Interpretation und ihre Verwirklichung in den Verfassungsordnungen muslimischer Staaten,* Diss. Münster 1968, S. 78.
54 Cahen (s. Anm. 30), S. 46 ff.
55 Noth, *Heiliger* ... (S. Anm. 17), S. 61.
56 Spuler (s. Anm. 14), S. 17; zur islamischen Expansion bis zu den Anfängen des Osmanenreichs ausf. Cahen, a.a.O. (s. Anm. 30); zu den Gründen für den häufig geringen Widerstand der Bevölkerung s.

Albrecht Noth, *Möglichkeiten und Grenzen islamischer Toleranz,* in: *Saeculum* 29/1978, S. 195 f. Die ersten Kämpfe der Gefährten Muhammeds nach seinem Tod waren gegen die inzwischen wieder abgefallenen Stämme Zentralarabiens gerichtet. Im Koran heißt der Abfall die *»ridda«*, die Umkehr. Sure 8,40 bezieht sich u. a. auf den *ǧihād* gegen solche Abtrünnige. Auch der Heilige Krieg der Christen war nach Carl Erdmann, *Die Entstehung des Kreuzzugsgedankens,* Stuttgart 1935, Nachdr. ebenda 1955, bes. S. 1-29, zunächst gegen die Häretiker und erst später gegen Ungläubige im allgemeinen gerichtet, vgl. von Grunebaum, *Der Islam im Mittelalter,* a.a.O. (s. Anm. 23), S. 444/5, Anm. 6.

57 Carl Becker, *Islamstudien I, Vom Werden und Wesen der islamischen Welt,* Leipzig 1924; siehe auch *Cambridge Medieval History,* 1924 f., II, S. 331.

58 Noth, *Möglichkeiten* ... (s. Anm. 56), S. 195. Unser deutsches Wort Razzia kommt vom arabischen *ghazwa* = Beutezug.

59 Noth, *Heiliger* ... (s. Anm. 17), S. 38.

60 Gesammelt bei Leone Caetani, *Annali dell'Islam,* Mailand 1905-1927, Bd. II 1907.

61 Taeschner (s. Anm. 8), S. 91.

62 Rodinson (s. Anm. 13), S. 242 f.

63 Richard Hartmann (s. Anm. 50), S. 33.

64 Büttner (s. Anm. 5), S. 58 und 63; zum Verfahren der muslimischen Expansion im einzelnen s. M. Khadduri, *War and Peace in the Law of Islam,* Baltimore 1955; M. Hamidullah, *Muslim Conduct of State,* 4. Aufl. Lahore 1961.

65 Später mußten sie sich arabischen Familien als sog. Klienten (*mawālī*) anschließen, vgl. Spuler (s. Anm. 14), S. 17; so auch Adolf Waas, *Der Heilige Krieg in Islam und Christentum in Vergangenheit und Gegenwart,* in: *Welt als Geschichte,* Jg. 19, 1959, S. 231; dieses Patronatsverhältnis finden wir ähnlich in den meisten Gesellschaften der frühen Antike, auch im vorislamischen Arabien, s. Cahen (s. Anm. 30), S. 43.

66 J.-D. al-Afghani u. Muhammad 'Abduh, *al-'Urwa al-wuthqa,* Ges. Ausg., Kairo 1958, franz. Übersetzung in *Orient* 21, S. 92 f., zit. nach Büttner (s. Anm. 5), S. 62.

67 Kohn (s. Anm. 5), S. 17.

68 Taeschner (s. Anm. 8), S. 57; Noth, *Möglichkeiten* (s. Anm. 56), S. 195 f.

69 Taeschner (s. Anm. 8), S. 78.

70 So hießen sie nach ihren der Kleidung christlicher arabischer Mönche entlehnten Wollkutten (*sūf* = Wolle).

71 Gustav E. von Grunebaum (Hrsg.), *Der Islam II, Die islami-*

schen Reiche nach dem Fall von Konstantinopel, Fischer Weltgeschichte Bd. 15, Frankfurt letzte Aufl. 1978, S. 24.

72 Kurt Steinhaus, *Politische und soziale Grundlagen der türkischen Revolution, Zum Problem der bürgerlichen Gesellschaft in sozioökonomisch schwach entwickelten Ländern,* Diss. Marburg 1968, S. 18 f.

73 Das System des staatsrechtlich legalisierten Brudermords durch die nachrückenden Sultane garantierte die Herrschaft des jeweils stärksten der im Harem heranwachsenden Herrschersöhne. So tötete Selim I. nicht nur seine Brüder und deren männliche Nachkommen, sondern auch vier seiner eigenen Söhne, um dem fünften die Nachfolge zu sichern.

74 *Wirtschaft und Gesellschaft,* 1. Halbband, Köln-Berlin 1964, S. 373.

75 Peter von Sivers, *Die Imperialdoktrin des Osmanischen Reiches,* 1596-1878, in: Friedemann Büttner (Hrsg.), *Reform und Revolution in der islamischen Welt,* München 1971, S. 18.

76 Babinger (s. Anm. 35), S. 449.

77 Von Grunebaum (Hrsg.), *Der Islam II* (s. Anm. 71), S. 52.

78 Babinger (s. Anm. 35), S. 450.

79 Von Grunebaum (Hrsg.), *Der Islam II* (s. Anm. 71), S. 92.

80 Vgl. Anm. 51.

81 Schon Leopold von Ranke sieht das militärische Lehenswesen und das Janitscharentum (s. Anm. 51) als wesentliche Faktoren für das Eroberungsglück der Osmanen, vgl. *Die Osmanen und die Spanische Monarchie im 16. und 17. Jahrhundert,* Leipzig 1877, S. 5-15.

82 Ausführlich von Grunebaum (Hrsg.), *Der Islam II* (s. Anm. 71), S. 91, und Georg Stadtmüller, *Grundfragen der europäischen Geschichte,* München–Wien 1965, S. 130 ff.

83 Babinger (s. Anm. 35), S. 457.

84 Hierzu auch Stadtmüller (s. Anm. 82), S. 119 ff.

85 Von Grunebaum (Hrsg.), *Der Islam II* (s. Anm. 71), S. 91.

86 Spuler (s. Anm. 14), S. 15.

87 Ebenda S. 16.

88 Noth, *Möglichkeiten . . .* (s. Anm. 56), S. 192.

89 Wie übrigens auch zwischen der Betonung des Gesetzescharakters ihrer Religion bei den orthodoxen Rabbinern und der sunnitischen Orthodoxie auf der einen und der Betonung ethischen Handelns bei den Chassidim und den islamischen Mystikern auf der anderen Seite.

90 Heinz Erwin Rosenthal, *Judaism and Islam,* London 1961.

91 Nissim Rejwan, *Die große Epoche der jüdisch-arabischen Koexistenz,* in: Heinz Abosch (Hrsg.), *Der israelisch-arabische Konflikt,*

Darmstadt 1969, S. 412 f.; Isidor Epstein, *Judaismus,* zit. nach Rejwan, ebenda S. 401, kann von einer »geradezu unbegrenzten Toleranz« der Araber gegenüber den Juden sprechen.

92 Babinger (s. Anm. 35), S. 452 f.

93 Zit. nach Th. W. Arnold, *The Preaching of Islam,* London 1913 und 1935, S. 82 f.

94 Quellen bei Noth, *Möglichkeiten* ... (s. Anm. 56), S. 191.

95 Ebenda S. 200.

96 Vgl. die Schilderungen des Hasses in 1001 Nacht; von Grunebaum, *Der Islam im Mittelalter* (s. Anm. 23), S. 232; wieweit Unkenntnis über die islamische Religion in den christlichen Ländern und Unwahrheiten bei der frühen Entstehung von Vorurteilen und Ängsten eine Rolle gespielt haben, muß hier dahingestellt bleiben. Ein Hinweis mag sein, daß der Koran bei den orthodoxen Christen in Byzanz im 10. Jahrhundert, im Abendland erst im 12. Jahrhundert, also nach dem Beginn der Kreuzzüge, aus dem Arabischen übersetzt worden ist, vgl. Gauss (s. Anm. 7), S. 382, oder daß die schaurigen Berichte von christlichen Pilgern über die drakonischen Maßnahmen eines vermutlich wahnsinnigen islamischen Herrschers noch fast 100 Jahre nach dem geheimnisvollen Tod dieses Tyrannen der Kreuzzugspropaganda Material lieferten, vgl. Cahen (s. Anm. 30), S. 265. In einzelnen Fällen wurde die Geschichte gefälscht, wie im Fall der Sage vom Roland, der jahrhundertelang als angeblich von Muslims, in Wahrheit von christlichen Räubern getöteter Held der Troubadoure eines der Leitbilder der Kreuzfahrer war.

97 Literatur dazu bei Rudolf Sellheim, *»Licht aus dem Orient«,* in: Friedrich H. Kochwasser und Hans R. Roemer (Hrsg.), *Araber und Deutsche,* Begegnungen in einem Jahrtausend, Tübingen 1974, S. 52, Anm. 8.

98 So konnten, während die Christenheit ihre Ketzer verbrannte, der griechisch-orthodoxe Patriarch, der armenische Katholikon und der jüdische Oberrabbiner in Istanbul unbehelligt ihre früheren Funktionen ausüben (sie sammelten aber auch die Steuern ihrer Religionsgemeinde ein und lieferten sie ab).

99 Von Grunebaum, *Der Islam im Mittelalter* (s. Anm. 23), S. 231.

100 Taeschner (s. Anm. 8), S. 125.

101 Gauss (s. Anm. 7), S. 364.

102 Die berühmteste Heldengestalt der Kämpfer an der spanischen Grenze war Rodrigo Diaz, der Cid (von arabisch *sayyid* = Herr) el Campeador (1045-1099), den die glorifizierende Legende zu einer romantischen christlichen Figur gemacht hat und dabei unterschlägt, daß er bald auf der einen, bald auf der anderen Seite kämpfte (vgl. Gauss, ebenda, S. 377).

103 Waas (s. Anm. 65), S. 219.
104 Ebenda.
105 Ebenda S. 221.
106 So daß Wolfram von Eschenbach um 1220 fragen konnte: »Ist das nicht Sünde, daß man die, die nie die Kunde der Taufe empfingen, erschlug wie Vieh? Ich spreche hierbei sogar von großer Sünde: weil alle Gottes Geschöpfe sind« 450, 15 ff., zit. nach Sigrid Hunke, *Arabische Einflüsse bewässern Felder deutscher Kultur*, in: Friedrich H. Kochwasser und Hans R. Roemer (Hrsg.), *Araber und Deutsche*, Tübingen 1974, S. 197.
107 Zum arabischen Standpunkt betr. die Kreuzzüge s. F. Gabrieli (Hrsg.), *Storici arabi delle Crociate*, Turin 1957.
108 Hartmann (s. Anm. 50), S. 133.
109 Parallelen zwischen dem Heiligen Krieg der Christen und dem *ǧihād* im Sinne der Definition von Carl Erdmann (s. Anm. 56), S. 1, bei Noth, *Heiliger* ... (s. Anm. 17), S. 139 ff.
110 Babinger (s. Anm. 35), S. 161 ff.
111 Zur Türkenangst siehe auch Hans Schmidt, *Das Türkenjahr 1683 und seine historische Bedeutung*, in: *Saeculum*, Bd. 28/1977, S. 87.
112 Zahlreiche Dokumente dazu bei J. C. Hurewitz, *Diplomacy in the Near and Middle East*, Vol. 1, Princeton 1958.
113 So zum Beispiel von Grunebaum (Hrsg.), *Der Islam II* (s. Anm. 71), S. 83.
114 Hakki Keskin, *Die Türkei – Vom Osmanischen Reich zum Nationalstaat – Werdegang einer Unterentwicklung*, Berlin o. J. (1978), S. 21.
115 Von Grunebaum (Hrsg.), *Der Islam II* (s. Anm. 71), S. 82. Zur in der Tat dringend notwendigen Kritik des Bezugsrahmens der bisherigen Analysen des Osmanischen Reichs vgl. Bassam Tibi, *Militär und Sozialismus in der Dritten Welt*, Frankfurt 1973, S. 104 ff. Huri Islamoğlu und Cağlar Keyder, *Ein Interpretationsrahmen für die Analyse des Osmanischen Reiches*, in: Dieter Senghaas (Hrsg.), *Kapitalistische Weltökonomie, Kontroversen über ihren Ursprung und ihre Entwicklungsdynamik*, Frankfurt 1979, S. 201-234; der dort vertretenen Auffassung, daß die Marxsche Theorie von der Asiatischen Produktionsweise auf das Osmanische Reich zutreffe, widersprechen für die Türkei Hakki Keskin, a.a.O. (s. Anm. 114), S. 11-15 und S. 263, Anm. 17 (dort eine Zusammenstellung der neueren Literatur über die APW) und Fred Halliday, *Iran, Analyse einer Gesellschaft im Entwicklungskrieg*, Berlin 1979, S. 37, für den Iran.
116 Vgl. Tibi (s. Anm. 115), S. 108.
117 Peter von Sivers (s. Anm. 75), S. 32.

118 Über die Bestechungen türkischer Politiker und Militärs durch die Deutschen siehe z. B. Keskin (s. Anm. 114), S. 48. Der Feldmarschall Helmuth von Moltke ging 1835 nach Istanbul, um das türkische Militär zu reorganisieren, später folgte ihm der General von der Goltz, der im Ersten Weltkrieg Teile des osmanischen Militärs kommandierte.

119 Haarmann (s. Anm. 5), S. 63; die imperialistischen Ziele Deutschlands beim Bau der Bagdadbahn formulierte seinerzeit P. Rohrbach, *Die Bagdadbahn,* Berlin[2]1911.

120 Literatur dazu s. Anm. 5.

121 Zur progressiven Funktion des kleinbürgerlichen Nationalismus in kolonialen Gesellschaften vgl. Tibi (s. Anm. 115), S. 69 ff.

122 Im einzelnen Richard Allen, *Imperialism and nationalism in the Fertile Crescent, Sources and Prospects of the Arab-Israeli Conflict,* New York u. a. 1974, S. 224 f.

123 *Verspreide Geschriften,* Bd. III, *The Holy War ›Made in Germany‹,* S. 259-84, 287-92; seine These löste eine heftige Debatte mit deutschen Islamwissenschaftlern aus, die Haarmann (s. Anm. 5), S. 64, mit der Diskussion über die deutsche Kriegsschuld nach 1919 vergleicht.

124 In einer Proklamation (9. 6. 1916) an alle Muslims versuchte *Ḥusein* diesen Krieg gegen ein muslimisches Volk damit zu begründen, daß die Herrscher der Türkei die atheistischen Jungtürken seien, s. Kohn (s. Anm. 5), S. 225.

125 Der »Aufstand in der Wüste« ist in den Büchern von Oberst Lawrence geschildert.

126 Henle (s. Anm. 41), S. 31.

127 Tworuschka (s. Anm. 37), S. 39.

128 Zit. nach Gustav Fochler-Hauke (Hrsg.), *Der Fischer Weltalmanach 1980,* Frankfurt 1979, S. 739.

129 Vgl. Gerd Stüwe, *Die Grauen Wölfe werben arbeitslose türkische Jugendliche,* in: Institut für Sozialarbeit und Sozialpädagogik (Hrsg.), *Ausländerarbeit* 1/1979, S. 40-43.

130 Detlev Khalid, *Das Wiedererstarken des Islam als Faktor sozialer Umwälzung,* in: *beilage zum parlament* 10/1979; zu den Unterschieden zwischen Modernisten und Fundamentalisten im heutigen Islam s. besonders ders., *Die politische Rolle des Islam im Vorderen Orient,* Deutsches Orient-Institut, 4, Hamburg 1978.

131 Udo Steinbach, *Kranker Wächter am Bosporus,* Freiburg–Würzburg 1979, S. 76.

132 Fochler-Hauke (s. Anm. 128), S. 733 ff.

133 Tilgner (Hrsg.) (s. Anm. 3), S. 9.

134 Udo Steinbach, *Staaten im inneren Spannungsfeld. Islamische*

Tradition und europäische Moderne in Staatsstruktur, Verwaltung, Recht, in: Verlag Ploetz (Hrsg.), *Die arabische Welt*, Freiburg–Würzburg 1978, S. 55.

135 Tworuschka (s. Anm. 37), S. 18 ff.

136 Ebenda.

137 Rainer Glagor, *Großmacht- und Objektrolle in Geschichte und Gegenwart*, in: Verlag Ploetz (Hrsg.), *Die arabische Welt*, Freiburg–Würzburg 1978, S. 131. Zum Erdölproblem und seiner Entstehung in der europäischen Nahostpolitik der Mandatszeit vgl. Dankwart A. Rustow, *Der Nahe Osten: Krieg und Frieden* 1783–1983, DGFK – Hefte 11, Oktober 1978.

138 *al-Musawwar* v. 12. Okt. 1973, S. 44, zit. nach Ulrich Haarmann, *Die Pflichten des Muslims – Dogmen und geschichtliche Wirklichkeit*, in: *Saeculum* 26/1975, S. 109.

139 Steinbach, *Die Gewalt* . . . (s. Anm. 23), S. 169 f.

140 Vgl. die Analyse von Theodor Hanf, *Die drei Gesichter des Libanonkrieges*, in: *Friedensanalysen* Bd. 8, Frankfurt 1978, S. 64–122.

141 Tworuschka (s. Anm. 37), S. 58.

142 Lit. bei Tworuschka (s. Anm. 37), S. 58.

143 Präambel, s. Tworuschka, ebenda S. 59.

144 Art. 35 in: *Oriente Moderno*, XLIV (1964), S. 301-12.

145 Ahmad Naini, *Die Revolution in Iran, Hintergründe und Ereignisse*, Dokumentationsstelle Moderner Orient des Deutschen Orient-Instituts, *Aktueller Informationsdienst Moderner Orient*, Sondernummer 5, Hamburg 1979, S. 22; Eckehart Ehrenberg, *Rüstung und Wirtschaft am Golf / Der Iran und seine Nachbarn*, DGFK-Papier Nr. 11, Bonn 1979, S. 4, spricht von 40%. (Die DGFK-Papiere sind zu beziehen über: Deutsche Gesellschaft für Friedens- und Konfliktforschung, Theaterplatz 4, 5300 Bonn.)

146 Zur Situation im Iran vor und zu Beginn der Revolution einschließlich militär-strategischer Aspekte siehe Halliday (s. Anm. 115) mit einem Nachwort von Ulrich Albrecht über den *Iran und die Bundesrepublik*, sowie Eckehart Ehrenberg, *Rüstung und Wirtschaft am Golf, Iran und seine Nachbarn (1965–1978), Mitteilungen des Deutschen Orient-Instituts*, Nr. 11, Hamburg 1978; zum Verlauf dokumentarisch Tilgner (Hrsg.) (s. Anm. 3).

147 Friedrich-Ebert-Stiftung, *Gesamtanalyse der Ursachen und möglichen Perspektiven der Entwicklung im Iran*, Juni 1979, S. 14.

148 Ehrenberg, *DGFK-Papier* (s. Anm. 145), S. 12.

149 Friedrich-Ebert-Stiftung (s. Anm. 147), S. 7 ff.

150 Heribert Busse, *Der persische Staatsgedanke im Wandel der Geschichte*, in: *Saeculum* 28/1977, S. 53-74.

152 Ehrenberg (s. Anm. 145), S. 13.

151 Hierzu gibt es eine Selbstdarstellung des ehemaligen Schah: Mohammad Reza Pahlavi Aryamehr, Shahranshah of Iran, *The White Revolution*, 2. Auflage Teheran August 1967.

153 Zum Freiheitskampf der Minderheiten (sowie der Frauen, der politischen, der Berufs- und Basisorganisationen) im Iran siehe die Dokumentation von Annemarie Stein (Hrsg.), *Iran – Neue Diktatur oder Frühling der Freiheit?* 30 Interviews mit der Opposition, mit einem Vorwort von Bahman Nirumand, Hamburg 1979.

154 Ehrenberg (s. Anm. 145), S. 15.

155 Eine Darstellung aus der Sicht der Tudehpartei mit Dokumentation ihres Programms s. bei Wolfgang Ritter, *Der Iran unter der Diktatur des Schah-Regimes*, Frankfurt 1979.

156 Naini (s. Anm. 145), S. 103.

157 Ebenda S. 104.

158 Siehe z. B. die Suren 4,35; 4,4; 4,177.

159 Halliday (s. Anm. 115), S. 202.

160 Naini (s. Anm. 145), S. 94 ff.

161 Von Grunebaum (Hrsg.), *Der Islam II* (s. Anm. 71), S. 173.

162 Naini (s. Anm. 145), S. 290; relativiert bei Halliday (s. Anm. 115), S. 201.

163 Rodinson (s. Anm. 13), S. 290.

164 Von Grunebaum (Hrsg.), *Der Islam II* (s. Anm. 71), S. 107.

165 Halliday (s. Anm. 115), S. 203 f.

166 Naini (s. Anm. 145), S. 96 f.

167 Kohn (s. Anm. 5), S. 255.

168 Friedrich-Ebert-Stiftung (s. Anm. 149), S. 3.

169 Halliday (s. Anm. 115), S. 17.

170 Tilgner (s. Anm. 3), S. 7 ff.

171 Siehe das Vorwort von Bahman Nirumand in: Stein (s. Anm. 153), S. 5.

172 Damals freilich endete die Revolution für die Muslims – abgesehen von der in der Verfassung durchgesetzten Einschränkung der Legitimität der weltlichen Herrschaft mit »Apathie und Zynismus« (von Grunebaum, Hrsg., *Der Islam II*, s. Anm. 71, S. 200), als sie die Restauration der russischen und britischen Herrschaft im Lande erleben mußten: Im Petersburger Abkommen von 1907 einigten sich das Zarenreich und Großbritannien über die Teilung Persiens und Afghanistans.

173 Tilgner (s. Anm. 145), S. 123.

174 Noth, *Heiliger* ... (s. Anm. 17), S. 28, dort auch zur Entstehung des Begriffs.

175 Zitiert nach Henning (s. Anm. 6).

176 Dazu Sir P. Sykes, *History of Persia,* London 1921, 2 Bde.

177 Naini (s. Anm. 145), S. 109; auch William E. Griffith, *The Revival of Islamic Fundamentalism: The Case of Iran,* in: *International Security;* Vol. 4, Nr. 1, summer 1979.

178 *Der Spiegel,* 22. 1. 1979.

179 Tilgner (s. Anm. 3), S. 37.

180 Ebenda S. 38.

181 Ehrenberg (s. Anm. 145), S. 13.

182 Siehe auch Nirumand in Stein (s. Anm. 153), S. 7.

183 Halliday (s. Anm. 115), S. 202.

184 Tilgner (s. Anm. 3), S. 110 ff., hier S. 113.

185 Ebenda S. 125 ff.

186 Ebenda S. 131 ff.

187 Entschleierte Geheimnisse, 1941, S. 302-303, zit. nach Tilgner (s. Anm. 3), S. 85.

188 Zitiert nach Ulrich Enke, in: *Frankfurter Rundschau* v. 30. November 1979.

189 Khalid (s. Anm. 130), S. 7.

190 Khalid, ebenda, S. 13; Khalid weist auch (S. 5) auf die Parallelität des Konflikts von Gesetzes- und Volkscharakter im Islam mit der Entwicklungsungleichheit von Land und Stadt und den durch die Landflucht ausgelösten Klassengegensätzen in den Städten hin.

191 Tilgner (s. Anm. 3), S. 123.

192 Naini (s. Anm. 145), S. 115.

193 Ulrich Encke im *Kölner Stadtanzeiger* v. 21. 12. 1979.

194 Vgl. dazu Rodinson (s. Anm. 13), S. 292, s. auch Dany Diner in: *Links,* Dezember 1979, S. 2.

Paulus Engelhardt
Die Lehre vom »gerechten Krieg« in der vorreformatorischen und katholischen Tradition Herkunft – Wandlungen – Krise

Nicht nur in polemischen Diskussionen, sondern auch in geschichtlich-kritischer Analyse ist es notwendig, idealtypisch zwei Traditionen zu unterscheiden, die sich in der Wirklichkeit oft überschneiden: die des »heiligen Krieges« und die der Bedingungen des »gerechten Krieges«. Die eine verkündet von bestimmten Überlieferungen des Alten Testaments her bis hin zu der berüchtigten Weihnachtspredigt des Kardinals Spellman in Vietnam 1966[1] Gott als Initiator und höchsten Feldherrn eines religiösen oder ideologischen Krieges (»Kreuzzug«); die andere geht davon aus, daß Kriege eigentlich nicht sein sollen, in der irdischen Wirklichkeit aber wenigstens in ihren rechtfertigenden Bedingungen (das »Recht zur Kriegführung«) und angewandten Methoden (das »Recht im Kriege«) zu begrenzen sind. Dabei läßt sich eine – leider noch nicht abgeschlossene – geschichtliche Tendenz aufzeigen, rechtsfreie oder rechtlich und machtmäßig ungenügend geregelte Räume, in denen der Krieg als Instrument der Konfliktregelung eingesetzt wird, durch Rechtsordnungen auszufüllen, die den Krieg überflüssig machen.

1. Die Herausforderung der »Konstantinischen Wende«

Es ist kein Zufall, daß es keine unmittelbar im Neuen Testament begründete Lehre vom »gerechten Krieg« gibt. Die Verbindung des Gebotes der Nächstenliebe mit dem Aufruf zum Gewaltverzicht durch Jesus wird im 1. und 2. christlichen Jahrhundert fast durchgehend, im 3. Jahrhundert noch weitgehend pazifistisch ernst genommen.[2]

Wer damals und später aus dem Neuen Testament eine Anerkennung des Soldatenstandes und damit der kriegerischen Gewalt herauszulesen versucht, übersieht: die neutestamentlichen Autoren standen überhaupt nicht vor der Frage, wie Christen mit politischer Macht umgehen sollten: Die Fragen der Weltgestaltung wurden in der Erwartung der baldigen Wiederkunft Christi unwichtig. Aber auch dort, wo die Naherwartung, weil nicht erfüllt, zurücktrat, blieb die römische Macht die historisch letzte und die Situation der Christen die einer politisch unwirksamen und überwiegend uninteressierten Minderheit. Kriege gehörten zu den Kennzeichen einer Welt, von der man sich distanzierte.

Der Aufruf Jesu zum Gewaltverzicht wurde von Kirchenlehrern bis ins 4. Jahrhundert hinein zusammen mit dem fünften Gebot (»Du sollst nicht töten«) und den prophetischen Visionen vom kommenden Friedensreich als absolutes Tötungs- und Kriegsverbot verstanden.

Die Gesamteinstellung änderte sich z. T. fast schlagartig, z. T. allmählich, nach dem Mailänder Edikt des christenfreundlichen (allerdings erst kurz vor seinem Tode getauften) Kaisers Konstantin aus dem Jahr 313. Unmittelbar gab es den Christen und der christlichen Kirche volle Freiheit. Mittelbar bedeutet es den Beginn politischer Macht der Christen und verändert damit prinzipiell die dem Neuen Testament zugrundeliegende Situation. Überraschend verordnet die von Konstantin einberufene Synode von Arles (314) im Kanon 3: »In Bezug auf die, die im Frieden die Waffen wegwerfen, gefiel es [der Synode], daß sie sich der Kommunion enthielten.« Wahrscheinlich handelt es sich nicht um eine allgemeine Exkommunikation der Wehrdienstverweigerer, sondern um eine Sanktion derer, die eine Mitwirkung bei den polizeilichen Funktionen des Heeres verweigerten. Auf jeden Fall eine völlig veränderte Situation gegenüber den Diskussionen um 200, ob ein Christ überhaupt Soldat sein könne.

1.1 Politik und Religion bei Ambrosius

Mit *Ambrosius von Mailand* laufen Praxis und politisches Denken eines Römers und Glaubensverantwortung eines

Christen zusammen. Nächstenliebe kann zum Krieg verpflichten: »Wer nicht gegen das Unrecht, das seinem Nächsten droht, soweit er kann, kämpft, ist ebenso schuldig wie der, der es diesem antut«.[3] Seine Gedanken werden in der politisch-religiösen Beratung des rechtgläubigen Kaisers Gratian entfaltet, dessen arianischer Konkurrent Valens 378 im Kampf gegen die Westgoten gefallen war. In dieser Zeit schreibt er *Über den christlichen Glauben.* Römisches Freund-Feind-Denken gegenüber den Barbaren vermischt sich mit dem Gegensatz Rechtgläubige-Häretiker, und zwar in der alttestamentlichen Perspektive, daß die Heiden das Strafgericht über die Sünden des auserwählten Volkes vollziehen.

In der an Cicero angelehnten, 391 verfaßten Schrift *Über die Pflichten der Kirchendiener* bezieht sich die »Gerechtigkeit« von Kriegen auf politische und religiöse Kriterien. Römische Rechtsbegrenzungen einerseits und Maßlosigkeit in den erlaubten bzw. empfohlenen Kampfmitteln gegenüber den Irrgläubigen/Barbaren (Westgoten) andererseits mischen sich.

1.2 Der Lösungshintergrund: die Zwei-Reiche-Lehre Augustins

Die unheilvolle Vermischung von Politik und Religion versucht der Ambrosius-Bewunderer *Augustinus* mit der theologischen Grundunterscheidung *civitas dei – civitas terrena* (Gottes-Bürgerschaft – Erden-Bürgerschaft) zu überwinden.

Unrecht, Sünde (theologisch gesprochen), die Relativität irdischer Güter (philosophisch-neuplatonisch gedacht) sind die Gründe für Kriege; die seinshafte Ausrichtung des Willens auf Erfüllung und Ruhe in einem Gut ist der Grund, den Frieden als Ziel zu begreifen. Von hier aus ist die berühmte, vielleicht von Augustinus bereits vorgefundene Definition des Friedens als *tranquillitas ordinis* (Ruhe, die in der Ordnung besteht) nicht – wie in ihrem jahrhundertelangen ideologischen Gebrauch – als Rechtfertigung des status quo zu verstehen, sondern als Zielangabe, die mit der empirischen Wirklichkeit kontrastiert. Die Friedenstafel von *De civitate dei* XIX, 13 ermöglicht es, den Ort des politischen Friedens und damit die von ihm als Zielbestimmung her gedachte relative Sinnhaftigkeit des Krieges zu verstehen. Augustinus geht kosmologisch-anthropologisch von der Sehnsucht aller Geschöpfe nach Erfüllung = Frieden aus. Für den Menschen ist endgültige Erfüllung = vollkommener Friede = ewiges Leben. Das Irdische als endgültige Erfüllung »genießen« *(frui)* wollen, ist die Grundstruktur von Sünde. Relativen irdischen Frieden als Bedingung des Weges zum endgültigen Frieden »gebrauchen« *(uti)*, ist das richtige politische Verhalten des Christen. Somit gehört auch das auf Frieden gerichtete Kriegführen zu den Aufgaben des Christen als Bürger des irdischen Gemeinwesens.

Die faktische Entwicklung zum Großstaat mit seiner Tendenz zum Selbstzweck (Babylon – Rom) ist – trotz gelegentlicher ciceronianisch bestimmter nostalgischer Rückblicke auf die alte Republik und einen möglichen Bund von Republiken – nicht durch Zerschlagung in Kleinstaaten, sondern durch verantwortetes Arrangement mit der durch Gottes Vorsehung entstandenen römischen Wirklichkeit zu beantworten. Rom allein kann Recht garantieren und irdischen Frieden sichern.

1.3. Gerechter Krieg?

Damit ergibt sich auch die Perspektive für die unmittelbaren – erst im Mittelalter systematisierten – Aussagen Augustins zur Frage des gerechten Krieges. Nachdem er distanziert auf Ciceros Verständnis des ius ad bellum (des Rechtes, Krieg zu führen) mit dem Hinweis auf »die Ungerechtigkeit der gegnerischen Seite« angespielt hatte, zitiert er ihn ausdrücklich: »Irre ich nicht, so setzt sich Cicero in seinem dritten Buch über den Staat dafür ein, ein guter Staat führe Krieg nur um der Treue oder seines Heiles willen.«[4] Heil ist der Bestand des Staates selbst, Treue die Bündnisverpflichtung. Der Staat, der andere Völker besiegen will, »verlangt in seinem niederen Bereich nach irdischem Frieden. Zu ihm möchte er durch Kriegführung gelangen, denn hat er gesiegt und regt sich kein Widerstand mehr, wird Friede sein ...« Gerechtfertigt ist diese faktische Ruhe aber nur durch das Recht: »Wenn aber die siegen, die das größere Recht auf ihrer Seite hatten, wird jeder solchen Sieg begrüßen und urteilen, nun sei der erwünschte Frieden eingetreten. Auch das sind Güter und ohne Frage Gaben Gottes ...«

2. Wirkungsgeschichte einer Polemik

Nicht diese durch neuplatonische Weltdistanz problematisierte Aufnahme ciceronianischer Rechtsauffassungen wurde später wirksam. Entscheidend wurden frühere polemische Überlegungen gegen die manichäische Ablehnung des Krieges für die Christen.[5] Mit dem Hinweis auf das Jesuswort: »Gebt dem Kaiser, was des Kaisers ist ...« (Markus 12,17 par) und auf die Tatsache, daß Jesus vom Hauptmann von Kapernaum nicht die Aufgabe seiner Stellung fordert, und nach einer Kritik der *im* Kriege hervortretenden schlechten Gesinnungen fügt er dieser die Wendung an:

»Um solche Ausschreitungen gerecht zu bestrafen, müssen oft die Guten selbst im Kriege streiten, sei es auf Geheiß Gottes, sei es auf Befehl einer rechtmäßigen Staatsgewalt, und gegen die Gewalttätigkeit ihrer Gegner kämpfen ... Aber die natürliche Ordnung, die den Frieden unter den Sterblichen will, verlangt, daß die Entscheidung und die Befugnis zur Kriegserklärung bei den Lenkern des Staates liege.«

Dieser Text wurde durch die Vermittlung des *Decretum Gratiani* (12. Jahrhundert, siehe unten S. 82) zur Grundlage der *ersten Bedingung des gerechten Krieges:* Erklärung durch rechtmäßige Obrigkeit.

Zur Zeit der Abfassung von *De civitate dei* (419) schrieb Augustinus seine *Quaestiones in Heptateuchum,* d. h. Fragen zu den ersten 7 Büchern des Alten Testaments (5 Bücher Mosis, Josua, Richter). Gegenüber der Tendenz der von ihm als irrgläubig bekämpften Pazifisten, die das Neue gegen das Alte Testament ausspielen, sind die Argumente, die Augustinus in den Fragen um den Krieg dem AT entnimmt, weniger distanziert als die des geschichtstheologisch-apologetischen Werkes über die Gottesbürgerschaft. Den Grund für diese Haltung hat er bereits in dem eben zitierten früheren Text angedeutet: Hier geht es nicht um innerweltlich politische

Regelungen, sondern um Kriege, die unmittelbar »auf Geheiß Gottes« geführt werden. Hat Augustinus also doch die Frage des »heiligen Krieges« in die des »gerechten Krieges« hineinprojiziert und damit einer Ideologie zugunsten christlicher Herrscher Vorschub geleistet? Auch in diesem Zusammenhang weist Augustinus auf die römische Rechtstradition zurück:[6]

»Gerechte Kriege pflegt man als solche zu definieren, die Unrecht ahnden; sei es, daß ein Volk oder ein Staat, die mit Krieg zu überziehen sind, es versäumen, das Unrecht wieder gut zu machen, das von den Ihrigen geschehen ist, oder zurückzugeben, was durch Unrecht weggenommen ist.«

Zwar ist Augustinus auch hier der Meinung, daß Gott sich als Herr des Gesetzes über irdische Rechtsordnungen, ja über seine eigenen Gebote hinwegsetzen kann, zugleich aber versucht er, in den alttestamentlichen Kriegsgeschichten Leitlinien für das Kriegsrecht zu finden. Dem modernen Leser fällt auf, daß Augustinus wie auch die mittelalterliche Tradition unter »gerechtem Krieg« Angriffskriege im Auge hat. Der Sprung von der Wiedergutmachung zur Vergeltung und von dieser zur moralischen Bestrafung ist nicht weit. Das zeigt etwa die ebenfalls in der mittelalterlichen Tradition aufgenommene Briefstelle,[7] die von der heilsamen Bestrafung der Sünder spricht. Von der Zurückeroberung bis zur Bestrafung reicht dann auch der Spielraum der traditionellen *zweiten Bedingung des gerechten Krieges:* der gerechte Grund.

An der *dritten Bedingung*, die das Verhalten *im* Kriege betrifft, ist Augustinus besonders interessiert, da es ihm mehr um die Gesinnungen des einzelnen als um die politische Ordnung geht. Ein dem modernen Bewußtsein anstößiger antimanichäischer Text[8] hat durch die Vermittlung des *Decretum Gratiani* das mittelalterliche Urteil im ganzen bestimmt:

»Was ist am Kriege zu tadeln? Ist es die Tatsache, daß darin Menschen getötet werden – die doch alle eines Tages sterben müssen –, damit die Sieger in Frieden leben können? Das am Kriege zu beanstanden oder zu verabscheuen, ist kleinmütig und hat mit Gottesfurcht wenig zu tun. Berechtigte Einwände gegen den Krieg sind die in ihm hervortretenden Gesinnungen, wie Lust zu schaden, grausame Rachgier, Unversöhnlichkeit, Vergeltungswut, Eroberungssucht . . .«

Außer dieser moralisierenden Privatisierung hat auch das seelsorgerliche Interesse, den Gehorsamen zu entlasten, bis heute verhängnisvoll weitergewirkt. Ebenfalls durch das Dekret weitervermittelt ist ein dem folgenden Kapitel[9] entnommener Text. Mit Berufung auf Röm 13,1, daß jede Gewalt von oben gegeben sei, formuliert Augustinus sehr genau:

»Wenn es also einem Gerechten zustößt, unter einem unwürdigen König Kriegsdienst zu leisten, so kann er ohne Verstoß gegen die Gerechtigkeit seinen Befehl ausführen, wenn es feststeht, daß dieser Befehl nicht dem Gesetz Gottes zuwiderläuft, oder wenn es wenigstens nicht feststeht, daß er ihm zuwiderläuft; es kann also geschehen, daß der König sich durch seinen ungerechten Befehl schuldig macht, während der den Befehl ausführende Soldat schuldlos bleibt.«

Das für Gewissensentscheidungen leitende (indirekte) Moralprinzip »in dubio pro auctoritate« (im Zweifelsfall für die – staatliche – Obrigkeit) wurde in der katholischen Kirche erst auf dem II. Vatikanischen Konzil 1965 fallengelassen.

3. Politischer Augustinismus

Augustinus hat keine systematische Lehre vom »gerechten Krieg« entwickelt und wurde doch ihr Kronzeuge. Ähnlich hat er in der Frage der Gewaltanwendung gegenüber »Irrgläubigen« nur zögernd nach seinen Erfahrungen mit den Methoden der idealistisch-elitären, aufgrund ihres Auserwähltheitsbewußtseins zum Terror neigenden Anhänger des nordafrikanischen Bischofs Donatus schließlich ein begrenztes Ja ausgesprochen. Dabei griff er auf das kaiserliche Recht zum Zwecke erzwungener Rückgabe von Kirchenraum und Kircheneigentum an die Katholiken zurück. Auch hier wurden nicht seine zögernden Überlegungen und seine persönlich gewaltlose Praxis, sondern seine (exegetisch sehr angreifbare) Berufung auf das »compelle intrare« (»nötige sie hereinzukommen«: Lukas 14,23) in einem Maße wirksam, daß man ihn zum »Vater der Inquisition« erklärte.

Zwar hat Augustinus die Überlegungen zum gerechten Krieg und die zur Gewaltanwendung gegen Häretiker nie zusammengebracht, aber die mittelalterlich-kirchenrechtliche

Vermittlung und die immer lebendige Tendenz, Kriege auch als »heilige Kriege« zu rechtfertigen, trugen zu jener verändernden Wirkungsgeschichte bei, die man gern den »politischen Augustinismus« nennt. Stationen seiner Entwicklung können hier nur soweit benannt werden, als sie mit wechselnden Modellen von Macht gekoppelt sind.

3.1. Gregor der Große: päpstliche Macht und Gewalt

Der Benediktinerpapst *Gregor*, genannt der Große, Asket, Großgrundbesitzer, juristisch denkender Römer, Militärstratege, Liturge, Seelsorger und Gründer der Angelsachsenmission fügte der Lehrautorität seiner Vorgänger eine politische Macht hinzu, die sich aus seiner Antwort auf eine einmalige Umbruchsituation ergab. Zwischen dem neu nach dem Westen vorgedrungenen Byzanz, den Langobarden und Germanen, die im merowingischen Frankenreich, seinem Aufstieg und Niedergang, seiner Einheit und Zerspaltung ihre politische Form suchten, wurde er an der Wende vom 6. zum 7. Jahrhundert zum Schutzherrn Roms und Repräsentanten des römischen Reiches. Bei ihm laufen die getrennten Linien augustinischer Gedanken in die Einheit politischer Praxis zusammen. Für ihn gehörte das gewaltsame Vorgehen gegen die Häretiker zu den Gerechten Kriegen. Kirchlicher und weltlicher Bereich sind nicht mehr zu unterscheiden – auch z. B. im Vorgehen gegen die Juden, dessen relative »Gerechtigkeit« auch von Historikern gerühmt wird, die Gregor als Ausnahme gegenüber der antijüdischen Praxis seiner christlichen Zeitgenossen ansehen.

3.2. Westgoten und Franken

Der Erzbischof *Isidor von Sevilla* (560–636) – die wissenschaftlich herausragende Gestalt der frisch zum römischen Katholizismus bekehrten spanischen Westgoten – wird zur gleichen Zeit durch einige Kurzformeln geschichtswirksam. In die zum Königreich gewordene ehemalige *provincia* des alten römischen Reiches übernimmt er Elemente des römisch verstandenen Völkerrechts (ius gentium). Einerseits ist der

Krieg ständige Wirklichkeit zwischen den neuen und wechselnden Staatengebilden und Stämmen. Andererseits bleiben ideologische Schemata des Verhältnisses Reich – Barbaren wirksam. Kriegsgefangenschaft bleibt Versklavung. Wieweit die Definition des gerechten Krieges trotz Isidors enzyklopädischer Arbeitsweise etwas von der politischen Wirklichkeit spiegelt, ist schwer zu sagen: »Gerecht ist ein Krieg, der auf Grund einer autoritativen Anordnung (edictum) geführt wird, um Güter zurückzuerlangen oder um Feinde zurückzuschlagen.«[10] Diese Definition wird durch einen Hinweis auf Ciceros *De re publica* unterstützt – wobei dieser Text aus dem III. Buch nur durch Isidor bekannt ist. Cicero beherrscht also durch Augustin und Isidor die weitere Tradition.

Karl der Große blieb auch nach der Kaiserkrönung Frankenkönig, der Territorien erobert und sie in relativer staatlicher Selbständigkeit läßt. Zugleich schrieb er sich und den Franken den Auftrag zu, die Kirche zu schützen und auszubreiten, und wurde durch Briefe und Gebete des Papstes sowie durch die Ideologie seiner Hofgelehrten unterstützt. Allerdings neigte Karl dazu, den Gottesstaat Augustins – er ließ sich das Buch vorlesen – mit seinem eigenen Imperium zu identifizieren, während der führende Hoftheologe Alkuin ihn in der Linie Gregors weitgehend mit der Kirche identifizierte. Der politische Augustinismus liefert die Elemente der konkreten Spannung, die das Mittelalter beherrscht.

3.3. Papsttum und Krieg

Nach dem Zerfall des karolingischen Reiches wird das Papsttum zum wirksamen Zentrum der Einheit des römischen Reichsvolkes. Auch der Bereich von Frieden und Krieg – vor allem in der Gestalt der Kreuzzüge – wird von ihm, besonders wirksam von Gregor VII. (1073-1085), in Anspruch genommen. Das Nebeneinander von Reich, aufstrebenden nationalen Königtümern (Frankreich), Fürstentümern und Stadtstaaten (Venedig) wird im 1. Kreuzzug durch die Repräsentanten der päpstlichen Macht zusammengebunden. Ideologisch knüpfen die Kreuzzüge an die jahrhundertealte iberische Theorie und Praxis der Reconquista, der Wiedereroberung maurischer Gebiete, an. Sie wird im 16. Jahrhundert die Grundlage der spanisch-portugiesischen Kolonisationspolitik und der mit ihr zusammenhängenden Diskussionen bilden.

Mit der wachsenden Macht des Papsttums mischen sich – wie zur Zeit der am römischen Staat orientierten Kirchenväter – Vorstellungen vom »gerechten« und vom »heiligen« Krieg. Politische Praxis und Theorie sind von gegensätzlichen Einflüssen abhängig.

Der bedeutendste Papst zwischen Gregor I. und Gregor VII., Nikolaus I. (858-67), wollte das Urteil über Nichtgläubige allein Gott überlassen und jeden gewaltsamen Bekehrungsversuch verbieten. Allerdings blieb er nicht konsequent und erlaubte Büßenden den Waffengebrauch gegen Heiden. Grundsätzlich erkannte er nur den Verteidigungskrieg als erlaubt an.[11]

Die Bußbücher, die eine teilweise in Konkurrenz zur politischen Führung stehende Basisreligiosität spiegeln, zeigen seit dem 9. Jahrhundert eine äußerst skeptische Haltung gegenüber Kriegen unter Christen. Auch eine Tötung in einem »gerechten Kriege« zieht eine Buße nach sich.[12] Ob damit eine *moralische* Schuld im Sinne subjektiver Verantwortlichkeit vorausgesetzt ist, bleibt fraglich. Paradox erscheint es, daß die im Frankenreich sich durchsetzende Praxis der Ablösung der Bußverpflichtung durch Ersatzwerke wie Gebet und Almosen und die daraus sich entwickelnde Ablaßpraxis im 11. Jahrhundert auf die Teilnahme an »heiligen Kriegen« ausgedehnt wird. »Papst Alexander II. verhieß 1063 den Kämpfern gegen die Mauren in Spanien, Urban II. zu Clermont 1095 den Teilnehmern am ersten Kreuzzug einen vollkommenen Ablaß aller Sündenstrafen.«[13]

4. Römisches Recht und Kirchenrecht[14]

Um 1085 belegt *Anselm von Lucca* das Gewaltrecht der Kirche gegen Häretiker, Exkommunizierte, Friedensfeinde und Ungläubige vor allem mit Texten von Augustinus und Gregor d. Gr. Umfangreicher, gemäßigter, aber nicht widerspruchsfrei ist die Textsammlung des *Ivo von Chartres* zu

Beginn des 12. Jahrhunderts. Die Kreuzzüge werden mit den Kriterien des »gerechten« Krieges gerechtfertigt: Legitimierte (päpstliche) Autorität – Notwendigkeit – rechtfertigende Ursache (Schuld der anderen Seite) – richtige Absicht – Verteidigung des »Vaterlandes« (= Kirche). Während die Kreuzzüge eine ideologische Ausweitung des Kriegsrechtes darstellen, bemüht man sich seit dem Ende des 11. Jahrhunderts, die Privatfehde einzudämmen bzw. auszuschalten – weitgehend zugunsten der für die Kreuzzüge erforderlichen Einigkeit. Auch terminologisch werden *bellum* und *guerra* (der Kampf der Lehnsherren) unterschieden. Friedrich Barbarossa, der die »rechtmäßige Autorität«, einen Krieg zu erklären oder zumindest zu genehmigen, für sich in Anspruch nimmt, beginnt seine Regierung 1152 mit dem Gesetz des Reichslandfriedens, das die Fehde verbietet. Er muß das Fehdeverbot jedoch 1179 wieder aufheben. Durch seinen Reichslandfrieden von 1186 wird die gewohnheitsrechtliche Regelung, die Fehde vorher anzusagen, zur reichsgesetzlichen Bedingung ihrer Rechtmäßigkeit. 1235 tritt als weitere Bedingung die vorherige Anrufung des Gerichts hinzu.[15]

4.1. Das Dekret Gratians

Die Kommentatoren des Römischen Rechts lieferten den Kirchenrechtlern Material, das diese mit der theologischen Tradition vermittelten. Maßgebend wurde die Kompilation des Kamaldulensermönchs Gratian *Concordantia discordantium canonum*, kurz *Decretum* genannt (um 1140). In den Fragen des Kriegsrechtes bringt er frühchristlich-pazifistische Traditionen, augustinische Reflexionen und Überlieferungsstücke des Römischen Rechts dialektisch (These – Gegenthese – Lösung, die aber keine wirkliche Synthese ist) zusammen. Die entscheidenden Texte[16] werden zur Autorität für weitere Kommentatoren (»Dekretisten«) und für die mittelalterliche Theologie.

Obgleich Gratian die berühmte 23. causa des 2. Teiles mit einem sehr konkret scheinenden, aber wohl nur hypothetisch verstandenen Fall eines Glaubenskrieges gegen Häretiker einführt, bleiben die daran anschließenden Fragen und »Canones« so allgemein, daß sie bis heute kommentiert und problematisiert werden.

In der ersten Frage, »ob Kriegführen Sünde sei«, führt er zunächst die für den christlichen Pazifismus immer wieder herangezogenen Evangelienstellen an. Die zusammenfassende Antwort ist eine vereinfacht formulierte augustinische Sentenz, mit der die politische Brisanz der Bergpredigt in einer langen Tradition unwirksam gemacht wurde: »Die Gebote der Geduld sind nicht so sehr in der Handlung des Körpers als in der Bereitschaft des Herzens zu beobachten.«[17]

Die zweite Frage lautet ausdrücklich, »was ein gerechter Krieg« sei. Sie wird mit drei Definitionen beantwortet. Die erste ist die bereits zitierte Isidors, die Gratian von Ivo von Chartres (Anfang des 12. Jahrhunderts) übernimmt. Die zweite innerhalb eines längeren Augustinuszitates ist eine leichte Veränderung der Definition, mit der Augustinus römische Rechtstradition mit alttestamentlichen Kriegsbeispielen verbindet.[18] Seine eigene Kurzdefinition[19] zeigt, daß es ihm unter den drei in den traditionellen Definitionen angedeuteten Rechtfertigungsmöglichkeiten: Zurückschlagen eines Angriffs – Zurückerlangen geraubter Güter – Unrecht ahnden – auf die letzte ankommt: »Ein gerechter Krieg ist ein solcher, der auf Grund einer autoritativen Anordnung geführt wird und (*vel* wohl in diesem Sinne, P. E.) durch den Unrecht geahndet wird.« Beide Elemente fordern jahrhundertelang die Kommentatoren zu Präzisionen heraus.

4.2. Die Dekretisten und Dekretalisten

Zwischen 1140 und 1190 wird das *Dekret* in Bologna, Paris, Oxford und Köln kommentiert und systematisiert.

Politisch aufschlußreich ist die Tendenz, im Gegensatz zu Gratian religiöse Motivationen in die Kataloge der Gründe zum »gerechten Krieg« einzubeziehen – manchmal ausdrücklich auf die Kreuzzüge bezogen. Die Machtverhältnisse spiegeln sich in der Frage nach der zum Kriegführen berechtigten Autorität. Im 12. und 13. Jahrhundert zeichnen sich vor allem zwei Tendenzen ab: Die eine will das offizielle Kriegsrecht auf die Oberherren Kaiser und Papst reduzieren; sie spiegelt das

Interesse, in den Kreuzzugszeiten die Christen gegen die »Ungläubigen« (die den »Barbaren« des römischen Kriegsrechtes entsprechen) zu einigen. Die andere will die Souveränität der Fürsten unterstützen. Gemeinsam ist die nicht immer eindeutig durchgehaltene Tendenz, die Fehden der Lehnsherren aus dem Bereich des gerechten Krieges auszuschließen.

Um 1210 wird zum ersten Mal die Vorstellung formuliert, daß der Krieg nur die ultima ratio für den Fall sein darf, daß die streitenden Parteien keinem Rechtsvergleich zustimmen. Der Dominikaner *Raymund von Pennafort*, der von Gregor IX. beauftragt worden war, die von ihm und seinen Vorgängern neuformulierten kirchenrechtlichen Grundsätze und Verordnungen *(Dekretalien)* zusammenzustellen, scheint um 1240 den herkömmlichen Bedingungen, die alle erfüllt sein müssen, wenn ein Krieg gerechtfertigt werden soll,[20] zu widersprechen: »Es scheint auch den Fall zu geben, wo ein Krieg auch ohne die besondere Autorität des Fürsten oder der Kirche in Gang gebracht werden kann, nämlich um Güter zurückzuerlangen oder das Vaterland zu verteidigen.«[21] Er beruft sich dabei auf das Naturrecht. Der Widerspruch läßt sich nur auflösen, wenn er den mehr oder weniger unmittelbaren Verteidigungskrieg vom vollen Begriff des gerechten Krieges, der damit den Angriffskrieg im engeren Sinne meint, unterscheidet. Andere Autoren wie z. B. *Heinrich von Segusia*, seit 1261 Kardinalerzbischof von Ostia (»Hostiensis«), wollen dagegen nach wie vor nur solche Kriege als »gerechte« anerkennen, hinter denen die fürstliche oder kirchliche Autorität steht.

Mit der Zerstörung der politischen Macht des Kaisers durch den endgültigen Bann gegen Friedrich II. hat Papst Innozenz IV. auch die eigene politische Macht zerstört und die Entwicklung der Nationalstaaten und Regionalsouveränitäten begünstigt. *Wilhelm von Rennes*, der in der 2. Hälfte des 12. Jahrhunderts Raymund von Pennafort kommentiert, baut daher seine ausführliche Diskussion über die für den Krieg erforderliche Autorität auf dem allgemein anerkannten Prinzip vom »Fürsten, der keinen (Fürsten) über sich hat« auf, »sei es ein (der französische?) König, sei es der Kaiser«.[22]

5. Interessen des Nationalstaats und des Bürgertums

5.1. Die Theologen des 13. Jahrhunderts[23]

Die Theologen des 13. Jahrhunderts gehen in ihren Überlegungen über den gerechten Krieg ebenso wie die Kirchenrechtler vom Dekret Gratians aus. In ihren eigenständigen Überlegungen betonen sie stärker als die Kanonisten den Zusammenhang von Krieg und Sünde, bemühen sich aber auch um eine Deutung der Absichten Gottes mit dem Krieg und gelangen dadurch in die Gefahr ideologischer Rechtfertigungen.

Auch bei ihnen zeigt sich die Ablösung der kaiserlichen und päpstlichen Macht durch die Nationalstaaten. Die Nationalität spiegelt sich in der Bestimmung der zum Kriege berechtigten Autoritäten.

Thomas von Aquin (1225-1274 oder 75), der Italiener, der in Friedrichs II. Universität Neapel und in Köln studiert und in Paris gelehrt hat und zwischendurch päpstlicher Berater war, nennt in dem klassisch gewordenen Text über die drei Bedingungen, unter denen ein Krieg nicht Sünde, sondern erlaubt ist, bei der ersten (»auctoritas principis«) drei Machtbereiche von autorisierten Fürsten:[24] ». . . es ist ihre Sache, die öffentliche Ordnung (rem publicam) der ihnen unterstehenden Stadt (civitatis) oder des Königsreiches (regni) oder einer Provinz (provinciae) zu schützen« – und zwar »gegen die inneren Unruhestifter« und »gegen äußere Feinde«. Der Text ist um 1269, also im Interregnum, geschrieben. Man denkt bei den Städten an norditalienische Städte, beim Königreich an Frankreich, England, Sizilien, bei Provinzen an selbständige Herzogtümer wie Burgund oder an die spanischen Teilreiche.

Dabei wird die auctoritas principis von der »Privatperson« abgesetzt, die nicht das Recht hat, einen Krieg zu führen, »weil sie ihr Recht vor dem Gericht des Vorgesetzten verfechten kann«. Diese Bemerkung bestätigt einerseits den Wegfall einer den genannten »Fürsten« übergeordneten Rechtsinstanz; andererseits wird der Gedanke von Thomisten (besonders des 20. Jahrhunderts) aufgegriffen, um eine solche (internationale) Rechtsinstanz zu fordern, die den Krieg überflüssig und damit auch unerlaubt macht.

Zur *causa iusta* zitiert Thomas die bekannte Augustinusdefinition (nicht ganz korrekt), die er im Sinne einer *Schuld* der Gegenseite versteht. Ob es sich damit um eine nur materielle Rechtsverletzung handeln kann, oder ob es sich um eine moralische Schuld der Verantwortlichen handeln muß, wird jahrhundertelang diskutiert. Wir werden noch sehen, daß entscheidende Fragen, z. B. die Unterscheidung von Kombattanten und Nichtkombattanten (Schuldige und Unschuldige?), mit der Klärung dieser Frage zusammenhängen.

5.2. Ideale und Interessen des Bürgertums

Die päpstliche Macht konnte sich um die Wende vom 13. zum 14. Jahrhundert ohne entsprechende kaiserliche Konkurrenz noch einmal entfalten und so gelegentlich die Funktion der übergeordneten Autorität wahrnehmen. Ein spätes Beispiel päpstlicher Macht: Am 27. Juni 1298 fällte Papst Bonifaz VIII. einen Schiedsspruch zur Wiederherstellung des Friedens zwischen Eduard I. von England und Philipp dem Schönen von Frankreich.

Schiedsverfahren des 14. und 15. Jahrhunderts beziehen sich auf finanzielle, administrative und politische Angelegenheiten. Werden sie von paritätisch besetzten Gremien durchgeführt, dann gehen sie oft in zweiseitige diplomatische Verhandlungen über. Nationalstaat, Bürgertum, emanzipierte (Rechts-) Wissenschaft und Wirtschaft, ausgebaute Bürokratie setzen sich in solchen Verfahren durch. Der berühmteste theoretische Entwurf ist zwar politisch-geschichtlich nicht sehr wirksam geworden, spiegelt aber das neue politische Selbstverständnis des Bürgertums: Der Rechtstheoretiker *Pierre Dubois* (um 1250-1321) war zwar ein mäßiger Philosoph, aber als Schüler Sigers von Brabant Anhänger einer von der Theologie völlig emanzipierten Wissenschaft. In seinen Ratschlägen zur Kriegführung gibt er Mittel an, Kriege abzukürzen, wie Lebensmittel- und Waffenblockade. Um 1306 erscheint sein Hauptwerk: *Von der Wiedereroberung des heiligen Landes.*[25] Der Titel gibt die Perspektive (im Übergang vom Mittelalter zur Neuzeit) an: Um das heilige Land endgültig zu erobern, muß sich das Abendland eine wirksame und dauerhafte Rechts-, Staaten- und Friedensordnung geben. Der neue Staatenbund, der an die Stelle der alten Reichseinheit tritt, soll auf Initiative des Königs von Frankreich und des Papstes auf einer Art geistlich-weltlichen Konzils in Toulouse zustandekommen. Besonders die Fürsten, »die keine ihnen übergeordneten auf Erden anerkennen«, sollen erscheinen. Der geplante Staatenbund bedarf zur Erhaltung des Friedens als Dauerinstitution eines Schiedsgerichtshofes, der aus drei geistlichen und drei weltlichen Richtern besteht. Ihre Unabhängigkeit soll durch Reichtum garantiert sein.

5.3. Verteidigungskrieg als Problem

An späteren Auseinandersetzungen mit der Frage des Gerechten Krieges bleibt bemerkenswert der Versuch, den Begriff des *Verteidigungskrieges* gegenüber maßlosen Ausweitungen einzugrenzen – vor allem bei *Gabriel Biel* (wichtiger Autor für das Theologiestudium Luthers, ca. 1425-1495)[26]: Es muß sich um eine »unmittelbare« *(in continenti)* Abwehr handeln. Sie bleibt auch dann »unmittelbar«, wenn der Gegenschlag einige Wochen Vorbereitungen braucht, nicht aber, wenn zunächst nichts geschieht, Unterwerfung geheuchelt wird, um später einen Angriff zu starten. Ein mehr oder weniger »unmittelbarer« Verteidigungskrieg kann zwar – was die Autorität angeht – von jedem Betroffenen geführt werden, ist aber – was die Mittel angeht – auf die strikte Wiedergewinnung bzw. Rekompensation der verlorenen Güter beschränkt.

6. Kriegsethik und Kolonisation

Die weiterführenden Überlegungen zum »gerechten Krieg« sind durch ein Paradox bedingt: Die Nationalstaaten oder andere partikuläre Mächte, die sich im Verhältnis zueinander von der päpstlichen und kaiserlichen Obergewalt emanzipiert haben, übernehmen die »römischen« Traditionen für ihr Außenverhältnis: das Verhältnis zu den Heiden. Der Deutsche

Orden verband Missionierung, Kolonisierung, Germanisierung. Portugal und Spanien sehen die nichteuropäische Welt als Feld kriegerischer Kolonisierung und katholischer Missionierung. Der Papst hat die Funktion, die imperialistischen Machtbereiche der beiden Nationalstaaten aufzuteilen.

6.1. Gewaltideologie der spanischen Kolonisation[27]

In der Nacht vom 10. zum 11. August 1492 wurde der berüchtigte Kardinal Rodrigo de Borja zum Papst gewählt. Er nannte sich Alexander VI. Am 12. Oktober 1492 landete Kolumbus auf der Bahama-Insel Guanahani. Nach seiner Rückkehr zieht Alexander VI. die Demarkationslinie zwischen dem Machtbereich Portugals und Spaniens. 1492 wurde Granada, die Hauptstadt des letzten maurischen Reiches auf der Iberischen Halbinsel, erobert. 1492 wiesen Ferdinand und Isabella von Kastilien alle Juden aus dem Land aus – eine »Endlösung« nach dem Versagen der spanischen Inquisition. Für Spanien ist (ähnlich wie für Portugal) die *Conquista* Westindiens die unmittelbare Fortsetzung der 800-jährigen Geschichte der *Reconquista,* der »Wiedereroberung« Spaniens für die Christen. Eroberer wie Cortez und Pizarro verstanden ihre Raubzüge als heiligen Krieg und Vorbereitung der christlichen Mission. Die Eroberer schilderten die Indianer als Untermenschen, Vernunftlose, Menschenfresser, Feiglinge und sahen sich ihnen gegenüber nicht an die »normalen« Kriegsregeln gebunden. Nachdem Karl V. 1519 Kaiser geworden war, verschiebt sich das Verhältnis päpstlicher Weltherrschaftsanspruch – spanischer Nationalstaat zugunsten eines erneuerten imperialen Anspruchs.

Der Jurist *Miguel de Ulzurrun* widmete Karl V. 1525 ein Buch, in dem er forderte, daß der Kaiser sich als Spitze einer internationalen Gemeinschaft der Völker und als Universalherrscher über Gläubige und Ungläubige zu verstehen habe, um der Gerechtigkeit und des Friedens der Welt willen. »Ungläubige, die die Anerkennung seiner Oberherrschaft verweigerten, sollten als Rebellen behandelt (also durch Krieg unterworfen) werden.«[28] In der Praxis wurde diese Herrschaftsübertragung schon stillschweigend vorausgesetzt. Erst nachdem Missionare 1511 in Santo Domingo gegen die Gewalt-, Kriegs- und Ausbeutungsmethoden protestiert hatten,

»verpflichtete die Krone nach 1513 ... die Conquistadoren zur Proklamation des spanischen Rechtstitels vor den Indianern mittels des 1513 zu diesem Zweck von Palacios Rubios verfaßten ›Requerimiento‹ (die dazu geforderte Verdolmetschung fand oft nicht statt), um ihnen ... die innere Einsicht in die rechtliche Notwendigkeit freiwilliger Unterwerfung zu vermitteln und Gewaltanwendung möglichst zu umgehen ... Die Indianer werden aufgefordert zur Anerkennung der rechtmäßigen Herrschaft der Kirche, des Papstes und des Königs sowie zur Zulassung der Glaubenspredigt. Bei Nichtanerkennung und Nichtzulassung werde man rechtens Gewalt und Krieg, Güterenteignung und -zerstörung und Versklavung aller anwenden«.[29]

Die hier zum Ausdruck kommende zynische Herrschaftsideologie traf auf eine doppelte Art von Widerspruch.

6.2. *Widerspruch aus Erfahrung*

Der »prophetische« Widerspruch des Dominikaners *Bartolomé de Las Casas* (1474-1566) bestand weniger darin, die Rechtspositionen systematisch zu diskutieren, als darin, aus Erfahrung und eigener »Bekehrung« (1514) heraus immer erneut – oft mit theoretischen und praktischen Entgleisungen (z. B. sein Vorschlag, für die unmenschlichen Arbeiten die Indios durch importierte Negersklaven zu ersetzen) – für die Menschenrechte der Indianer einzutreten. Mit seinem unermüdlichen Kampf erwirkt er 1537 zwei Menschenrechtserklärungen Papst Pauls III., in denen über alle, die den Indianern Freiheit und Eigentum nehmen, der Kirchenbann verhängt wird. 1538 werden sie auf Druck der Interessierten wieder zurückgenommen. Sein größter »Erfolg« waren die relativ humanen »Neuen Gesetze« Karls V. (20. 11. 1542), in denen es u. a. hieß[30]:

»Wir ordnen an und befehlen, daß von jetzt an unter keinerlei Vorwand, weder nach Kriegsrecht noch aus sonst einem Grund, und wäre es selbst unter dem Titel der Empörung, weder durch Kauf noch auf sonst irgendeine Art irgendein Indianer versklavt werden darf. Wir verlangen, daß sie als unsere zur Krone Kastiliens gehörigen Vasallen behandelt werden; denn sie sind es auch.«

Die Gesetze werden von den Interessierten unterlaufen mit der zweistufigen Begründung, das Interesse der christlichen Religion erfordere Macht der Spanier und diese erfordere reichen Besitz. Zur Verstärkung wird das gut kapitalistische Argument angefügt: Wer die durch die spanische Krone den Eroberern zu Lehen gegebenen landwirtschaftlichen Großbetriebe (Commenden) als Erbbesitz habe, werde mit den abhängigen indianischen Arbeitern »in seinem eigenen Interesse« gut umgehen. 1545 sah sich der Kaiser gezwungen, die Gesetze zurückzunehmen.

Las Casas provozierte auch die Auseinandersetzung um die Rechtfertigung von Gewalt. Sein Widersacher *Juan Ginés de Sepúlveda* (1490-1571) veröffentlichte im Lauf der Diskussion in seinem Buch *Taten der Spanier in der Neuen Welt und in Mexiko* (1552) seine Kriegstheorie: »Die Kirche kann den Auftrag Christi, das Evangelium aller Welt zu verkünden, nur erfüllen, wenn die Ungläubigen vorher *politisch* den Christen unterworfen werden.«[31] Las Casas wird in seinem Gegenurteil immer schärfer und erklärt mit 79 Jahren im Jahre 1564, »daß sämtliche Kriege und Eroberungen der Spanier in der Neuen Welt von 1492 bis zu diesem Jahre 1564 ungerecht gewesen seien«.[32] Er forderte deshalb, Amerika seinen früheren Herren zurückzuerstatten.

6.3. Widerspruch aus der Theorie des gerechten Krieges

Nicht so radikal, aber für die Weiterentwicklung des Kriegsrechts folgenreicher waren die scholastisch-distinguierenden Stellungnahmen des Dominikanertheologen *Francisco de Vitoria.* Er äußerte sich erst 1534 zu Fragen der Neuen Welt – provoziert durch konkrete Nachrichten über die Eroberung Perus. Als Sozialphilosoph und Theologe hatte er aber bereits in der Schrift *De poteste civili*[33] (1527-28) zu Fragen des Gerechten Krieges Stellung genommen. Zu den klassischen drei Bedingungen seines theologischen Gewährsmannes Thomas von Aquin fügt er hinzu: Verhältnismäßigkeit der Mittel und Opfer zur Erreichung des Zieles – Berücksichtigung eines übergreifenden Gemeinwohles (Christenheit und Weltgesellschaft). Angedeutet ist eine Begrenzung des gerechtfertigten Krieges auf den weit gefaßten Verteidigungskrieg.

Darüber hinaus verschärft und differenziert Francisco in seinem Summa-Kommentar (1533-34; zu II-II 40,1) die Pflicht, die Untergebenen über die Gerechtigkeit des Krieges begründet zu informieren. Seine Thesen lassen sich so zusammenfassen: 1. Für jeden, der um die Ungerechtigkeit eines Krieges weiß, ist es absolut unmoralisch, sich am Krieg zu beteiligen. Man muß Widerstand leisten, selbst wenn der Fürst zum Kriegsdienst zwingt. 2. Das gemeine Volk, das an den politischen Entscheidungsvorgängen nicht beteiligt ist, hat eine geringere Informationsmöglichkeit und folglich eine geringere Informationspflicht und kann im Zweifelsfall mitmachen. 3. Die Höhergestellten, die an den politischen Entscheidungsprozessen teilnehmen, müssen sich über die Ursache, d. h. über die Gerechtigkeit des (geplanten) Krieges informieren und entsprechend ihrer Information auf den König Einfluß nehmen. 4. Die Soldaten, die dem König als Landsleute untergeben sind, dürfen im Zweifelsfall mitmachen und es eher in Kauf nehmen, anderen Unrecht zu tun als dem eigenen Lande. Das gilt jedoch nicht für fremdländische Söldner. Aber auch für die Volksangehörigen gilt: »Wenn vieles dafür spricht, daß der Krieg nicht gerecht ist, und ich zweifle ... aber weil ich meinen König liebe, schließe ich die Augen: was weiß ich denn? – dann – sage ich (der Verfasser), daß ich dann nicht von Sünde frei bin.«

Nach der Konfrontation mit den Kolonisationsproblemen äußert sich der Scholastiker konkret zu Gründen, die militärische Aktionen erlauben oder nicht. In einer Vorlesung *Über die Maßhaltung* (1537/38)[34] betont er, daß selbst bei einem gerechten Grund wie Rettung der Opfer vor Menschenfresserei (wieviel Greuelpropaganda im Spiel ist, diskutiert Franz nicht) »der Kriegführende dennoch nicht nach Belieben die Feinde von ihrem Besitz vertreiben und sie ihrer Güter berauben darf, sondern nur, wenn das notwendig ist, um das Unrecht zu bekämpfen, um künftige Sicherheit herzustellen!«

Das klassische, aus zwei Spezialvorlesungen bestehende Werk: *Über die neuerdings entdeckten Inder* und *Über das Recht des Krieges der Spanier gegen die Barbaren*[35] (1539) gilt als entscheidende Quelle des Übergangs von den mittelalterlichen rechtlich-theologischen Traditionen der Lehre vom Gerechten Krieg zum neuzeitlichen Kriegsrecht (ab Hugo Grotius).

Im grundlegenden Teil der ersten Vorlesung meldet Franz Kritik an der politischen Führung und an den ihr hörigen Ratgebern, auch den entsprechenden Theologen, an. Er beurteilt die »Barbaren« im Gegensatz zur Meinung der Herrschenden relativ positiv und spricht ihnen die entsprechenden Rechte gesellschaftlicher Selbstbestimmung zu (*De Indis* 23).

Aus der Gesamtbeurteilung folgen im zweiten und dritten Teil der ersten Vorlesung völkerrechtliche Untersuchungen über illegitime und legitime Rechtstitel für die Besitzergreifung »barbarischer« Gebiete. In der Abweisung der *illegitimen* Titel zerstört er die wesentlichen Grundlagen für die Rechtfertigung der spanischen Eroberungen: Den Weltherrschaftsanspruch von Kaiser und Papst, die Weigerung der Eingeborenen, die päpstliche Herrschaft anzuerkennen oder sich zum katholischen Glauben zu bekehren. Die *legitimen* Rechtstitel gründen im wesentlichen auf dem Recht der Freizügigkeit (der handeltreibenden Spanier) und dessen Verletzung (durch Eingeborene, die diese Freizügigkeit behindern). Hier kommt Franz doch weitgehend der herrschenden Ideologie entgegen, wenn auch zuzugeben ist, daß er theoretisch die Folgerungen des von ihm vertretenen Primats der Weltgesellschaft über die partiellen Gemeinwesen zieht.

Ludwig Molina (1536-1600), der in mancher Hinsicht revolutionäre Jesuitentheologe, zieht in seiner Kritik an Vitoria eine andere Konsequenz aus der gemeinsam grundsätzlich angenommenen Souveränität der Eingeborenen. Wie ein Privateigentümer andere von der Mitbenutzung seines Eigentums ausschließen kann, »kann auch ein Staat oder seine Regierung gerechterweise alle Ausländer von der Benützung der staatlichen Güter, die allen Bürgern gemeinsam gehören, ausschließen, sofern die Fremden nicht in äußerster oder schwerer Not leben. Gerechterweise kann der Staat ferner jeden Handelsverkehr mit ihnen ablehnen. Er fügt ihnen damit in keiner Weise ein Unrecht zu, so daß jene deswegen keinen gerechten Krieg beginnen können.«[36]

Beide Autoren wagen nicht, über die Faktenfrage der spanischen Kolonisation verbindlich zu urteilen. Aber es läßt sich sagen: Die theoretisch engere, die Staatssouveränität voranstellende Lehre Molinas war damals geeigneter, den Kolonialismus abzulehnen, als die theoretisch weitere vom Primat der Weltgesellschaft.

Die kolonialethischen Fragen brachten Francisco de Vitoria zu einer differenzierteren Untersuchung der Bedingungen eines »gerechten Krieges«. Schon in der ersten (kolonialethischen) Vorlesung seines klassischen Werkes entwickelt er allgemeine Gesichtspunkte des Kriegsrechtes. Die systematische Weiterentwicklung findet sich in der zweiten Vorlesung. Daraus nur einige Kennzeichen: Der Verteidigungskrieg ist als erweiterte Notwehr jedem erlaubt. Allerdings sind die Grenzen zwischen Verteidigung und Angriff nicht genau zu ziehen, da die wirksame Verteidigung auch aggressive Abschreckungshandlungen erfordert. Als Kriegsgrund für den Angriffskrieg kommt einzig ein erlittenes schwerwiegendes Unrecht in Frage.

Francisco löst diese Frage etwas aus ihrer bisherigen Abstraktheit: Da meist alle Seiten glauben, ein Unrecht erlitten zu haben, »ist es notwendig, die Gerechtigkeit und den Grund des Krieges mit großer Sorgfalt zu prüfen und auch die Gründe der Gegner zu hören, wenn sie bereit sind, in gleichberechtigter und guter Weise (?) zu diskutieren« (*De Jure Belli* 21). »Dabei muß der Fürst wiederum von kritischen Beratern unterstützt werden.«

Die »Gerechtigkeit des Krieges« kann trotzdem zweifelhaft bleiben. Beide Seiten haben Schein- oder Wahrscheinlichkeitsgründe. Das ist besonders bei bestrittenen Herrschaftsansprüchen der Fall. Ob der Krieg von beiden Seiten her objektiv gerecht sein kann, entscheidet Francisco nicht direkt. Seine Lösung ist dialektisch: wenn das Recht auf beiden Seiten vorläge, dürfte man keinen Krieg führen – also wäre ein unter dieser Voraussetzung geführter Krieg ungerecht.

7. Ablösung von der Moral

Die das neuzeitliche Kriegsrecht bestimmende Frage, ob ein Krieg von beiden Seiten aus gerecht sein könne bzw. ob es auch berechtigt sei, fragliche (wahrscheinlich berechtigte) Besitzansprüche kriegerisch geltend zu machen, kennzeichnet die Entwicklung von Vitoria über Francisco Suarez (1548–1617) zu Grotius. Das Bewußtsein historisch-rechtlicher Unsicherheiten scheint sich besonders in den Auseinandersetzungen des Kaisers (der im Falle Karls V. zugleich König von Spanien war) mit dem König von Frankreich und in den Besitzänderungen der italienischen Stadtstaaten und Fürstentümer angebahnt zu haben.

7.1. Die spanischen Jesuitentheologen

Während Franz von Vitoria – soweit ich sehe – zum ersten Mal die Rechts- und Wahrheitsfindungsfunktion des politischen Dialogs ins Spiel bringt, vertraut *Suarez* im Rahmen einer Neigung zum Probabilismus (einer moraltheologischen Tendenz der Jesuiten zur Findung des sittlich Richtigen im Rahmen von Wahrscheinlichkeitsgründen) stärker den objektivierbaren Indizien, z. B. dem Zeitfaktor: Ist die ungerechte Aktion des Gegners noch im Gange, dann ist die Gegenaktion ein Verteidigungskrieg, dessen Rechtfertigung einfacher ist; ist die Aktion des Gegners vergangen, dann ist die Gegenaktion ein Angriffskrieg,[37] der schwerer zu rechtfertigen ist.

Solche Indizien führen in der Regel zu einem praktischen, nicht zu einem (eindeutigen) theoretischen Urteil über Besitz- oder Herrschaftsrechte. Das praktische Urteil besagt: Die eine der beiden streitenden Seiten hat die durchschlagenderen Gründe (»sententia ... probabilior«[38]). Oder: bei mehr oder weniger gleichgewichtigen Gründen entscheidet das Prinzip: »Die Situation dessen, der den Besitz innehat, ist die stärkere.«[39] Suarez ist sich der Wirklichkeitsferne seiner Rechtsfindungsprinzipien bewußt und spricht resigniert von dem meistens sich durchsetzenden »Recht des Stärkeren« (»regulariter ii haberent maius ius, qui potentiores essent«), das er »barbarisch und absurd« nennt.[40]

Ludwig Molina (1536-1600), der Jesuit, der sich zustimmend und kritisch auf den Dominikaner Franz von Vitoria bezieht, versucht, das den gerechten Angriffskrieg rechtfertigende Unrecht stärker aus der moralischen Beurteilung herauszuhalten. Er kennt den (seltenen) Fall, in dem ein Krieg aus rein »materialem«, nicht »formalem« (bewußten) Unrecht der anderen Seite gerechtfertigt ist. Das Töten der Gegner ist in diesem Fall keine Bestrafung, sondern eine Beseitigung des Hindernisses, das der Wiedergewinnung der zustehenden Güter im Wege steht. Die Tötung der Gegner ist in diesem Fall keine »direkte«, d. h. unmittelbar beabsichtigte und ausgeführte wie beim Vollzug der Todesstrafe, sondern eine unvermeidliche Begleiterscheinung bei der Wiedergewinnung der Güter.

7.2. Hugo Grotius

Hugo Grotius (1583–1645) veröffentlichte sein einschlägiges Hauptwerk *Über das Recht des Krieges und des Friedens* in Paris 1625, also während des Dreißigjährigen Krieges. Daß sich in seinem Werk kaum aktuelle Bezüge finden, liegt wohl an seiner delikaten Stellung im politischen und konfessionellen Asyl.[41] An diesem liegt es wohl auch, daß er Suarez, einen der im protestantischen Bereich bestgehaßten Jesuiten, nicht nennt, obgleich die begrifflichen und sachlichen Bezüge unübersehbar sind.[42]

Grotius wird meist mehr von der völkerrechtlichen Wirkungsgeschichte als von der theologischen Tradition her verstanden. Er selbst ist sich bewußt, daß seine Arbeit bei allem hohen Anspruch Völkerrecht im Werden ist. Systematisch wird aber das positive – vor allem durch historische und literarische Beispiele der Antike illustrierte – Völkerrecht dem Naturrecht untergeordnet und durch das positiv göttliche Recht – besonders des Neuen Testamentes – überboten. Damit bleibt die moralische Betrachtungsweise führend. Grotius ist sich bewußt, daß der traditionelle Kriegsgrund »Unrecht der anderen Seite« auf der Grenze zwischen moralisch verstandenem Naturrecht und moralfreiem positiven Recht liegt (II 1). Das Vorherrschen der moralischen Betrachtungsweise bestimmt auch das Tötungsrecht: »Eine absichtliche [Tötung] ist nur gerechtfertigt zur Vollstreckung einer gerechten Strafe, oder wenn wir unser Leben und Eigentum nicht anders schützen können ... Zu einer gerechten Strafe gehört, daß der Getötete etwas verbrochen hat, wofür ihn ein gerechter Richter mit dem Tode bestrafen könnte« (III 11 § 2). Auf den Krieg angewandt: »Die Natur der Sache gestattet die Vergeltung mit gleichem Übel [Tötung] nur gegen den, der in seiner Person dasselbe getan hat ...«, und zwar nur während der Kämpfe (ebd. § 16). Zugleich ist sich Grotius klar darüber, daß diese personenbezogene Sicht (vgl. II 21) in der Wirklichkeit nicht durchzuhalten ist. Er hilft sich mit dem traditionellen Denkmodell (aber viel weitergehend als dieses) der direkten Tötung. Einerseits wendet er sich dagegen, daß Angehörige eines Volkes ohne weiteres für das Unrecht der Führung verantwortlich gemacht werden. Aber im Notfall des Krieges können »Unschuldige« (er meint damit nicht nur Zivilisten, sondern auch persönlich nicht verantwortliche Soldaten) ohne direkte Tötungsabsicht getötet werden; er mahnt jedoch im Namen des »Gesetzes der Liebe«, diese Möglichkeit sowenig wie möglich zu verwirklichen (II 1 § 4).

Nach längeren Ausführungen über zweifelhafte Kriegsgründe und Wege, den Krieg zu vermeiden (II 23), folgt die berühmte Erörterung, »ob ein Krieg ... von beiden Seiten gerecht sein kann« (ebd. § 13). Zunächst gibt Grotius die traditionelle, besonders seit dem 16. Jahrhundert oft wiederholte Antwort, daß der Krieg nicht objektiv (acceptione quae ad opus pertinet) auf beiden Seiten gerecht sein kann, wohl aber subjektiv (acceptione quae pertinet ad operantem). Zukunftweisend ist aber die abschließende politische Antwort, ein Krieg könne »in bezug auf gewisse Rechtsfolgen« dann von beiden Seiten »gerecht« sein, wenn er ein »feierlicher Krieg« ist. Ein »bellum publicum solemne« ist ein solcher, der »beiderseits von der höchsten Staatsgewalt geführt wird, ... öffentlich beschlossen« wurde, »und zwar so, daß dieser Beschluß von dem einen Teil dem anderen Teil angezeigt wird« (III 3 § 5; vgl. I 3 § 4). Diese nicht naturrechtliche, sondern völkerrechtliche Bestimmung ist auch erfüllt, wenn nur eine Seite den Krieg ankündigt (§ 6). In einem solcherart

»gerechten« Kriege ist auch das Töten völkerrechtlich gestattet (III 4) – und zwar nicht in dem Sinne, »daß es ohne Verletzung der Frömmigkeit und der Regeln der Moral geschehen kann, sondern weil es bei den Menschen nicht bestraft wird« (§ 2). Als seine Aufgabe bezeichnet Grotius es, »die laxen Sitten und Freiheiten, die in der Kriegführung eingerissen sind, auf das von Natur erlaubte Maß zurückzuführen und auf das Bessere innerhalb dieser Grenzen hinzuweisen ...« (III 12 § 8).

Der Versuch des Hugo Grotius, Naturrecht, Bibel und positives Völkerrecht zusammenzuhalten, scheiterte. Die Naturrechtskritik des Protestantismus einerseits und die Hobbes'sche Umdeutung des Naturgesetzes andererseits zerstörten diesen letzten Versuch.

8. Neuscholastische Moraltheologie und der Erste Weltkrieg

Hier kann nur auf den Versuch der neuzeitlichen katholischen Moraltheologie hingewiesen werden, – wohl anachronistisch – die alte Einheit weiter zu überliefern. Aus Raumgründen, aber auch mit sachlichem Recht, springen wir in die neuscholastische Epoche katholisch-kirchlicher und theologischer Äußerungen vom Ende des 19. Jahrhunderts und des 20. Jahrhunderts Moraltheologische Stellungnahmen aus dem Einflußbereich der Romantik und der Tübinger Schule, die eine eigene Untersuchung verdienen, bleiben außer Betracht.

8.1. Die Kastrierung der Tradition

Als Dokument der Kontinuität sei zuerst eine lateinisch verfaßte Moraltheologie zitiert, die sich ausdrücklich in die Tradition des Thomas von Aquin und seiner Ausleger stellt. Sie stammt von dem deutschschweizerischen Dominikaner *Dominicus Prümmer* und wurde in einem Teil ihrer Neuauflagen von deutschen Theologen und Kirchenrechtlern betreut. In der ersten Auflage, die vor dem Beginn des Ersten Weltkrieges fertiggestellt war, und in der letzten mir z. Z. zugänglichen

Neuauflage[43] heißt es wörtlich gleichlautend nach der Auflistung der Bedingungen des Gerechten Krieges:

»In unseren Zeiten und Gebieten ist es nicht mehr (!) Sache der einfachen Soldaten oder der unteren Beamten, über die Erlaubtheit oder Unerlaubtheit eines Krieges zu urteilen; es ist nämlich für einen Privatmann völlig unmöglich, alle Motive zu durchschauen, welche die sogenannte nationale Diplomatie dazu brachte, einen Krieg zu beginnen. Daher sind die Soldaten nicht mehr frei, zu kämpfen oder nicht zu kämpfen; ja, sie würden mit dem Tode bestraft, wenn sie sich weigern würden zu kämpfen.«

Da eine lehrbuchmäßige katholische Moraltheologie nicht für die Entscheidungsträger, sondern für die »kleinen Leute« bestimmt ist, bleibt bei dieser Darstellung – die ein Rückfall hinter Franz von Vitoria ist – von der kriegsbegrenzenden Funktion der Lehre vom gerechten Krieg absolut nichts. Oder: die Rechtfertigung des Gehorchens und Schießens auf allen Seiten.

Leider waren die »Handbücher« der Moral mehr Ausdruck und prägende Kraft des Bewußtseins – über die Theologen, die sich an ihnen orientierten – als die Friedensrufe und die scharfen Kriegsverurteilungen der Päpste seit Leo XIII. (1878-1903) und besonders seit Benedikt XV. (1914–1922).

8.2. Katholische Widersprüche

Es ist aus der Traditions- und Autoritätsgebundenheit des Katholizismus nach dem 1. Vatikanischen Konzil zu begreifen, daß die Wandlungen in der Haltung zum Krieg sich weniger im direkten Rückgriff auf das Evangelium vollzogen als in einem mehrschichtigen Prozeß mit den Elementen: Abhängigkeit von politischen Bedürfnissen – zuweilen der Friedensförderung, zuweilen der Kriegsrechtfertigung –; Aufnahme päpstlicher Initiativen; Berufung auf die Tradition der Lehre vom Gerechten Krieg und ihre einschränkenden Bedingungen; mit dieser Berufung verbanden sich in oft widersprüchlicher Weise Offenheit für Erfordernisse der Gegenwart und romantische Verherrlichung des Mittelalters.

Die Neuansätze und Rückfälle in der Haltung zum Krieg sollen im Rahmen unseres Themas an einigen Beispielen aufgezeigt werden. Der Neuthomist Albert Stöckl sieht 1879 den Militarismus die Unterscheidung von gerechtem und ungerechtem Krieg völlig unwirksam machen.[44] Vor dem Beginn des Ersten Weltkrieges faßt Prof. Franz Xaver Eberle aus Passau die traditionelle Kriegsmoral (aus Friedensinteresse) 1914 zusammen.[45] Ergebnis: Der Krieg ist nur als Akt kollektiver Notwehr mit den dazu erforderlichen Mitteln und in den völkerrechtlich-sittlichen Schranken erlaubt. Allerdings zeigen sich auch Elemente nationalistischer Ideologie: Der Krieg könne der Entwicklung wertvoller Tugenden, besonders der Vaterlandsliebe, dienen.

Bischof Michael von Faulhaber predigte 1915:[46] »Nach meiner Überzeugung wird dieser Feldzug in der Kriegsethik für uns das Schulbeispiel eines gerechten Krieges werden.« Von dieser Überzeugung sind in der evangelischen und katholischen Kirche Predigten, Verhaltensweisen und theologische Reflexionen bestimmt. Bei den Katholiken in ihrem seit dem Kulturkampf gespannten Verhältnis zu Preußen und den Hohenzollern steht die Tendenz dahinter, sich an nationaler Gesinnung von niemand übertreffen zu lassen. Verstärkt wurde diese Tendenz durch eine von zwei französischen Kardinälen und neun französischen Bischöfen mitherausgegebene Schmähschrift vom April 1915 *La Guerre Allemande et le Catholicisme*, gegen die der deutsche Episkopat mit einem Protest in Rom (17. August 1915) und katholische Theologen mit der Gegenschrift *Der Deutsche Krieg und der Katholizismus* (1915) reagierten.[47] In der skeptischen Stimmung von 1917 war die Haltung zu den Friedensinitiativen des Papstes Benedikt XV. unsicher und ambivalent. Im Ganzen: Die verbreitete Überzeugung von der Gerechtigkeit der deutschen Sache beruhte nicht auf den klassischen Kriterien des »gerechten Krieges«, sondern auf deutschen Überlegenheitsgefühlen und nationalistischen Sicherungsbedürfnissen. Darüber hinaus zeigt sich eine moralisierende Neigung, den Krieg als Strafgericht und Bußmöglichkeit hinsichtlich des sittlichen Verfalls zu akzeptieren. Man glaubt einen sittlich-religiösen Neuaufbruch zu sehen und verstärkt damit die Tendenz, Gott als Urheber dieses Krieges anzusehen. Die Umdeutung zum »heiligen Krieg« wurde von katholischen Theologen mit der fragwürdigen Umdeutung des Soldatentodes zum Märtyrertod gefördert.

8.3. »Verarbeitung« des Weltkrieges – katholische Friedensbewegung

Auch nach dem Krieg sind katholische Theologen, wie die Mehrzahl der Deutschen, von der »gerechten Sache« überzeugt.[48] Andere – Theologen und Laien – hatten während des Krieges umdenken gelernt; so nach eigenem Zeugnis der Dominikaner Franziskus M. Stratmann.[49]

Die katholische Friedensbewegung, deren Anfänge in Frankreich vor dem Ersten Weltkrieg, in Österreich während desselben und in Deutschland nach ihm liegen, hat drei Spielarten: Die in einer kritischen Wiederbelebung der scholastisch-naturrechtlichen Lehre vom gerechten Krieg gründende; die mit moralisch-gesellschaftsreformerischen (zentral: antialkoholischen) Zielen verbundene und die unmittelbar auf das Evangelium zurückgreifende. Die zweite und dritte führten zu einem unbedingten Pazifismus, die erste zu einem bedingten in dem Sinne, daß in der Kriegswirklichkeit des 20. Jahrhunderts die Bedingungen eines gerechten Krieges nicht mehr erfüllt sein können. Nur für diese können hier Beispiele gebracht werden.

Theoretischer und organisatorischer Inspirator des naturrechtlichen katholischen Pazifismus war der französische Unternehmer Alfred Vanderpol (gestorben 1915). Er gründete seit 1907 katholische Friedensgruppen, 1912 die »Union Internationale pour l'étude du droit des gens d'après les principes chrétiens«. 1911 erschien das erste seiner drei wichtigen Werke: *Le droit de guerre d'après les Théologiens et Canonistes du Moyen Age.* Hauptthesen dieses politisch motivierten historischen Werkes wurden durch mannigfache Vermittlungen, besonders durch P. Stratmanns (1883–1971) Hauptwerk *Weltkirche und Weltfriede*[50] wirksam. Vanderpol sieht als das Entscheidende der scholastischen Kriegslehre die These vom Strafcharakter des gerechten Krieges, der eine auch moralische Schuld des Gegners voraussetzt. In seinen späteren Arbeiten, die z. T. nach seinem Tode herausgegeben wurden, interpretiert er Vitoria im Sinne seiner These und sieht bei Suarez ihre Aufweichung, die den Weg zum moralfreien Völkerrecht gebahnt habe. Mit der ›strengen‹ Auffassung glaubt er, den (modernen) Krieg ad absurdum führen zu können. Diese Funktion erfüllt auch die immer wieder abgedruckte Zusammenfassung der in ihrer Vollständigkeit notwendigen Bedingungen, die Stratmann der augustinisch-thomistisch-vitorianischen Tradition entnimmt:[51]

»1. *schweres Unrecht* auf seiten einer und *nur* einer der beiden streitenden Parteien;
2. schwere *formelle moralische Schuld* auf einer der beiden Seiten. Bloß materielles Unrecht genügt nicht;
3. zweifelsfreie *Nachweisbarkeit* dieser Schuld;
4. *Unvermeidbarkeit* der kriegerischen Auseinandersetzung nach Fehlschlagen aller mit ganzem Ernst und ganzer Kraft unternommenen friedlichen Verständigungsversuche;
5. *Proportion* zwischen Schuld und Strafmittel. Ein das Maß der Schuld *überschreitendes* Strafmaß ist ungerecht und unerlaubt;
6. moralische *Gewißheit*, daß der *Sieg der gerechten Sache* zuteil werden wird;
7. *rechte Absicht*, durch den Krieg das *Gute zu fördern* und das *Böse zu vermeiden*. Das aus dem Krieg zu erwartende Wohl des Staates muß das zu erwartende Übel übersteigen;
8. *rechte Art der Kriegführung:* Einhaltung der Schranken der Gerechtigkeit und Liebe;
9. *Vermeidung schwerer Erschütterung anderer* nicht unmittelbar in die Kriegshandlung verwickelter *Staaten* sowie der *christlichen Gesamtheit;*
10. *Kriegserklärung* durch eine gesetzlich dazu *autorisierte Obrigkeit* im Namen Gottes zur Vollstreckung seiner Gerechtigkeit.«

Stratmann ist sich bewußt, daß die Gesamtheit dieser maximalistischen Forderungen möglicherweise niemals erfüllt worden ist. Ihm kommt es vor allem darauf an zu zeigen, daß der moderne Krieg prinzipiell nicht mehr unter diese Bedingungen gefaßt werden kann und somit unerlaubt ist.

Er knüpft auch noch direkt an die erste Bedingung des Thomas von Aquin an, nach der ein princeps im Gegensatz zu einer Privatperson deshalb einen Krieg beginnen kann, weil er sein Recht nicht wie diese vor dem Gericht eines Vorgesetzten verfechten kann: »Nur dann kann von der Erlaubtheit der staatlichen Selbsthilfe überhaupt gesprochen werden, wenn eine überstaatliche Instanz nicht da ist, bei der der Staat sein Recht finden kann ...«[52] Mit seinen Gesinnungsgenossen tritt er für eine entsprechende Stärkung des Völkerbundes ein.

9. Zwischen den Weltkriegen

9.1. Völkerrecht und Moral

Das war 1924. 1926 wurde Deutschland in den Völkerbund aufgenommen. Im Kellogg-Pakt vom 27. August 1928 wurde der Angriffskrieg vertraglich-völkerrechtlich verurteilt. Auf diesen Grundlagen baute ein vom 19. Oktober 1931 datiertes theologisches Gutachten auf,[53] das einen gewissen Konsens katholischer Moraltheologen und Völkerrechtler spiegelt. Die Lehre vom legitimen Krieg wird für eine Zeit als verständlich erklärt, in der es noch keine rechtliche Organisation der Völkergemeinschaft gab. Der gegenwärtigen Organisation wird zwar noch zu wenig Autorität zugeschrieben; sie sei aber schon soweit konsolidiert, daß folgende Aussage abgeleitet wird:

»Unter diesen Umständen könnte der Krieg, den ein Staat aus eigener Autorität erklärt, ohne vorher die bestehenden rechtlichen Instanzen angegangen zu sein, kein rechtmäßiges Verfahren mehr sein. Ein solcher Krieg erschiene nicht nur durch das Öffentliche Recht, sondern auch vor dem Gewissen als verdammungswürdig.«

Die Unmöglichkeit des modernen Krieges, ein angemessenes Mittel zur Erreichung von Ordnung und Frieden zu sein, läßt diese These auch für die meisten Fälle des »Notwehrkrieges« anwendbar sein.

9.2. Echo bei der kirchlichen Führung

Der naturrechtlich begründete Pazifismus sollte am ehesten Aussicht gehabt haben, bei der kirchlichen Führung und damit – auf Grund der starken Autorität der Bischöfe in der Weimarer Republik – in der Breite akzeptiert zu werden. Tatsächlich blieb das Echo in Deutschland gering. Der erste (und wohl auch einzige) deutsche Bischof, der im Sinne Stratmanns mit der Lehre vom Gerechten Krieg die Möglichkeit eines modernen Gerechten Krieges in Zweifel zog, war der (bereits 1933 gestorbene) erste Bischof von Berlin, Christian Schreiber.[54] Im Gegensatz zu den bisher sehr allgemein gehaltenen bischöflichen Friedensappellen setzte er sich für eine Aufwertung des Völkerbundes ein. In ähnliche Richtung ging Kardinal Faulhabers Friedenspredigt anläßlich der Genfer Abrüstungskonferenz im Februar 1932.

10. Der Zweite Weltkrieg und seine Auswirkungen

Um den Überfall Hitlers auf Polen und damit den Zweiten Weltkrieg als ungerechten Krieg zu erkennen, brauchte man nach heutigem Verständnis keine besonders rigorose Auslegung der Bedingungen des Gerechten Krieges. Wurden sie, als es darauf ankam, angewandt? Eine Durchsicht von bischöflichen Äußerungen[55] ergibt folgendes Bild: Alle Oberhirten fordern mit ernsten Worten zur Pflichterfüllung auf. Einige sprechen von dem »ausgebrochenen« Krieg. Unter den beiden mir bekannten Stellungnahmen, die ausdrücklich für die Gerechtigkeit des Krieges eintreten, geht der Apostolische Administrator der Freien Prälatur Schneidemühl, Prälat Dr. Franz Hartz, auf die Kriterien ein:

> »Nach zwei Jahrzehnten des Friedens hat der Führer unseres Volkes die deutschen Männer zu den Waffen gerufen, um ein auf unserem Land und Volk schwer lastendes Unrecht des Versailler Friedensdiktates zu beseitigen, den Bestand unseres Reiches zu sichern und unsere nationale Ehre zu verteidigen, nachdem all seine Versuche, auf dem Verhandlungswege eine friedliche Lösung der unabweisbaren Fragen und berechtigten Forderungen zu finden, an einer unfaßbaren Verblendung gescheitert sind.«

Die Lehrtradition hatte nie gesagt, daß »nationale Ehre« ein Gut ist, das kriegerische »Verteidigung« rechtfertigt. Die Äußerung eines führenden Theologen und Seelsorgers, Matthias Laros,[56] von 1939 befaßt sich mit der Problematik des Gerechten Krieges:

»Darüber haben die Theologen lange Untersuchungen angestellt; aber die Frage ist für uns mangels sicherer Unterlagen gar nicht zu beantworten, und darum ist es zwecklos, darüber zu grübeln. Wenn die gesetzmäßige Obrigkeit zum Einsatz des Lebens aufruft, dann darf sich dem niemand entziehen, und sein Einsatz ist auf Grund des guten Glaubens und des besten Willens auf alle Fälle vor Gott wertvoll und pflichtgemäß.«

Pius XII. verurteilte den Überfall auf Polen eindeutig am 24. Dezember 1939.[57] »... Der vorbedachte Angriff auf ein kleines, arbeitsames und friedfertiges Volk unter dem Vorwand einer Bedrohung, die nicht bestand, nicht beabsichtigt und überhaupt nicht möglich war ...« Als am 1. Jahrestag des Kriegsausbruches der katholische Militärbischof Rarkowski in einem Hirtenbrief behauptete, Deutschland kämpfe einen gerechten Kampf, antwortete Radio Vatikan[58], und zwar auf höhere Weisung:

»Der deutsche Episkopat hat es bisher vermieden, über seine seelsorgerische Pflicht den Gläubigen gegenüber hinaus zu diesem Krieg Stellung zu nehmen, und wenn der Armeebischof gelesen und gehört hat, was das Oberhaupt seiner Kirche über das an Polen begangene Unrecht wiederholt und unzweideutig gesagt hat, muß er sich der Diskrepanz zwischen seiner Behauptung und der Stellungnahme des Heiligen Stuhls bewußt sein. Weiteste Kreise des katholischen Volkes teilen ebenfalls durchaus nicht die politische und historische Ansicht des Armeebischofs, sondern sind leider der Überzeugung, daß dieser Hitlerkrieg durchaus kein gerechter Krieg ist ...«

Nach dem Beginn des Krieges gegen Rußland fällt es offensichtlich den Bischöfen leichter, mit Überzeugung die Soldaten im Kampfgeist zu bestärken, da es um die Abwehr des »gottlosen Bolschewismus« geht. Die Weihnachtsansprachen Pius' XII. von 1941-44,[59] die ausschließlich das Thema des Friedens behandeln, verurteilen nirgends den Angriff auf Rußland. Auch hier mögen weltanschauliche Gründe mitgespielt haben.

10.1. Katholizismus und Wiederbewaffnung der Bundesrepublik Deutschland[60]

Wo Katholiken Westdeutschlands zur Frage der Wiederbewaffnung theologisch argumentieren, fällt auf, daß sie sich auf autoritative Dokumente berufen: Die einen auf die Weihnachtsansprache Pius' XII. von 1948,[61] die anderen auf das Lehrbuch des einflußreichen Msgr. Ottaviani *Institutiones publici iuris ecclesiastici*, das in erster Auflage auf Anregung Papst Pius' XI. 1926 erschienen war, mit einer revidierten Stellungnahme zur Kriegsfrage in 3. Auflage 1947. Dort vertritt er die These, daß die überlieferten Prinzipien des Gerechten Krieges *praktisch* nicht mehr anwendbar seien. Die »Sache«, von der die Lehrer des christlichen Völkerrechts gesprochen hätten, sei grundverschieden von der »Sache«, die man heute Krieg nennt. Seine Zentralthese lautet[62] (in genauerer Übersetzung, als sie in der Literatur gewöhnlich gegeben wird): »Heute gibt es keinen gerechten Krieg [Angriffskrieg] mehr, den ein Staat in Gang setzen dürfte, um sein Recht wiederzuerlangen [ad repetendum: Anspielung auf traditionelle Definitionen], es sei denn, es handle sich um einen Verteidigungskrieg [und auch dieser nur unter bestimmten Bedingungen], durch den ein Staat versucht, eine *aktuelle* ungerechte kriegerische Aggression eines anderen Staates abzuwehren.« Ottaviani schreibt unter dem Eindruck des Zweiten Weltkrieges mit der in der Überschrift formulierten Tendenz: »Der Krieg ist [völkerrechtlich] völlig zu untersagen«. Pius XII. will dem Westen den »christlichen Friedenswillen hart wie Stahl« nahebringen. Im Gefühl der Bedrohung durch die Sowjetunion weicht er in einer zweideutigen Sprechweise die seit Jahrhunderten klassisch gewordene Bedingung ›Angemessenheit der Mittel und Opfer‹ auf. Er betont, »daß weder die ausschließliche Erwägung der vom Krieg verursachten Leiden und Übel, noch die genaue Berechnung von Einsatz und Vorteil letztlich zu bestimmen vermögen, ob es sittlich erlaubt oder auch unter bestimmten konkreten Umständen verpflichtend sei (immer eine begründete Wahrscheinlichkeit des Erfolges vorausgesetzt), den Angreifer mit Gewalt abzuwehren«.

Der Mainzer Katholikentag (1.-5. 9. 1948) verabschiedete im Anschluß an ein Referat von P. Stratmann eine Resolution, in der die bedingungslose Verurteilung des Krieges in der kirchlichen Lehre gefordert wurde.[63] Dabei berief man sich auf Pius XII. – vor der Weihnachtsbotschaft. Es war ein politisch entscheidender Zeitpunkt. Die Arbeit des Parlamentarischen Rates begann am 1. 9. 1948. Ausländische Zeitungen hatten bereits über eine westdeutsche Aufrüstung im Rahmen westlichen Verteidigungsbemühungen diskutiert. Der Präsident des Parlamentarischen Rates, Konrad Adenauer, versuchte von Anfang an, die CDU/CSU-Fraktion für eine Bundeskompetenz für den »Schutz des Bundes nach außen« zu gewinnen.[64]

Der Herausgeber des »rechtskatholischen« *Rheinischen Merkur* gab Mitte November 1948 als erster prominenter katholischer Publizist das Signal[65]:

»Im Westen will niemand den Krieg ... Aber wenn er kommen sollte: welcher Mann würde nicht lieber eine Waffe in der Hand haben, als zwischen Genickschuß, Strang oder Bergwerk wählen zu müssen? Und ein Hundsfott, wer Frau oder Tochter oder Schwester dem Iwan zu überlassen bereit wäre ...«

Am 24. 11. 1948 hielt der »linkskatholische« Politologe und ehemalige KZ-Insasse Eugen Kogon, der durch sein Buch *Der SS-Staat* (1946) und die mit Walter Dirks zusammen seit Ende 1945 herausgegebenen *Frankfurter Hefte* bekannt geworden war, eine Pressekonferenz in Frankfurt, um warnend über die alliierten Pläne zur westdeutschen Wiederbewaffnung zu diskutieren.[66] 1949 fanden heftige Diskussionen in der katholischen Publizistik statt. Die seit März 1948 im Auftrag der deutschen Bischöfe herausgegebene Monatszeitung *Mann in der Zeit* (seit November 1968 in die Illustrierte *Weltbild* aufgegangen) startete Januar 1950 eine Leserumfrage »Wer will unter die Soldaten?«. 90,7% der Antwortenden lehnten Wehrdienst in jedem Falle ab, gleichgültig »ob es sich um eine westdeutsche Bundesarmee oder um ein deutsches Truppenkontingent innerhalb einer europäischen Armee handele. Das Fazit der Redaktion: ›Infolgedessen entbehren alle Diskussionen über eine Remilitarisierung in Westdeutschland jeglicher realen Grundlage‹.«[67] Die Antwortenden stellten sicherlich keinen repräsentativen Querschnitt dar. Im Gegensatz zum antimilitaristischen Suggestivtitel des *Mann in der Zeit* fragte die Forschungsstelle für Volkspsychologie in Wiesbaden im selben Monat einen repräsentativen Querschnitt eher verharmlosend: »Sind Sie für eine gesamteuropäische Armee, zu der auch die Deutschen einige Divisionen zu stellen hätten?«

Katholiken 30% Ja, 55% Nein 16% unentschieden; evangelische Christen 33% Ja, 53% Nein, 16% unentschieden; »Andere« 31% Ja, 55% Nein, 14% unentschieden.[68] Also: die Katholiken sind wie alle andern überwiegend gegen Wiederaufrüstung. Allerdings soll bereits 1950/51 die Mehrheit des westdeutschen katholischen Klerus für die Wiederaufrüstung gewesen sein.[69] Hierbei mögen Altersdurchschnitt und Antikommunismus mitgespielt haben.

Antikommunismus bzw. Kommunistenangst bekamen einen ungeheuren Auftrieb durch den Beginn des Korea-Krieges am 25. 6. 1950. Konrad Adenauer »hatte sofort nach Kriegsbeginn, noch vom Krankenbett aus . . ., eine Denkschrift anfertigen lassen, die den Hochkommissaren schon am 27. Juni überreicht wurde; in ihr wies er auf das erhöhte Sicherheitsbedürfnis der Bundesrepublik hin und wiederholte seine Bitte um erweiterte polizeiliche Kompetenzen des Bundes«.[70] Er schien auf diese Möglichkeit nur gewartet zu haben. Am 23. 7. 1950 hielt der Vorsitzende der deutschen Bischofskonferenz, der Kardinal Joseph Frings von Köln, eine Predigt auf dem Katholikentag der Erzdiözese Köln, die als Zeichen der Wende in der Haltung des deutschen Katholizismus angesehen wird. Im Anschluß an die Weihnachtsbotschaft des Papstes von 1948 formulierte er: Wo die »Gottesordnung in ihren tiefsten Grundlagen bedroht oder angegriffen ist, da haben die Staaten oder ihre Vereinigung das Recht, ja die Pflicht, wenn alle anderen Wege versagen, selbst mit Waffengewalt diese Ordnung wiederherzustellen . . .«[71] Der von Adenauer als politisch naiv eingeschätzte Kardinal unterstützte – wissend oder unwissend – Adenauers Absichten. Jedenfalls unterstützte die katholische »graue Eminenz«, Domkapitular Böhler, Leiter des Katholischen Büros Bonn, mit seiner Pressekonferenz gegen die (auch katholischen) Anfeindungen der Frings-Rede bewußt die Wiederaufrüstungspolitik Adenauers. Dieser bot am 18. 8. 1950 in einem Interview mit der *New York Times* und am 29. 8. in einem Memorandum an McCloy die Wiederbewaffnung Westdeutschlands an, die er als Mittel zur Erlangung der Souveränität im Rahmen der (dann gescheiterten) Europäischen Verteidigungsgemeinschaft (EVG) plante. Am 9. 10. 1950 trat Innenminister Dr. Gustav Heinemann wegen der Wiederaufrüstungspolitik zurück. Er arbeitete dann u. a. an der katholisch-oppositionellen Zeitschrift *Glaube und Vernunft* (1952-1955) mit, die 1953 einige Nummern in den Dienst der von Heinemann mitgegründeten Gesamtdeutschen Volkspartei stellte.

Ob Kardinal Frings 1950 den Redaktionen katholischer Zeitschriften die durch sein Diözesankomitee ausgearbeiteten »Christlichen Grundsätze über Krieg und Kriegsdienst« als Sprachregelung zukommen ließ,[72] konnte ich nicht nachprüfen. Weniger autorisiert, aber typisch und wahrscheinlich wirksam wurde die in Massenauflage verbreitete 8-seitige Broschüre des Freiburger militanten Priesters Dr. Alois Stiefvater: *Volk ans Gewehr?* (Mitte oder Ende 1950) mit dem Kernsatz: »Wenn schon Aufrüstung, dann so schnell, so gründlich und kräftig, daß es keine halbe Sache bleibt, sondern tatsächlich wirkt«.[73]

Politisch kennzeichnend und wirksam wurde die Haltung der organisierten katholischen Jugend. Ende August 1950 verabschiedete der »Große Führungskreis« einer eigenständigen Älterengruppierung, der »Katholischen Jungen Mannschaft«, eine der Wiederbewaffnung partiell (Freiwilligkeit im Rahmen einer europäischen Armee) zustimmende Resolution, die die Zustimmung mehrerer Bischöfe fand und der Adenauer ausdrücklich eine Übereinstimmung mit der Meinung der Bundesregierung im wesentlichen bescheinigte.[74] In der Dachorganisation, dem Bund der katholischen deutschen Jugend (BDKJ), begannen die Auseinandersetzungen um den Wehrbeitrag im Januar 1951. Nachdem zuerst die politische Gewissensbildung und -entscheidung der Mitglieder betont wurde, zwang ein Treffen der Vorsitzenden der im Bundesjugendring zusammengeschlossenen Verbände mit Vertretern des »Amtes Blank« (dem Vorgänger des Verteidigungsministeriums) am 29. 1. 1952 zur Stellungnahme. Am 24. 4. 1952 gab der Vorsitzende des BDKJ, Josef Rommerskirchen (heute MDB, Wehrexperte der CDU, Mitglied des Verteidigungsausschusses), im Namen des Verbandes eine Erklärung zugunsten der Wiederaufrüstung ab – als letzte katholische Massenorganisation – als einziger Jugendverband.[75] Theodor Blank hatte bereits am 30. 3. 1952 auf der Jahrestagung der Katholischen Arbeiterbewegung (KAB), der er selbst angehörte, eine Rede über den deutschen Verteidigungsbeitrag gehalten, die »unter den Delegierten ungeteilte Zustimmung« fand.[76] Im BDKJ wurde die Legitimation Rommerskirchens bezweifelt. Doch räumte die nachträgliche Billigung durch den Bundesführungsrat am 1./2. 8. 1952 die Zweifel praktisch aus. Der am 13. 7. 1952 gegründete »Arbeitskreis katholischer Jugend gegen die Wiederaufrüstungspolitik« blieb eine zwar publizistisch aktive, aber politisch unwirksame Minderheit.[77] Die Eile der Majorität war von dem Interesse geleitet, bei der Ausgestaltung der Streitkräfte mitzuwirken, was auch in Folge der »Stellungnahme« vom 11. 11. 1953 »zu Fragen des inneren Gefüges der deutschen Streitkräfte« gelang.[78]

Die Einheitlichkeit des offiziellen Katholizismus zeigte sich besonders deutlich in der bis zum Vorschlag der Exkommunikation gehenden Kampagne gegen den radikalen Wiederaufrüstungsgegner Reinhold Schneider, der für die Kriegsgeneration durch seine unter der Hand verbreiteten Sonette als geheime Kraftquelle zum Widerstand gegen den Nationalsozialismus galt.[79]

10.2. Katholizismus und atomare Bewaffnung

In der faktischen und z. T. als Programm geforderten Geschlossenheit des offiziellen westdeutschen Katholizismus galten Abweichler von der CDU-Regierungslinie als nicht repräsentative »linkskatholische« Splittergruppen. Die regelmäßigen Weisungen Papst Pius' XII. erfreuten sich noch ungebrochener Autorität. Weniger diskutiert als interpretiert wurden seine Aussagen über die Erlaubtheit des Einsatzes von ABC-Waffen im äußersten Verteidigungsfalle, die er im Rahmen der auf den Verteidigungskrieg reduzierten Tradition der Lehre vom gerechten Krieg formulierte. Die Stilform dieser vor verschiedenen Foren in den 50er Jahren gemachten Aussagen[80] ist warnender Appell. Die Denkform ist hypothetisch: Nur wenn bestimmte Bedingungen (äußerster Verteidigungsfall; Unmöglichkeit, den Angriff mit anderen Mitteln abzuwehren; Kontrollierbarkeit – nach den Auslegern außer P. Gundlach: Begrenzbarkeit auf militärische Objekte –; begründete Wahrscheinlichkeit, daß die Verwüstungen nicht das zu erreichende Gut überwiegen) erfüllt sind, ist ein solcher Einsatz erlaubt. Das Urteil, ob diese Bedingungen erfüllbar sind, wird zwar nie als klares Faktenurteil ausgesprochen; die Formulierungen nähern sich aber bis 1956 dem »unmöglich«.

Um so überraschender war es, daß sieben die Autorität des Papstes hochschätzende deutsche Moraltheologen 1958 zu einem Faktenurteil kamen, das sich auf die umstrittenste der päpstlichen »Bedingungen« bezog. Beide Texte seien (mit Hervorhebungen des Verfassers) nebeneinander gestellt: Pius XII. am 30. 9. 1954[81]:

»*Wenn* die Anwendung dieses Mittels eine solche Ausdehnung des Übels mit sich bringt, daß es sich der *Kontrolle des Menschen* völlig entzieht, muß sein Gebrauch als *unsittlich* verworfen werden. Es würde sich dann nicht mehr um ›Verteidigung‹ gegen Unrecht und die notwendige ›Sicherung‹ rechtmäßigen Besitzes handeln, sondern einfach um Vernichtung allen menschlichen Lebens innerhalb des Aktionsbereichs. Dies ist *aus keinem Grunde erlaubt.*«

Sieben Moraltheologen am 5. Mai 1958[82]:

»*Wenn* das Kampfmittel sich der Kontrolle des Menschen vollständig entzöge, müßte seine Anwendung als *unsittlich* verworfen werden. *Daß* die Wirkung der atomaren Kampfmittel sich dieser Kontrolle völlig entzieht, muß *nach dem Urteil gewissenhafter Sachkenner* als unzutreffend bezeichnet werden. Ihre Verwendung widerspricht *darum* nicht notwendig der sittlichen Ordnung und ist nicht in jedem Fall Sünde.«

Gegen die Pläne, die Bundeswehr atomar zu bewaffnen, wandten sich 18 Atomwissenschaftler am 12. 4. 1957. Nachdem Albert Schweitzer am 23. 4. die Weltöffentlichkeit vor der atomaren Gefahr gewarnt hatte, wurde die atomare Bewaffnung der Bundeswehr ein innenpolitisches Thema, das auch den Wahlkampf 1957 bestimmte. Fritz Erler betonte bei der Begründung einer großen Anfrage der SPD-Fraktion am 10. 5. 1957: »Jede Verteidigung verliert ihren Sinn, wenn das zu schützende Objekt dabei zerstört wird.«[83] Konrad Adenauer konzentriert in seiner Rede vor dem Bundesparteivorstand der CDU am 11. 5. 1957 mit seiner Kunst der Vereinfachung: Man sollte

»nicht mehr den Unterschied zwischen ›strategisch‹ und ›taktisch‹

machen, sondern nur noch zwischen großen und kleineren. Gerade auf dem Gebiete der Verkleinerung der Bomben ist man erst in den Versuchen. Erst wenn die Versuche zu einem wirklichen Ergebnis geführt haben, dann steht die Frage zur Entscheidung: Soll die Bundeswehr mit diesen kleineren atomarischen Waffen ausgerüstet werden oder nicht?«[84]

Die offiziellen Gremien der katholischen Kirche der Bundesrepublik wollten zu diesem hochpolitischen Thema unmittelbar keine ethische Stellungnahme abgeben. So arbeiteten die 7 Moraltheologen, von denen Nikolaus Monzel sich nachträglich distanzierte, ihr Gutachten aus. Gespräche mit hohen Militärs und Naturwissenschaftlern waren vorausgegangen. Die politische Bedeutung des Dokuments wird dadurch bestätigt, daß es zwei Tage nach seiner Erstveröffentlichung in der Katholischen Nachrichten-Agentur (KNA) am 5. 5. 1958 im Bulletin der Bundesregierung (7. 5.) erschien.

Nach diesem Gutachten und einer Diskussion mit Gustav Grundlach (dem Berater des inzwischen verstorbenen Papstes) am 22. 2. 1959, der bereit war, den »Untergang eines ganzen Volkes in der Manifestation der Treue zu Gott gegen einen ungerechten Angreifer«,[85] ja, den Untergang der Welt in Kauf zu nehmen, kam es erstmalig zu einer breiten Besinnung des bundesrepublikanischen Katholizismus zu diesen Fragen[86] – später und weniger radikal als etwa in Frankreich. Im Verlauf dieser Diskussion schrieb Ernst-Wolfgang Böckenförde zusammen mit Robert Spaemann 1961 einen Artikel über atomare Bewaffnung auf dem Hintergrund einer maßvoll-traditionellen Darstellung der »naturrechtlichen« Lehre vom Gerechten Krieg, der u. a. zum (am Ende erfolglosen) Versuch des Bundesverteidigungsministeriums führte, auf die inhaltliche Gestaltung der Zeitschrift *Militärseelsorge*, in der der Artikel und eine nachfolgende Diskussion abgedruckt wurden, Einfluß zu nehmen.[87]

11. Abkehr von der Tradition des gerechten Krieges?

11.1. Auf dem Zweiten Vatikanischen Konzil

Die Ankündigung eines Konzils durch Papst Johannes XXIII. verstärkte international die Bemühungen, zu den Fragen von Krieg und Frieden der Welt etwas Verantwortliches zu sagen. Deutsche Vorarbeiten kamen durch deutsche Pax-Christi-Mitglieder unter der Initiative von Wiener Vertretern des Internationalen Versöhnungsbundes (Kaspar Mayr, Hildegard Goss-Mayr, Jean Goss) zustande und konnten durch Vermittlung des deutschen Pax-Christi-Präsidenten Bischof Joseph Schröffer von Eichstätt, des Bischofs Rusch von Innsbruck und durch unmittelbare Kontakte zu Kardinal Ottavianni ins Konzilsgeschehen eingebracht werden. Der Einfluß französischer Theologen wurde entscheidend. Die wirksamsten Anstöße kamen aber vom Papst selbst[88] – einmal direkt, indem er unter Umgehung der Kommissionen einen einzelnen Fachmann beauftragt hatte, einen Entwurf *De communitate gentium* auszuarbeiten; zum anderen indirekt durch eine Rundfunkansprache vom 11. 9. 1962 über Frieden und soziale Gerechtigkeit. Vor allem setzte er während des Konzils einen Maßstab durch die Enzyklika *Pacem in terris* vom 11. 4. 1963.[89] Sie verzichtet auf jede Kasuistik, setzt voraus, daß alle den Frieden wollen, daß aber die atomare Aufrüstung die Kriegsgefahr erhöht. Allseitige Abrüstung und Vertrauen statt Gleichgewicht der Rüstungen sind die Forderungen (Textabschnitt Nr. 113; vgl. 118). Die Zeitsituation, zu der auch die Angst vor den modernen Waffen gehört, erlaubt die berühmte Feststellung: »Darum widerstrebt es in unserem Zeitalter, das sich rühmt, Atomzeitalter zu sein, der Vernunft (so die offizielle Übersetzung – das »alienum a ratione« müßte übersetzt werden: »ist es Wahnsinn«), den Krieg noch als das geeignete Mittel zur Wiederherstellung verletzter Rechte zu betrachten« (127). Natürlich *kann* man darin eine bloße Verurteilung des Angriffskrieges sehen. Dagegen spricht aber, daß sich nirgends die Klausel des Verteidigungsrechtes findet, hingegen die Abschreckungsabsicht zwar als subjektiv glaubwürdig, aber objektiv zur Katastrophe tendierend dargestellt wird (128; 110 f.).

So hat man mit Recht diese engagiert formulierte Enzyklika als offiziellen Abschied von der Lehre vom Gerechten Krieg interpretiert. In diesem Sinn hat sie ein erstaunlich positives Echo in der ganzen Welt gefunden, – besonders dokumentiert in dem alle Weltteile und Anschauungen umfassenden Kongreß über »Pacem in terris« vom 17.-20. 2. 1965 in New York, in der Zeit der amerikanischen Vietnam-Auseinandersetzung. Auf dem Konzil und in der begleitenden Diskussion wurde immer wieder gefordert, nicht hinter *Pacem in terris* zurückzufallen.

Das Konzil fiel in einem folgenschweren Satz dahinter zurück:

»Allerdings – der Krieg ist nicht aus der Welt geschafft. Solange die Gefahr von Krieg besteht und solange es noch keine zuständige internationale Autorität gibt, die mit entsprechenden Mitteln ausgestattet ist, kann man, wenn alle Möglichkeiten einer friedlichen Regelung erschöpft sind, einer Regierung das *Recht auf sittlich erlaubte Verteidigung* nicht absprechen.« *(Pastoral Konstitution Nr. 79).*

Von »rechts« und »links« war diesem, in verschiedenen Formulierungen durch verschiedene Vorentwürfe mitgeschleppten Abschnitt Unlogik vorgeworfen worden: Von »rechts« der Widerspruch zu dem zunächst formulierten (dann zur Warnung abgeschwächten) Verbot der Atomwaffen, die doch heute zur Verteidigung notwendig seien; von »links« der Widerspruch zu der im Gesamtduktus liegenden Verurteilung des modernen Krieges überhaupt.

Dem vorliegenden Text merkt man die Nervosität der letzten Tage vor der Endabstimmung an. Seit dem 25. 11. 1965 wandten sich vor allem US-amerikanische Bischöfe (unter Führung von Kardinal Spellman) in heftigen Attacken gegen das Gesamtdokument und besonders gegen den Teil über Krieg und Frieden. In diesen Tagen oder kurz vorher wurden die Sätze über die Vertreter der Gewaltlosigkeit und die Kriegsdienstverweigerer so abgeschwächt, daß ihr Zusammenhang untereinander und mit dem Ganzen weitgehend verlorenging. Man qualifizierte die Kriegsdienstverweigerer nicht mehr – weder positiv, wie es manche Konzilsväter gefordert hatten – noch negativ im Sinne des »irrigen Gewissens«, wie es (für den Westen) der Einstellung der genannten Bischöfe und auch mancher Italiener entsprochen hätte. Auf der anderen Seite war es gelungen, die von den »Konservativen« geforderte »praesumptio iuris«, d. h. das Prinzip: »im Zweifelsfall muß man gehorchen«, aus dem Text herauszuhalten.

Der vorliegende Text trägt die Züge des Kompromisses. Die ohne systematische Verbindung nebeneinander gestellten Aussagen werden von den verschiedenen interessierten Seiten oft mit einseitiger Akzentsetzung benutzt.[90] M. E. ist jedoch die Tendenz der Aussagen innerhalb des erhalten gebliebenen Gesamtduktus eindeutig und stimmt mit der evangelischen Komplementaritätsthese, der gegenseitigen Ergänzung von Wehrdienst und Kriegsdienstverweigerung, überein. Das Gleichgewicht des Schreckens (und wohl auch das Verteidigungsrecht!?) gilt noch für begrenzte Zeit, für eine »Frist, die uns noch von oben gewährt wurde« und die wir »nützen« müssen, »um mit geschärftem Verantwortungsbewußtsein Methoden zu finden, unsere Meinungsverschiedenheiten auf eine Art und Weise zu lösen, die des Menschen würdiger ist. Die göttliche Vorsehung fordert dringend von uns, daß wir uns von der alten Knechtschaft des Krieges befreien« (Nr. 81). Mit dieser Formulierung ist der immer wieder im Namen der christlichen Erbsündenlehre vertretene Fatalismus als heidnisch-mythische Knechtschaft verurteilt.

11.2. Das Schicksal der Lehre vom gerechten Krieg – noch unentschieden

Die Botschaft, die Msgr. Cheli, der ständige Beobachter des Heiligen Stuhles bei der UNO, dem Sonderkomitee zum Studium der Rolle der UN in der Frage der Abrüstung 1977 unterbreitet hat,[91] interpretiert die Konzilsaussagen in dem oben angedeuteten Sinne. Aus den traditionellen Bedingungen einer berechtigten Verteidigung und genaueren Analysen der Auswirkungen wird der Rüstungswettlauf selbst kategorisch verurteilt. Deutlich wird hervorgehoben, daß diese »Rüstung, wenigstens grundsätzlich, nicht mehr die Verteidigung, sondern den Angriff zum Ziel hat«.[92] Der aggressive Charakter des Rüstungswettlaufs wird als Imperialismus und Neokolonialismus der Großmächte und als Provokation der Dritte-Welt-Länder zu entsprechenden Rüstungen, aber auch zu Verzweiflungsakten des Terrors analysiert. Dieser Zusammenhang ist in Kreisen des bundesrepublikanischen Katholizismus z. T. nicht verstanden worden.[93]

Paul VI. in seiner Botschaft zum Weltfriedenstag vom 8. Dezember 1977[94]: Auf Grund der Absurdität des modernen Krieges ist »der Friede eine absolute Forderung geworden«.

11.3. Christen und Vietnam

In New York wurde 1965 über *Pacem in terris* international ein erstaunliches Einvernehmen erzielt, wärend national leidenschaftlich über Vietnam diskutiert wurde. In der Bundesrepublik gründete 1966 eine kleine Gruppe von Katholiken den »Bensberger Kreis«, um der vom Konzil verkündeten Selbständigkeit der Laien in politischen Fragen im uniformierten Katholizismus unseres Landes einen Ort zu geben. Die Politik der Bundesregierungen (Adenauer, Erhard, Kiesinger) war allzu eindeutig auf Wohlverhalten gegenüber den Amerikanern eingestellt. Auch die SPD akzeptierte lange die amerikanische Kriegspolitik ohne Vorbehalte.

Für Kardinal Frings war der gestürzte (katholische) Präsident Diem ein »edler« und »verkannter« Mann (Juli 1965).[95] Am 1. Februar 1966 veröffentlichten die *Informations catholiques internationales*[96] einen Hilferuf von 11 katholischen südvietnamesischen Priestern, die im Anschluß an die Mahnungen des Papstes zum Frieden ihre Glaubensbrüder um Unterstützung von Frieden und Selbstbestimmung statt der Unterstützung der eskalierten Kriegsziele von Nord und Süd anflehten. Sie gehörten zu einer Minderheit, die zusammen mit Buddhisten gegen den Regierungskurs standen. Eine private Vietnam Gruppe übersetzte das erschütternde Dokument und schickte den Solidaritätsaufruf an die einzelnen katholischen Bischöfe der Bundesrepublik mit der Bitte, ihn von den Kanzeln verlesen zu lassen. 8 bestätigten den Eingang. 3 antworteten ausführlich. Keiner erklärte sich dazu bereit.[97] Die Verlesung hätte eine Stellungnahme gegen die herrschende Unterstützung der USA bedeutet.

Anfang 1967 befragte Günter Wallraff (mit für mich nicht akzeptablen Mitteln) führende katholische Moraltheologen mit der fingierten Gewissensfrage:

»Ich bin Chemiefabrikant und habe ein besonders billiges Verfahren der Natriumpalmitat-Herstellung (Hauptbestandteil der Napalmbombe) entwickelt. Ein Riesenauftrag der US-Armee liegt vor ... Aber ich habe Skrupel, da ich von der schrecklichen Wirkung der Bombe weiß. Als katholischer Unternehmer mit Gewissensbissen frage ich um Rat: Darf ich, soll ich oder muß ich die Aufträge annehmen, auch wenn ich damit den Krieg unterstütze?«[98]

Die Mehrzahl rät zu oder will ihn nicht abhalten; zwei raten ab. Die Zustimmenden argumentieren mit der Berechtigung eines gegen die Kommunisten gerichteten Krieges, der mit allen Mitteln möglichst schnell zum siegreichen Ende zu führen ist – als ob das Konzil nicht stattgefunden hätte.

Im übrigen deutete sich 1967 ein gewisser Wandel an. Auf die Weihnachtspredigt des Kardinals Spellman und seine verstärkenden Erklärungen vom 28. 12. 1966 in Manila[99] reagierte die Bistumspresse kritisch. Evangelische und katholische Studentengemeinden, etwas später der BDKJ u. a. katholische Gruppen setzten sich für eine kritische Betrachtung der Vietnam-Ereignisse und für Friedensbemühungen ein. Als das Memorandum des Bensberger Kreises *Die Christen und der Krieg in Vietnam* 1969 erschien, schien es für diese abgewogene Darstellung schon zu spät zu sein. Einerseits hatten sich die Fronten durch den Eindruck »linker« Einflüsse auf die Studentengemeinden polarisiert. Andererseits bestand schon ein gewisser Konsens, die offiziellen Friedensbemühungen zu begrüßen und zu unterstützen. Diese Widersprüchlichkeit hatte sich bereits bei der gemeinsamen Erklärung der deutschen Bischöfe Anfang März 1968 gezeigt. Einerseits unterstützen sie die Bemühungen des Papstes zur Beendigung des Vietnamkrieges. Andererseits betonen sie: »Es steht den deutschen Bischöfen und dem deutschen Volk nicht zu, sich zum Richter über kriegführende Parteien aufzuwerfen.«[100]

11.4. Gegenwärtige Lage

Eine mögliche Wandlung der Haltung zu den Fragen des »gerechten Krieges« könnte man vom Friedensteil des Synodenbeschlusses *Der Beitrag der katholischen Kirche in der Bundesrepublik Deutschland für Entwicklung und Frieden* vom November 1975[101] erwarten. Er bringt für die bundesrepublikanische katholische Kirche eine offizielle relative Aufwertung der Kriegsdienstverweigerer, aber keine prinzipielle Weiterführung der ethischen Stellungnahme zum Krieg. Er stellt sich auf den Standpunkt des Kriegs- und Gewaltverbots »des Völkerrechts und der Charta der Vereinten Nationen, das jede Anwendung oder Androhung militärischer Gewalt verbietet und als Ausnahme nur militärische Sanktionsmaßnahmen der Vereinten Nationen sowie die individuelle oder kollektive Selbstverteidigung gegen einen bewaffneten Angriff zuläßt . . .« (2.2.5). Die Stellungnahme zum Abschreckungssystem ist zurückhaltender als die des Konzils (2.1.1). Der Text ist an dieser Stelle eher analytisch-beschreibend als »prophetisch«-appellativ.

Die jüngsten innerkatholischen Diskussionen über Gewissen und Gewissensprüfung der Kriegsdienstverweigerer,[102] die auf dem Hintergrund des Bundesverfassungsgerichtsurteils vom 13. 4. 1978[103] zu sehen sind, betreffen wie dieses indirekt das Recht der politischen Alternative zum Abschreckungssystem und der es immer noch stützenden Lehre vom Gerechten Krieg. Nicht in der Theorie, sondern in der politischen Entwicklung von Abrüstungs- und alternativen Konfliktlösungsstrategien liegt auch für Christen die Überwindung der Lehre vom gerechten Krieg.

1 Vgl. *Informations Catholiques Internationales* 15. 1. 1967, S. 8-10.

2 Vgl. Justin, *Apologie* I 11.39; Hippolyt, *Apostolische Tradition* 16 (ed. Botte) Münster 1963, S. 36 f.; Origines, *Contra Celsum* VII 26; Tertullian, *De Corona* 11; *De Patientia* 8; Cyprian, *Ad Donatum.*

3 *De officiis ministrorum* I 36/178: Migne, *Patrologia (series) latina* (MPL) 16, Sp. 75.

4 *De civitate dei* XXII 6; Übers. Wilhelm Thimme, Zürich 1955, II, S. 762 f.

5 *Contra Faustum* XXII 74 f.: *Corpus scriptorum ecclesiasticorum latinorum* (CSEL) Bd. 25/1, S. 672 ff.

6 *Quaestiones in Heptateuchum* VI 10 (zu Jos 8,2): CSEL Bd. 28/2, S. 428; *Corpus Christianorum latinorum* (CChrL) Bd. 33, S. 319.

7 *Epistula* 138 c. 14: CSEL 44, S. 140.

8 *Contra Faustum* XXII 74: CSEL 25/1, S. 672. Übers. Ernst Reibstein, *Völkerrecht* I., Freiburg/München 1957, S. 134 f.; vgl. *De civitate dei* V 17.

9 *Contra Faustum* XXII 75: CSEL 25/1, S. 673 f.; Übers. nach Reibstein (s. Anm. 8) S. 135.

10 *Etymologiae* XVIII 1.

11 Vgl. Frederick H. Russell, *The Just War in the Middle Ages*, Cambridge University Press 1975, S. 33.

12 Vgl. Russell ebenda S. 31 f.

13 Bihlmeyer-Tüchle, *Kirchengeschichte* II., Paderborn [13]1952, S. 236.

14 Russell (s. Anm. 11), S. 40-212, hat das Material aus den Quellen vorbildlich aufgearbeitet und bildet die Grundlage der meisten Angaben in diesem 4. Teil.

15 Vgl. Hermann Conrad, *Rechtsordnung und Friedensidee im Mittelalter und in der beginnenden Neuzeit*, in: Alexander Hollerbach / Hans Maier (Hrsg.), *Christlicher Friede und Weltfriede*, Paderborn 1971, S. 9-34; hier S. 15-17.

16 Pars 2 causa 23 quaestio 1 und 2: A. Friedberg (Hrsg.), *Corpus Juris Canonici* I., Leipzig 1879, S. 889-895; quaestio 1, in deutscher Übersetzung bei Reibstein (s. Anm. 8) Bd. I S. 129-136.

17 Quaestio 1 resp.: Friedberg (s. Anm. 16) S. 890.

18 Vgl. S. 76 f. Anm. 6.

19 Pars 2 causa 23 quaestio 2 can. 2: Friedberg (s. Anm. 16) S. 895.

20 *Summa de poenitentia, et matrimonio* II tit. 5 § 17, Rom 1603; Nachdruck Westmead/Meisenhain 1967, S. 184.

21 Ebenda, tit. 5 § 18, S. 185.

22 *Glossa,* auctoritate principis, zit. nach Russell (s. Anm. 11) S. 143, Anm. 55.

23 Materialreich wieder: Russell (s. Anm. 11), S. 213-291; zur Ergänzung vgl. das ältere, wegen systematisch-polemischer Interessen vorsichtig zu benutzende Werk von Robert Hubert Willem Regout, *La doctrine de la guerre juste de Saint Augustin à nos jours,* Paris 1934, Nachdruck Aalen 1974, S. 75-93.

24 *Summa theologiae* II-II 40, 1; Lat./dt. Text: *Deutsche Thomas-Ausgabe* Bd. 17 B, Heidelberg/Graz–Wien–Köln 1966, S. 82-87. Nützlich auch der systematisch-historische Kommentar S. 441-454.

25 Die entscheidenden Texte lat. u. dt. bei: Jacob ter Meulen, *Der Gedanke der Internationalen Organisation in seiner Entwicklung I* (1300-1800), Haag 1917, S. 102-106.

26 Collect. IV dist. 15 qu. 4 art. 1; zitiert bei Regout (s. Anm. 23) S. 117.

27 Im folgenden verwerte ich dankbar Anregungen der Vorstudie zu einer Analyse unter dem Gesichtspunkt der Friedensforschung von: Leo Gerken, *Eroberung und Kolonialsystem der Iberer in Amerika,* masch. Manuskript, Bornheim–Walberberg 1978.

28 Ebenda S. 20 f.

29 Ebenda S. 23.

30 Josef Höffner, *Kolonialismus und Evangelium. Spanische Kolonialethik im Goldenen Zeitalter,* Trier [3]1972, S. 203 f.

31 Zusammenfassung nach Höffner, ebenda S. 224.

32 Zusammenfassung nach Höffner, ebenda S. 252.

33 Kritische Edition: Francisco de Vitoria, *Relecciones Teológicas,* Ed. Luis G. Alonso Getino, Bd. II. Madrid 1934, hier nach Antonio Truyol Serra, *Grundsätze des Staats- und Völkerrechts bei Francisco de Vitoria,* Zürich 1947.

34 Francisco de Vitoria, Relectio *De temperantia,* Ed. Vicente Beltran de Heredia, in: *Anuario de la Asociación Francisco de Vitoria,* Bd. II (1929/30), Madrid 1931, S. 53 ff.; später als Anhang zum Summa-Kommentar. Ed. V. B. de Heredia, Salamanca 1932 ff. Bd. VI, S. 500 ff.

35 Ich benutze die lat.-dt. Ausgabe: Francisco de Vitoria, *De Indis recenter inventis et de iure belli Hispanorum in Barbaros Relectiones,* Ed. Walter Schätzel (*Die Klassiker des Völkerrechts* II), Tübingen 1952. Die Übersetzung ist stellenweise unzuverlässig.

36 Ludwig Molina, *De Justitia et Jure,* Tr. 2 disputatio 105 Nr. 1. Zusammenfassung nach Höffner (s. Anm. 30), S. 324.

37 Francisco Suarez, *De caritate,* disputatio 13: *De bello.* Opera omnia 12, Paris 1858, S. 737-763, sect. 1 Nr. 7; vgl. Regout (s. Anm. 23), S. 198.

38 Ebenda, sect. 6 Nr. 2; vgl. Regout (s. Anm. 23) S. 212.

39 Ebenda, sect. 6 Nr. 3; vgl. Regout (s. Anm. 23) S. 213.

40 Ebenda, sect. 6 Nr. 5; vgl. Regout (s. Anm. 23) S. 216.

41 Vgl. Hugo Grotius, *De Jure Belli ac Pacis* (Paris 1625), Vorrede Nr. 58 und 30 – zur aktuellen Motivation aber auch Nr. 28. Deutscher Text von Walter Schätzel (*Die Klassiker des Völkerrechts* I), Tübingen 1950, S. 44, 37 f. Auch im folgenden ist diese Übersetzung mit benutzt. Der lateinische Text wurde nach Amsterdam 1720 verglichen.

42 Vgl. Höffner (s. Anm. 30), S. 410 f.

43 Dominicus M. Prümmer, *Manuale Theologiae Moralis*, Bd. II, Barcelona/Freiburg/Rom [13]1958, S. 123.

44 *Das Christentum und die großen Fragen der Gegenwart* (1879), zitiert bei: Kaspar Mayr, *Der Andere Weg. Dokumente und Materialien zur europäisch-christlichen Friedenspolitik*, Nürnberg 1957, S. 112-115.

45 Zusammenfassung bei Franz Posset, *Krieg und Christentum. Katholische Friedensbewegung zwischen dem Ersten und Zweiten Weltkrieg unter besonderer Berücksichtigung des Werkes von Max Josef Metzger*, Meitingen–Freising 1978, S. 30.

46 *Waffen des Lichtes. Gesammelte Kriegsreden*, Freiburg [5]1918, S. 132. Zitiert nach Heinrich Missalla, *Gott mit uns. Die Deutsche katholische Kriegspredigt 1914-1918*, München 1968, S. 14 f.

47 Vgl. Missalla, ebenda S. 42 f., S. 67.

48 Ebenda S. 74 f.

49 Etwas vorsichtig in der Einleitung zu: Franziskus M. Stratmann, *Regina Pacis*, Berlin 1927, S. 7 f. Deutlicher in einer handschriftlichen Eintragung zu den 1917 ins Feld geschickten Kriegsgedanken, *Veritas*, Mönchen-Gladbach (Nachlaß Stratmann, Dominikanerkloster Walberberg, Autorenexemplar). Dort spricht Stratmann von einer Umkehr, zu der er durch Reaktionen aus dem Felde kam.

50 P. Stratmann, *Weltkirche und Weltfriede*, Augsburg 1924.

51 Ebenda S. 103 f. Hervorhebungen von Stratmann. Das Leitmotiv von Regout (s. Anm. 23), bes. S. 300-303, ist, die moralische Interpretation durch Vanderpol und Stratmann zu widerlegen. Er verwickelt sich m. E. dabei in interpretatorische Widersprüche.

52 Ebenda S. 82. So auch der nicht-pazifistische Josef Mausbach, *Katholische Moraltheologie* Bd. III, Münster [2 u. 3]1920, S. 59 – aber im Gegensatz zum Friedenskämpfer Stratmann mit der resignativen Tendenz, die höhere, mit Macht ausgestattete Rechtsinstanz bestehe eben noch nicht.

53 *Les Documents de la Vie Intellectuelle* 10, Jan.-März 1932, S. 200-213 (lateinisch u. französisch) (S. 214-252 eine überwiegend

völkerrechtlich orientierte Dokumentation). Deutsch: H. Hoffmann, *Die Kirche und der Friede*, Wien–Leipzig 1933, S. 194-201; derselbe Text: Mayr (s. Anm. 44), S. 184-188.

54 Berliner Tagung des Friedensbundes Deutscher Katholiken 1931: Dieter Riesenberger, *Die Katholische Friedensbewegung in der Weimarer Republik*, Düsseldorf 1976, S. 56.

55 (Zustimmende) Zusammenstellung in der österreichischen katholischen Wochenschrift *Schönere Zukunft*, (Doppelnr.) 1. 10., 15. 10., 29. 10. 1939, S. 15, S. 38, S. 63 f.

56 Zitiert nach Heinrich Missalla, *Für Volk und Vaterland. Die kirchliche Kriegshilfe im Zweiten Weltkrieg*, Königstein 1978, S. 41.

57 Mayr (s. Anm. 44) S. 285; vgl. A.-F. Utz / J.-F. Groner (Hrsg.), *Aufbau und Entfaltung des gesellschaftlichen Lebens*. Soziale Summe Pius XII., 3 Bde, Freiburg/Schweiz 1954/1961, Nr. 3653.

58 Zitiert nach B. Otto, *100 Jahre Tag und Nacht. Die Geschichte des deutschen Katholizismus zwischen 1868 und 1968*, Würzburg 1968, S. 266.

59 Utz/Groner (s. Anm. 57) Nummern 3776 ff., 219 ff., 3811, 3467 ff.; eine Ansprache vom 29. 6. 1941 bei A. Rohrbasser (Hrsg.), *Heilslehre der Kirche*, Freiburg/Schweiz 1953, S. 600 ff.

60 Vgl. zum folgenden die zusammenfassende, gut dokumentierte Darstellung von Michael Kuderna, *Die katholische Kirche und ihre Haltung zur Wiederbewaffnung Westdeutschlands unter besonderer Berücksichtigung katholischer Opposition*, Masch.-Manuskript (145 S.), München 1977, zugänglich in der Bibliothek der Hessischen Stiftung Friedens- und Konfliktforschung, Frankfurt/M.

61 Utz/Groner (s. Anm. 57), Nummern 4133 ff., bes. 4148, 4152 f.

62 Msgr. Ottaviani, *Institutiones publici iuris ecclesiastici*, [3]1947, Bd. I, S. 151.

63 *Herderkorrespondenz* 3 (1948/49) S. 57 f.

64 Vgl. *Stellungnahme der Niedersächsischen Landesregierung vom 21. 8. 1952* zum Gutachterverfahren vor dem Bundesverfassungsgericht, in: *Der Kampf um den Wehrbeitrag* (Veröffentlichungen des Instituts für Staatslehre und Politik e. V. Mainz, Bd. 2), 2. Halbband: *Das Gutachterverfahren* (30. 7.-15. 12. 1952) München 1953, S. 423 ff.; Arnulf Baring, *Außenpolitik in Adenauers Kanzlerdemokratie. Bonns Beitrag zur Europäischen Verteidigungsgemeinschaft* (Schriften des Forschungsinstituts der deutschen Gesellschaft für Auswärtige Politik e. V., Bd. 28), München und Wien 1969, S. 21 und 68.

65 F. A. Kramer, *Der Wille zum Widerstand*, in: *Rheinischer Merkur* vom 13. 11. 1948, S. 1, zitiert nach Kuderna (s. Anm. 60), S. 21.

66 Kuderna (s. Anm. 60), S. 22 und 79.

67 Ebenda S. 23.

68 *Herderkorrespondenz* 5 (1950/51), S. 420.

69 Vgl. Hans-Dieter Bamberg, *Militärseelsorge in der Bundeswehr. Schule der Anpassung und des Unfriedens,* Köln 1970, S. 47.

70 Baring (s. Anm. 64), S. 82.

71 Zitiert nach Kuderna (s. Anm. 60), S. 23.

72 Vgl. Bamberg (s. Anm. 69), S. 46.

73 Zitiert nach Kuderna (s. Anm. 60), S. 25.

74 Ebenda S. 24.

75 Ebenda S. 46 ff. und S. 29 f.

76 Ebenda S. 27 f.

77 Vgl. ebenda S. 50 ff.

78 Ebenda S. 31 ff.

79 Der »Fall Reinhold Schneider« ist vielfach dargestellt, vgl. Kuderna (s. Anm. 60), S. 39 ff., Literaturangaben S. 92 ff., Dokumente S. 118 ff.; ferner: Hans Jürgen Schultz, *Reinhold Schneider,* in: H. J. Schultz (Hrsg.), *Der Friede und die Unruhestifter. Herausforderungen deutschsprachiger Schriftsteller im 20. Jahrhundert,* Suhrkamp Taschenbuch 145 (1973), S. 232-249; ders., *Reinhold Schneiders Gedanken des Friedens,* in: *Wort und Antwort* 18 (1977), S. 83-90.

80 Utz/Groner (s. Anm. 57), Nummern 3849 f., 5364, 6366 ff., 6407 ff.

81 Ebenda Nr. 5364.

82 *Frankfurter Hefte* 13 (1958), S. 385.

83 Klaus Schubert (Hrsg.), *Sicherheitspolitik der Bundesrepublik Deutschland. Dokumentation 1945-1977,* II (Schriftenreihe der Bundeszentrale für Politische Bildung Bd. 116 II), Bonn 1978, S. 187.

84 Ebenda S. 202.

85 *Die Lehre Pius' XII. vom modernen Krieg,* in: *Stimmen der Zeit* 164 (1958/59), S. 8; *Kann der atomare Verteidigungskrieg ein gerechter Krieg sein?,* in: *Studien und Berichte der Katholischen Akademie in Bayern* 10, München 1960, S. 120 f., vgl. dort die noch stärkere Äußerung Gundlachs in der Diskussion, S. 131.

86 Vgl. *Atomare Kampfmittel und christliche Ethik,* München 1960.

87 Vgl. die Eingangsanmerkung zu Ernst-Wolfgang Böckenförde und Robert Spaemann, *Christliche Moral und atomare Kampfmittel,* in: Böckenförde, *Kirchlicher Auftrag und politische Entscheidung,* Freiburg 1973, S. 123 (-155).

88 Zur Geschichte der Pastoralkonstitution Nr. 77-82 ff. vgl. Willem J. Schuijt, *Die Geschichte des Textes,* in: *Das Zweite Vatikanische Konzil,* Ergänzungsbände zum *Lexikon für Theologie und Kirche,* 2. Aufl. III. Freiburg–Basel–Wien 1968, S. 533-543.

89 Zugängliche deutsche Übersetzung in: Katholische Arbeitneh-

mer-Bewegung Deutschlands (KAB) (Hersg.) *Texte zur katholischen Soziallehre. Die sozialen Rundschreiben der Päpste und andere kirchliche Dokumente* mit einer Einführung von O. von Nell-Breuning, Köln-Kevelaer [4]1977, S. 271-320. Dort auch die Pastoralkonstitution des Konzils S. 321-425 (einschlägige Texte S. 401-408).

90 Z. B. mit einseitiger Akzentsetzung im Vortrag des katholischen Moraltheologen Martin Rock zur Veranstaltung der »Gemeinschaft katholischer Soldaten« zum Weltfriedenstag 1977: *So verteidige das Leben – Auftrag der Soldaten,* in: *auftrag, Zeitschrift der Gemeinschaft katholischer Soldaten,* 1977, S. 82-91, hier S. 86 f.; traditionell »ausgewogen« bei Karl Hoermann, *Wehrdienst – Kriegsdienstverweigerung – Gerechter Krieg?,* Augsburg 1971, S. 39-44; die Interpretation des Verfassers etwas ausführlicher in: P. Engelhardt, *Kirche und Kriegsdienstverweigerung* in der gleichnamigen Broschüre der Katholischen Arbeitsgemeinschaft für Kriegsdienstverweigerung und Zivildienst (KAK), Köln (Königstr. 3) 1976, S. 26 f.; ähnlich interpretiert die Pax-Christi-Broschüre Nr. 6: *Aktiver Friedensdienst – Kriegsdienstverweigerung,* Frankfurt [3]1979, S. 21-23.

91 *Der Heilige Stuhl und die Abrüstung,* Vatikanstadt 1977; nicht ganz vollständig in: Pax Christi, *Kirche und Abrüstung* (Dokumentation Nr. 1), Frankfurt o. J.

92 Dieser Passus nur in der Übersetzung, Vatikanstadt 1977 (s. Anm. 91), S. 5.

93 Besonders bedauerlich eine der wenigen publizistischen Reaktionen: die niveauvolle konservative *Internationale katholische Zeitschrift (Communio)* bringt zum ersten Kapitel des ersten Teiles (»Abrüstung«) Anmerkungen des ehemaligen Generalinspekteurs Heinz Trettner, *Der Heilige Stuhl und die Abrüstung,* 7 (1978), S. 151-165.
151-165.

94 Pax Christi, *Kirche und Abrüstung II* (Dokumentation Nr. 2), Frankfurt o. J.

95 Bensberger Kreis (Hrsg.), *Die Christen und der Krieg in Vietnam,* Mainz 1969, S. 102.

96 *Informations catholiques internationales,* 1. 2. 1966, S. 28.

97 Bensberger Kreis, a.a.O. (s. Anm. 95), ergänzt durch persönliche Erinnerung.

98 Vgl. *Frankfurter Rundschau* vom 2. 3. 1967.

99 Vgl. Anm. 1.

100 Bensberger Kreis (s. Anm. 95), S. 102.

101 Einzelausgabe: Heftreihe *Synodenbeschlüsse* 13, Sekretariat der Deutschen Bischofskonferenz, Bonn (Kaiserstr. 163) o. J.

102 Vgl. Geschäftsführender Ausschuß des Zentralkomitees der deutschen Katholiken, *Über die Begründbarkeit von Gewissensent-*

scheidungen (20. 12. 1978); Erklärung des Präsidiums von Pax Christi, *Zur Diskussion über Anerkennungsverfahren für Kriegsdienstverweigerer* (31. 1. 1979); Sprechergruppe des Bensberger Kreises, *Rechenschaft ja – Prüfung nein,* in: *Publik Forum,* 19. 4. 1979; Stellungnahme des Moraltheologen Franz Böckle bei der Anhörung zur Novellierung des Kriegsdienstverweigerungsrechtes (vgl. Hessischer Rundfunk, 16. 1. 1980, Tagesthemen).

103 Vollständiger Abdruck (einschließlich der abweichenden Meinung des Bundesverfassungsrichters Hirsch): *Europäische Grundrechte-Zeitschrift* 5 (1978), S. 161-183; ferner ami-Papier Nr. 10, zu beziehen über: ami-Vertrieb c/o Bernd Schade, Sömmeringstr. 17, 6000 Frankfurt/M. 1; vgl. Wolfgang Lienemann, im vorliegenden Band S. 154.

Wolfgang Lienemann
Das Problem des gerechten Krieges im deutschen Protestantismus nach dem Zweiten Weltkrieg

1. Das Dilemma des Nachkriegsprotestantismus

»Die Schrift sagt uns, daß der Staat nach göttlicher Anordnung die Aufgabe hat, in der noch nicht erlösten Welt, in der auch die Kirche steht, nach dem Maß menschlicher Einsicht und menschlichen Vermögens unter Androhung und Ausübung von Gewalt für Recht und Frieden zu sorgen. Die Kirche erkennt in Dank und Ehrfurcht gegen Gott die Wohltat dieser seiner Anordnung an. Sie erinnert an Gottes Gebot und Gerechtigkeit und damit an die Verantwortung der Regierenden und Regierten. Sie vertraut und gehorcht der Kraft des Wortes, durch das Gott alle Dinge trägt.«

Diese Sätze der V. These der Barmer Theologischen Erklärung von 1934, mit der die Bekennende Kirche ihren status confessionis gegenüber dem Nationalsozialismus und den Deutschen Christen bezeichnete, gehen aus von der Tatsache des Gewaltmonopols des neuzeitlichen Territorialstaates und binden dessen Legitimität an die Erfüllung der Aufgabe, für »Recht und Frieden« zu sorgen. In einem Staat, in welchem Recht und Gesetz herrschen, steht die Gewalt auf der Seite des Rechts, dem allein sie zu dienen hat. Dieser Staat verteidigt, kraft seiner Souveränität, sein im Dienste von Rechts- und Friedenswahrung stehendes Gewaltmonopol notfalls – und das heißt im Falle von Kriegen – gegen Übergriffe von außen. Die Streitkräfte erfüllen demnach den Verfassungsauftrag, zu verhindern, daß Gewaltlösungen von außen aufgezwungen und damit der Rechtsstaat, der vor Gewalt schützt, zerstört wird.[1]

Mit diesen Grundsätzen konnten sich bis zum Zweiten Weltkrieg weite Kreise im deutschen Protestantismus einverstanden erklären. Sie lassen sich verstehen als eine Erläuterung des zitierten Bekenntnissatzes, also der verbindlichsten Form, in der Äußerungen der Kirche überhaupt dargestellt werden können. Rechtmäßige Gewalt ist Gegenstand von Bekenntnisaussagen. Wenn man sich diesen Sachverhalt klarmacht, kann man erst ermessen, was es bedeutet, daß nach 1945 kein Amtsträger im deutschen Protestantismus versucht oder gewagt hat, eine Theorie des gerechten Krieges zu entwickeln und vorzutragen. Der Verzicht auf eine derartige Lehre bricht mit einer ehrwürdigen Tradition ethischer Urteilsbildung bzw. moraltheologischer Argumentation, welche von Augustinus bis Hiroshima reicht. Nach 1945 aber waren für Christen und Kirchen in Deutschland zwei Voraussetzungen der überlieferten Lehre entfallen: Die Verhältnismäßigkeit von Schutzfunktion und Zerstörungskraft ist bei den modernen Massenvernichtungswaffen nicht mehr gegeben, und die nationalstaatliche Identität, deren Sicherung dem Militär obliegt, war zerbrochen. Weithin war man überzeugt, daß Deutsche nicht auf Deutsche schießen dürften. Seither hat dieser Verzicht auf eine Lehre vom gerechten Krieg in der Regel jedoch zu in sich höchst widersprüchlichen Kompromißformeln geführt. Sie sollten die Existenz von Streitkräften mit der Unmöglichkeit, einem von ihnen geführten Kriege das Prädikat »gerecht« beizulegen, zu einem vorläufigen Ausgleich bringen. Verwundern können freilich nicht so sehr diese Formeln, sondern nur die Beharrlichkeit, mit welcher trotz zunehmender Selbstverständlichkeit und öffentlicher Anerkennung des Militärwesens diesem von kirchlicher Seite eine grundsätzliche und eindeutige Legitimation verweigert wurde und wird, welche der überlieferten Auffassung von »gerechten« Kriegen gleichkäme. Der Nachkriegsprotestantismus in Deutschland kann sich – trotz oder besser auch wegen der Militärseelsorge – nicht dazu bequemen, seinen Frieden mit einer neuen Theorie vom gerechten Krieg zu machen.

Unaufgelöst bleibt damit freilich der Widerspruch, daß einerseits ein künftiger Krieg als nicht zu rechtfertigen aufgefaßt wird, andererseits aber der Aufstellung einer Armee nicht widersprochen wird. Jedermann ist aber bekannt oder könnte zumindest wissen, daß in das atlantische Bündnis integrierte deutsche Streitkräfte in der Lage sein müssen, einen Krieg zu führen, falls die Abschreckung versagt, denn nur dann können sie ihre Aufgaben im Rahmen der Strategie der Abschreckung erfüllen.[2] Diese Strategie setzt nämlich die Bereitschaft voraus, denjenigen Krieg auch führen zu wollen, der ausbricht, wenn die Abschreckung versagt. Insofern also die protestantischen Kirchen in Deutschland, abgesehen von streng pazifistischen Gruppen, sich nicht in der Lage sehen, die Beteiligung ihrer Mitglieder an den militärischen Einrichtungen und Maßnahmen im Rahmen der Abschreckungsdoktrin für unvereinbar mit dem Evangelium zu erklären, obwohl man den Krieg, der im Falle des möglichen Versagens der Abschreckung zu führen wäre, von vornherein als Sünde erklärt, wird die Unauflösbarkeit dieses Widerspruches auf Dauer gestellt. Dieses Dilemma freilich ist wohl nicht so sehr begründet in einer notorischen Entscheidungsschwäche christlichen Glaubens im politischen Bereich oder womöglich einer grundsätzlichen Loyalität von Großkirchen gegenüber dem jeweiligen Staat. Es spiegelt lediglich die allgemeine Einsicht wider, daß unter der Voraussetzung der Atombewaffnung *alle* überlieferten Maßnahmen in Sachen Kriegsbegrenzung oder gar -verhütung brüchig geworden sind. Die Nachkriegsgeschichte der protestantischen Friedensethik mußte daher so widersprüchlich bleiben wie die politischen Rahmenbedingungen, von denen sie auszugehen genötigt war.

2. Reformation und gerechter Krieg

Der deutsche Protestantismus war in der Zeit zwischen seinen vielleicht bedeutendsten Symbolen, der Augsburgischen Konfession von 1530 und der Barmer Erklärung von 1934, von der Überzeugung geleitet, daß der rechtmäßigen weltlichen Obrigkeit nicht nur das Amt des Strafrechts zum Zwecke des Schutzes von Frieden, Sicherheit und Freiheit im Inneren obliegt, sondern auch aufgetragen ist, die Integrität des Territoriums nach außen notfalls mit kriegerischer Gewalt zu schützen. »Iure bellare, militare«, also »rechte Kriege führen, streiten«,[3] gilt als Recht der legitimen politischen Gewalten. Sieht man genauer zu, so ließe sich im Detail zeigen, daß die Reformatoren trotz ihrer Ablehnung des Pazifismus der

Schwärmer oder Humanisten im allgemeinen zu einer eher einschränkenden Auslegung des »iure bellare«[4] neigten. In bezug auf den besonderen Fall des Türkenkrieges ließen sie sich jedoch bisweilen zu ausgesprochen martialischen Ratschlägen hinreißen. Luther hatte 1523 in seiner Schrift *Von weltlicher Obrigkeit*[5] grundsätzlich den Rahmen für die Beteiligung der Christen am Kriegsdienst abgesteckt: Erstens dürfe kein weltlicher Stand gegen die ihm übergeordnete Obrigkeit Krieg führen; zweitens solle im Fall von gleichgestellten Obrigkeiten, also in dem Bereich der heute so genannten zwischenstaatlichen Beziehungen, zunächst im Konfliktfall »Recht und Frieden«,[6] also einvernehmliche Streitschlichtung, angeboten werden, und erst im Falle der Zurückweisung sei es erlaubt, dann aber auch zum Schutz der Untertanen geboten, Gewalt mit Gewalt zurückzuschlagen; in diesem Falle seien die Untertanen zum Kriegsdienst verpflichtet; drittens schließlich gelte diese Pflicht jedoch nicht, wenn die Obrigkeit einen Krieg zu Unrecht führe, wobei freilich im Zweifelsfalle die Entscheidungskompetenz bei der jeweiligen Obrigkeit selbst liege.[7] Grundsätzlich gilt aber, auch und besonders für den zweiten Fall: »wer Krieg anfehet, der ist unrecht«.[8] Einzig zum Schutz der Untertanen gegen (innere und äußere) Eingriffe in Leben, Sicherheit und Recht übt die Obrigkeit ihr Amt, indem sie Verteidigungskriege führt.

Es würde den Rahmen dieser Skizze sprengen, die tiefere theologische Begründung dieser ethischen Argumentation in Luthers Zuordnung von geistlichem und weltlichem Regiment näher zu entfalten.[9] Von Gewicht sind aber zwei wesentliche Kriterien, die über die Rechtmäßigkeit eines Krieges zu urteilen gestatten: Erstens ist ein gerechter Krieg immer ein Verteidigungs- und nie ein Angriffskrieg, und zweitens kann ein Religionskrieg niemals ein gerechter Krieg sein.[10] Mit der ersten Bestimmung steht Luther ganz in der Tradition der überlieferten Auffassungen[11], während er dem zweiten Kriterium in seinen Äußerungen zum Türkenkrieg zumindest teilweise selbst widersprochen haben dürfte. Im Falle des billigenswerten Verteidigungskrieges vergleicht Luther die entsprechenden Vorkehrungen und Handlungen der Obrigkeit mit denen der Polizei und des Chirurgen,[12] die ein kleines

Übel in Kauf nehmen müssen, um größerem Unglück zu wehren, so daß Ziele und Mittel eines Verteidigungskrieges in angemessenem Verhältnis zueinander stehen.

Sowohl dieses Prinzip der Verhältnismäßigkeit als auch jenes der bedingungslosen Ablehnung eines Religionskrieges hat Luther angesichts der Türkengefahr seit etwa 1525/26 teilweise preisgegeben, nachdem sowohl er wie auch Melanchthon nur wenige Jahre zuvor dem Türkenkrieg nicht hatten zustimmen können.[13] Nach der Erfahrung des Bauernkrieges und im Zuge der schärferen Profilierung der Lehre von den zwei Regimenten erscheint der Krieg gegen die Türken einerseits als Gerechter Krieg im Sinne der der Obrigkeit aufgetragenen Verteidigung zum Schutz und Nutzen der Bürger und ihres Glaubens, andererseits zwar nicht als offensiver Glaubenskrieg, wohl aber als eine derart endzeitliche Kriegserscheinung, »daß nach dem Türken flugs das Gericht und die Hölle folgen soll«.[14] Als Katastrophe des unmittelbar bevorstehenden Endgerichtes sprengt dieser Krieg jegliche Verhältnismäßigkeit der Mittel.

Wer sich unterfängt, das Ende aller bisherigen Geschichte in einem letzten Krieg vorauszusagen (sei es gegen den Antichrist, sei es gegen die Bourgeoisie), sieht sich anscheinend aus der Logik der Sache dazu gedrängt, die das Kriegsgeschehen eingrenzenden Bestimmungen der Lehre vom gerechten Krieg über Bord zu werfen. Das Ergebnis ist dann oft der Einsatz brutalster »letzter« Mittel zur Gegenwehr um nunmehr *jeden* Preis:

»Ich wollte wünschen (wo unsere Sünden vor Gott so viel Verstand und Muß ließen), daß alle Deutschen so gesinnt wären, daß sich kein Flecklein noch Dörflein vom Türken plündern noch wegführen ließe, sondern wenns zu solchem Ernst und Not käme, daß sich wehrte, was sich wehren könnte, jung und alt, Mann und Weib, Knecht und Magd, bis daß sie alle getötet wären, dazu selbst Haus und Hof abbrennten und alles verderbten, daß die Türken nichts als kleine Kindlein fänden, welche sie doch ohnehin aufspießen und zerhacken, wenn sie uns lebendig wegführen, so daß wir daneben doch nicht helfen können. Und (ich wollte), daß solches mit vorhergehendem Gebet zu Gott geschehe, darin sie alles seiner Gnade befählen, und als im Gehorsam gegen die Obrigkeit, wie oben gesagt. Es wäre ja besser, daß man den Türken ein leeres Land überließe als ein volles.«[15]

Hier wird der Kriegsgegner in der Sicht einer apokalyptischen Lehre von den letzten Dingen, die sich im Besitz prophetischer Erkenntnis um das Ziel und das letzte Geheimnis der Geschichte zu wissen meint, zum letzten Feind. Seine Vernichtung scheint auch um den Preis des eigenen Unterganges geboten zu sein. Die apokalyptische Sicht verzehrt und entwertet die irdische Geschichte, die der Schauplatz begrenzter Kriege und gefährdeten Friedens ist, und an die Stelle des nie einfach vernunftlosen »gerechten Krieges« tritt der totale, weil letzte Krieg.

3. Der Protestantismus vor der Zerreißprobe der Aufrüstung

Daß der nächste Krieg ein totaler werden könnte, aber so, daß nicht Gott die Geschichte in seinem Gericht beendet, wie Luther dachte, sondern daß die Menschen mit den von ihnen geschaffenen Massenvernichtungsmitteln das Überleben ihrer eigenen Gattung aufs Spiel setzen, ist die Hypothek, unter der alles Nachdenken über Krieg und Frieden seit Hiroshima steht. Was Luther in seiner Türkenpredigt als Zeichen der Endzeit gedeutet hatte – die Möglichkeit, daß die bisherige Geschichte in einem letzten Krieg endet –, ist heute, wenn es zu einem massiven Einsatz von Atomwaffen kommt, technisch möglich geworden. Auch wenn dies nicht das Ende der menschlichen Gattung bedeuten müßte,[16] sondern womöglich in einem weltweiten Atomkrieg vor allem die nördliche Hemisphäre betroffen wurde, dürfte danach nicht mehr im Sinne der bisherigen Geschichte von der Gattung des »homo sapiens« die Rede sein können. Mit dieser Einschränkung aber kann gesagt werden, daß die Apokalypse technisch möglich geworden ist:[17]

»Ein totaler Weltkrieg in der näheren Zukunft wäre eine Katastrophe von Ausmaßen, wie sie bisher nicht bekannt waren. Er würde aber die Menschheit keineswegs ausrotten; sofern es ein Trost sein sollte, zu denken, danach sei wenigstens alles zu Ende, so haben wir keine Aussicht auf diesen Trost.«[18]

Diese Diagnose, so zeigten die Auseinandersetzungen im deutschen Nachkriegsprotestantismus, wurde weithin geteilt, aber über die Frage, welche Konsequenzen daraus für das überlieferte Denken über Krieg und Frieden zu ziehen seien, kam es zu gegensätzlichen Auffassungen, die die EKD bis an den Rand einer Kirchenspaltung brachten.

Versucht man, diese Fragen etwas näher zu betrachten, so bietet es sich an, drei Komplexe zu unterscheiden: Die Entwicklung einer Friedensethik im Rahmen der Ökumenischen Bewegung, die Diskussion um die Wiederbewaffnung der BRD und die Auseinandersetzungen um die Frage einer atomaren Bewaffnung der Bundeswehr.

3.1. Die Stellung zum Krieg in der ökumenischen Bewegung

Die ökumenische Bewegung des 20. Jahrhunderts hat mit der sozialistischen Arbeiterbewegung eine bemerkenswerte Eigenschaft gemeinsam: Beide betonen diejenigen Bestimmungen und Ziele ihrer Organisation, durch welche eine Solidarität und Loyalität begründet sind, die die Beschränktheiten der nationalen Grenzen übersteigen. Die Mitglieder der Arbeiterbewegung betonen den Internationalismus ebenso programmatisch wie die christlichen Kirchen ihre weltweite Sendung, Gemeinschaft und (wenn nicht erreichte, so doch zu suchende) Einheit. Für beide war, gemessen an ihrem Selbstverständnis, der Ausbruch des Ersten Weltkrieges eine Katastrophe.[19] Bekanntlich nahm diejenige kirchliche Protestbewegung, die später als »dialektische Theologie« Epoche machte, mit der radikalen Absage an jene theologischen Lehrer ihren Anfang, die im Namen der »Ideen von 1914« zum Kriege aufriefen.[20] Auch wenn große Teile der evangelischen Christenheit und besonders ihrer Pfarrerschaft nie ein loyales Verhältnis zur Demokratie der Weimarer Republik fanden, war gleichwohl mit dem Ende des Krieges die Zeit des Nationalprotestantismus abgelaufen. Die Ökumenische Bewegung war der Raum, in welchem, freilich äußerst zögernd und widerstrebend, die Entdeckung zu machen war, daß Christen eine höhere Loyalität kennen als nur gegenüber Volk und Nation.

Hier begann schon mit der Weltkonferenz für Praktisches

Christentum von 1925 in Stockholm ein Prozeß des Umdenkens. Er setzte sich 1937 in einer weiteren großen Konferenz in Oxford fort und wurde durch den Nationalsozialismus und den Zweiten Weltkrieg zwar unterbrochen, konnte aber dadurch in seiner inneren Folgerichtigkeit nicht mehr beendet werden. Überblickt man diese Zeit,[21] in der die getrennten Kirchen in großen Schritten sich aufeinander zubewegten, dann zeigt sich die allgemeine Überzeugung, daß für Christen die Beteiligung an Kriegen, welche doch seit Augustinus gleichsam zur legitimen Normalität gehört hatte, zunehmend die lange erhaltene Fraglosigkeit einzubüßen begann. »Der Krieg als Mittel zur Lösung internationaler Streitigkeiten durch physische, mit Heimtücke und Lüge sich verbindende Gewalt, ist unvereinbar mit der Gesinnung und dem Verhalten Christi und darum auch mit der Gesinnung und dem Verhalten der Kirche Christi.«[22] Diese Grundüberzeugung ist seither das Leitmotiv der ökumenischen Friedensethik und wohl selten so sorgfältig durchdacht worden wie auf der Konferenz von Oxford (1937).[23] Doch gerade diese Konferenz konnte sich angesichts der wachsenden Bedrohung durch das nationalsozialistische Deutschland nicht der Einsicht verschließen, daß mit einer abstrakten Negation von Gewalt und Krieg wenig gewonnen sei. Man mußte differenzieren, und das bedeutete nichts anderes, als diejenige Vernunft, welche dem Gewaltgebrauch im Dienste von Recht und Sicherheit innewohnt, jedenfalls bedingt anzuerkennen.

Drei Möglichkeiten christlicher Stellungnahme zum Krieg unterschied der Bericht der Oxforder Konferenz:[24] Erstens die Aufassung, daß jeglicher Krieg Sünde sei, Christen deshalb ihre Beteiligung radikal verweigern müßten und vielmehr aktive Friedensarbeit zu leisten hätten. Zweitens wird die Möglichkeit auch künftiger Gerechter Kriege eingeräumt, und zwar entweder unter der Bedingung, daß die Kriegsgründe im Einklang mit dem geltenden Völkerrecht stehen, oder als Nothilfe für folgende Fälle:

»Um den Opfern eines unprovozierten Angriffes zu Hilfe zu kommen, oder Unterdrückten Freiheit zu verschaffen, würde es ihnen, wenn alle anderen Mittel versagt haben, als christliche Pflicht erscheinen, zu den Waffen zu greifen.«[25]

Drittens gab es auch die vor allem von Lutheranern vertretene Meinung, daß keine menschliche Anstrengung den Krieg als gleichsam sozialanthropologische Gegebenheit überwinden könne. Der Christ schulde daher auch als Soldat seiner Obrigkeit Gehorsam, außer »wenn er unbedingt gewiß ist, daß sein Land für eine ungerechte Sache kämpft«.[26]

Man vermochte sich für keine dieser Auffassungen verbindlich zu entscheiden, und seither gibt es weder in der Ökumene noch in Deutschland eine von den evangelischen Christen, ihrer Kirche und den kirchenleitenden Organen einigermaßen einheitlich und weithin konsensfähig vertretene ethische Position bezüglich Krieg und Frieden. Die Gegensätze von Oxford haben lediglich stets neue Ohnmachtsformeln gezeugt, deren Erstfassung 1937 lautete:

»Wir behaupten nicht, daß eine dieser Stellungnahmen vom christlichen Standpunkt aus als die einzig mögliche Haltung bezeichnet werden kann. Die Kirche muß es deutlich aussprechen, daß diese ungeklärte Lage ein Zeichen der Sünde ist, in die ihre Glieder verstrickt sind.«[27]

In dieser »Sünde« hat die ökumenische nicht weniger als die deutsche Friedensethik bis heute verharrt. Auch die vielzitierte Zwischenüberschrift eines Sektionsberichtes der I. Vollversammlung des neugegründeten Ökumenischen Rates in Amsterdam 1948 »Krieg soll nach Gottes Willen nicht sein«[28] formuliert keinen neuen Konsens, sondern eine Maxime, die die gleichen gegensätzlichen Handlungsmöglichkeiten unter sich zu befassen vermag wie zuvor. Aus der jeweiligen Situation ist es verständlich, daß man nicht völlig auf die Möglichkeit verzichten mochte, auch künftige Kriege als gerechte auszuweisen oder dies zumindest zu versuchen: Wie hätte man 1937 gegenüber der drohenden Aggression Hitlers das Recht auf Widerstand, Abwehr und damit einen Verteidigungskrieg preisgeben, wie 1948 bei der Berliner Blockade oder 1950 nach Ausbruch des Korea-Krieges auf die Möglichkeit, mit Waffengewalt einer jedenfalls denkbaren kommunistischen Expansion zu begegnen, verzichten können? Die Zeiten waren den Friedensmachern, den Pazifisten, die die Bergpredigt glücklich preist, nicht günstig. So blieb die Ökumenische Bewegung mehrheitlich im Kern dabei, daß für den

Extremfall auch künftig die Möglichkeit gerechter Kriege eingeräumt werden müsse, wobei freilich die Einschränkungen, unter denen diese Möglichkeit stand, von der auch kirchlich akzeptierten Kriegsfreudigkeit früherer Zeiten wie durch Welten geschieden waren.

3.2. Die Remilitarisierung der Bundesrepublik

Wie schnell die politische Realität den guten Willen, nicht mehr auf kriegerische Gewalt, auch nicht für den Notfall, zu setzen, immer wieder außer Kraft setzen kann, mußte der deutsche Protestantismus in den Jahren 1950/51 schmerzlich erfahren. Man kann diese ethische Kehrtwendung des deutschen Protestantismus nach dem Ausbruch des Koreakrieges am 25. Juni 1950 sogar ziemlich genau datieren: auf den August 1950.

Man erinnere sich: Das Wort der Kirchenversammlung der EKD in Eisenach vom 13. 7. 1948 endete mit den Sätzen:

»Auf der Gewalt liegt kein Segen, und Kriege führen nur tiefer in Bitterkeit, Haß, Elend und Verwahrlosung hinein. Die Welt braucht Liebe, nicht Gewalt. Sie braucht Frieden und nicht Krieg. Die Heilige Schrift sagt: ›Durch Stillesein und Hoffen werdet ihr stark sein!‹ Und unser Herr Jesus Christus spricht: ›Selig sind die Sanftmütigen, denn sie werden das Erdreich besitzen. Selig sind die Friedfertigen, denn sie werden Gottes Kinder heißen.‹«[29]

Die Synode von 1950 in Berlin-Weißensee bekräftigte diese Auffassung, doch schon hier meldete sich im Gewande notwendiger Differenzierungen auch die Frage nach der überlieferten Lehre vom gerechten Krieg erneut an. Neben streng pazifistischen Positionen stand die mehrheitlich geteilte Ansicht, daß ein Krieg mit modernen Massenvernichtungsmitteln kein für Christen akzeptables Mittel der Politik mehr sein könne. Gleichwohl mochte man sich nicht vorbehaltlos pazifistisch entscheiden. »Das allgemeine Unbehagen an dieser Ratlosigkeit fand einen positiven Ausdruck schließlich in der gemeinsamen Entscheidung, sich hinter die Kriegsdienstverweigerer aus Gewissensgründen zu stellen.«[30] Diese Selbstverpflichtung der Kirche, die Kriegsdienstverweigerer unter ihren besonderen Schutz zu stellen, macht deutlicher als viele

Worte, daß man bereit war, aus der Tatsache Konsequenzen zu ziehen, daß Christen höhere Loyalitäten kennen als die zu Volk und Staat.[31] So war es auch nur folgerichtig, daß der Rat der EKD nach dem Ausbruch des Korea-Krieges am 27. 8. 1950 in Essen die berühmten Worte formulierte:

»Einer Remilitarisierung Deutschlands können wir das Wort nicht reden, weder was den Westen noch was den Osten anbelangt. Die Pflicht der Kirche kann es immer nur sein, die schwergerüsteten Mächte der Welt wieder und wieder zu bitten, dem heillosen Wettrüsten ein Ende zu machen und friedliche Wege zur Lösung der politischen Probleme zu suchen. In jedem Fall aber muß derjenige, der um seines christlichen Gewissens willen den Dienst mit der Waffe verweigert, die Freiheit haben, sein Gewissen unverletzt zu erhalten.«[32]

Wenige Tage später wurde das Memorandum des Bundeskanzlers Adenauer über die Sicherung des Bundesgebietes nach innen und außen dem geschäftsführenden Vorsitzenden der Alliierten Hohen Kommission, General McCloy, übergeben.[33] Seit Mitte August lag dem Kanzler eine Denkschrift des General Speidel zur Wiederbewaffnung vor; am 15. 8. und 25. 8. wurde das Kabinett informiert, aber von der inzwischen erfolgten Übergabe des Memorandums an McCloy erfuhren die Minister erst aus der Zeitung des nächsten Sitzungstages, am 31. 8.[34] Damit kam es zum Eklat: Heinemann trat vom Amt des Innenministers zurück. Adenauers Memorandum folgte dem bis heute offensichtlich gültigen Grundmuster, zunächst (»der ganze Ernst der Situation«) mit ausgewählten Zahlen die Schwere der sowjetischen Bedrohung möglichst drastisch darzustellen, sodann Vermutungen über die dahinter stehenden strategischen Pläne auszusprechen (»Nachrichten über die Zielsetzung«), demgegenüber die eigenen Kräfte als möglichst schwach hinzustellen, um schließlich eine politische Schlußfolgerung zu ziehen. Diese betraf v. a. die Forderung einer erheblichen Verstärkung der westlichen Besatzungstruppen mit dem entscheidenden Zusatz:

»Der Bundeskanzler hat ferner wiederholt seine Bereitschaft erklärt, im Falle der Bildung einer internationalen westeuropäischen Armee einen Beitrag in Form eines deutschen Kontingents zu leisten. Damit ist eindeutig zum Ausdruck gebracht, daß der Bundeskanzler eine

Remilitarisierung Deutschlands durch Aufstellung einer eigenen nationalen militärischen Macht ablehnt.«[35]

Innerhalb weniger Tage also hatten sich der Rat der EKD, dem Adenauers Innenminister als Präses der Synode angehörte, unmißverständlich gegen die Remilitarisierung, der deutsche Kanzler ebenso eindeutig für einen deutschen Beitrag zur westeuropäischen Verteidigung ausgesprochen.

Von diesem Datum an sucht man vergebens nach gesamtkirchlichen Äußerungen, sei es der EKD-Synode, sei es des Rates der EKD, die in der unzweideutigen Sprache der Eisenacher Kirchenversammlung von 1948, der Synode von 1950 oder des zitierten Ratswortes vom 27. 8. 1950 eine Remilitarisierung Deutschlands zurückgewiesen hätten. Jene von Adenauer im Zeichen des Korea-Krieges vollzogene Weichenstellung erwies sich damit als Ursprung, besser noch als Katalysator einer folgenreichen Dissoziierung im deutschen Protestantismus, deren Auswirkungen bis in die späten 70er Jahre reichen.

Seit dem Spätsommer 1950 wird die Position eines deutschen Waffenverzichts nur noch von Minderheiten vertreten, die überwiegend der bruderrätlichen Tradition der Bekennenden Kirche entstammen und deren in der breiteren Öffentlichkeit bekannteste Exponenten Karl Barth, Gustav Heinemann, Hans Joachim Iwand und Martin Niemöller waren. Dabei waren die Begründungen für den geforderten Verzicht auf die erneute Aufstellung deutscher Streitkräfte keineswegs einheitlich. Karl Barth[36] betonte vor allem die Notwendigkeit eines Bruchs mit der Tradition des deutschen Militarismus und die entsprechenden Erwartungen der Völker, die darunter zu leiden gehabt hatten; Heinemann stellte vor allem jene (geschichts-)theologische Erfahrung heraus, die er wiederholt in die Worte kleidete, daß Gott als Herr der Geschichte in der Niederlage von 1945 dem deutschen Volk die Waffen aus der Hand geschlagen habe;[37] und Niemöller[38] sah, wohl nicht zuletzt auf Grund seiner alten deutschnationalen Überzeugungen, in einer Remilitarisierung vor allem die Besiegelung der deutschen Teilung und darin eine auf Dauer virulente Ursache künftiger Friedensgefährdungen. Einzig Iwand[39] hat schon 1950 in seinem Entwurf für die Synode von Berlin-Weißensee in ruhiger Entschlossenheit gewagt, das Bild des vergangenen wie der künftigen Kriege unmittelbar zentralen Aussagen der Heiligen Schrift zu konfrontieren. Die Greuel des modernen Krieges, so seine Auffassung, haben längst jene apokalyptischen Ausmaße angenommen, die dieses Mittel – als das »kleinere Übel« – nicht mehr als tauglich zur Erreichung gerechter Zwecke erscheinen lassen: »Der moderne, totale Krieg nähert sich in besorgniserregender Weise einem von oben her organisierten Mord, so daß auch die Staaten, die ihn führen und radikalisieren müssen, dadurch die sittlichen Grundlagen ihrer eigenen Autorität verlieren.«[40] Iwand gibt über diese Begründung des Endes »gerechter« Kriege hinaus sehr konkrete Hinweise auf weiter bestehende Kriegsursachen und die daraus zu folgernden Aufgaben einer Friedenspolitik, die zur damaligen Zeit keineswegs als illusionär hätte abgetan werden können. Es gelang ihm aber nicht, für seine Überzeugungen und Argumente über die Kreise der Bruderschaften hinaus wesentliche Zustimmung zu erzielen, aber die schon bald beginnende Diskussion um die Frage der Atombewaffnung ließ deutlich werden, daß Iwands Entgegensetzung von moralisch-theologischem Urteil und der von der Technik neu bestimmten Qualität des modernen Krieges exakt jenen Punkt markierte, an dem der Abschied des deutschen Protestantismus von der Theorie des gerechten Krieges unabweisbar wurde. Dieser lange Abschied dauert freilich, wie zu zeigen ist, bis in die Gegenwart an.

3.3. Am Rande der Kirchenspaltung: Diskussion der Atombewaffnung

Am 1. November 1952 erfolgte die erste amerikanische H-Bomben-Explosion, am 12. August 1953 zogen die Russen nach; im Januar 1954 erklärte J. F. Dulles die »massive retaliation«[41] als gültige US-Strategie. In Deutschland nahm in diesen Jahren die theologisch-ethische Diskussion um die Fragen von Krieg und Bewaffnung zunehmend provinzielle Züge an, indem man sich vor allem um die Klärung theologischer Prinzipienfragen bemühte, zugleich aber mit wachsendem Abstand vom Zweiten Weltkrieg die konkreten Ausformungen von Kriegstechnik, Strategie und Aufrüstung mehr und mehr als Angelegenheit der »Fachleute« betrachtete. Dabei findet sich schon 1950 eine Erklärung aus lutherischer Feder, die in ihrer Struktur bis heute als typisch für diese Position gelten darf.[42] Einerseits wird »das Anliegen des Niemöllerkreises«, »Politik aus Glauben zu betreiben« (S. 72), ausdrücklich gebilligt, insofern die kirchlichen Friedensmahnungen konkreter Anwendung bedürfen (S. 73). Andererseits aber wird der Anspruch »allgemeiner christlicher Verbindlichkeit«, der damit verbunden sei, streng zurückgewiesen:

»Wir sind von Luther her außerordentlich empfindlich gegen eine solche Verwechslung und Vermischung der theologischen und politischen Ebene, wobei in schwärmerischem Enthusiasmus schließlich die Gestaltungsprinzipien für das politische Leben unmittelbar dem Evangelium entnommen werden. Das eigentliche Amt der Kirche wird so in ein politisches verfälscht, aus dem Evangelium wird Gesetz.« (S. 73)

Wer, wie Niemöller, nicht zu einem grundsätzlichen Pazifismus bereit sei, müsse seine letzte Entscheidung bezüglich Rüstung und Krieg aber situationsabhängig treffen, und hier gebe es stets Beurteilungsunterschiede angesichts derselben Lage.

»Wer sich vom grundsätzlichen Pazifismus unterscheidet, gibt damit zu, daß in dieser Welt der Gewalt und der Vergewaltigung die Obrigkeit eines Volkes unter Umständen gezwungen sein kann, um eines besseren Friedens und der Wiederherstellung einer vorläufigen Ordnung willen einen Krieg hinzunehmen und in der Verantwortung vor Gott zu führen.« (S. 74)

Allerdings, so wird vorgebeugt, könne und wolle man damit nicht zurLehre vom »gerechten Krieg« zurücklenken,[43] wohl aber gelte es einzusehen und einzuschärfen, daß man in der, theologisch gesprochen, unerlösten Welt nie aus der »ausweglose(n) Zwangssituation« herauskomme, »daß Waffenlosigkeit den Anreiz zur Vergewaltigung durch andere bietet, daß aber auch eine um des Friedens willen oft für notwendig gehaltene Rüstung ebenso notwendig beim Kriege endet. Aus diesem circulus vitiosus rettet uns keine theologische und politische Klugheit, sondern allein der wiederkommende Herr.« (S. 75)

Die Begründung dieser Position erfolgt »von der recht verstandenen Lehre Luthers von den ›zwei Regimenten‹ her« (S. 75), wobei indes weder die überlieferten *Gehalte* dieser Lehre noch ihr rechtes Verständnis näher erläutert werden. Vor allem wird diejenige *Funktion* dieser Lehre[44] betont, die einem angeblichen »politischen Perfektionismus« (S. 75) wehrt und dazu anhält, den Zwangszusammenhang einer Welt von Schuld und (zwar nicht ›gerechtem‹, aber vielleicht unausweichbarem) Krieg zu ertragen. »Vielmehr lehrt uns Luther mit seiner Regimentenlehre, die Unzulänglichkeiten und Katastrophen dieser Welt zu ertragen.« (S. 76) In der Warnung vor utopischer Friedensungeduld mag diese Auffassung ihr partikulares Wahrheitsmoment haben; in der Tradition sittlicher Urteilsbildung muß sie als Offenbarungseid wirken, denn sie besagt in ihrem harten Kern nicht weniger, als daß Kriege zwar nie gerecht, aber auch nie abschaffbar, nicht einmal zuverlässig zu verhüten sind. Das Pathos dieser These liegt in ihrem vermeintlichen historischen Realismus, der falschen Utopien abhold ist. Aber zugleich zeigt sich daran, daß der Preis für den Verzicht auf jede Lehre vom Gerechten Krieg hoch sein kann, denn diese Lehre zielte ja vor allem auf Kriegsbegrenzung und nach Möglichkeit sogar auf Kriegsverhütung. Ein Äquivalent zu dieser entscheidenden Funktion der überlieferten Lehre vermag ich dagegen nicht mehr zu erkennen, wenn man einerseits diese Lehre preisgibt, andererseits aber daraus nicht die Konsequenz zieht, künftige Kriege als »ungerecht« zu qualifizieren, sondern lediglich als unabschaffbar betrachtet. Schwindet aber derart das normative Moment aus der Erörterung des Krieges, so verzichtet man nicht nur auf eine vielleicht überholte Lehre, sondern auch auf deren kritische, d. h. entscheidende Unterscheidungen ermöglichende Leistung: Der Krieg verwandelt sich aus einem Problem ethischer Urteilsbildung erneut in einen Aspekt des Schicksals. Gewiß war eine solche Konsequenz nicht beabsichtigt. Tatsächlich aber war durch ethische Urteile wie das zitierte der Boden dafür bereitet, daß Wiederbewaffnung und NATO-Integration westdeutscher Streitkräfte im Protestantismus akzeptabel wurden. Die Eingliederung der jungen Bundeswehr in die Struktur der NATO führte aber nicht dazu, daß es in der allgemeinen oder der besonderen kirchlichen Öffentlichkeit eine nennenswerte Diskussion über die Bedingungen, Ziele und möglichen Auswirkungen der NATO-*Strategie* gegeben hätte. Vielmehr war, wenn überhaupt diese Fragen erörtert wurden, die Auseinandersetzung auf die Qualität der nuklearen *Waffen* gerichtet, kaum dagegen auf die Probleme der strategischen Planung, wie sie zu Abschrekkung und Abwehr verwendet werden könnten.

Das Signal zur ersten breiten Diskussion dieser Fragen war der Wechsel von F. J. Strauß in das Amt des Verteidigungsministers, der das Problem einer Ausrüstung der Bundeswehr mit Atomwaffen akut werden ließ. Der Protest der »Göttinger Achtzehn«, zu denen u. a. Born, Heisenberg und v. Weizsäkker gehörten, vom April 1957 bedeutete, daß die führenden deutschen Physiker öffentlich gegen einen derartigen Schritt sprachen; sie erklärten, an entsprechenden wissenschaftlichen und technischen Projekten nicht mitzuarbeiten. Von hier sprang der Funke über: Es begann eine Welle öffentlicher Proteste gegen die Kernwaffen; die Ostermärsche sind noch in lebendiger Erinnerung.

Besonders die Kreise im deutschen Protestantismus, die der Bekennenden Kirche bzw. den kirchlichen Bruderschaften angehört hatten, schlossen sich diesen Protesten an. Die Synoden der Jahre 1958/59 bis zu denen der frühen 60er Jahre berieten immer wieder über diese Probleme der Atombewaffnung,[45] ohne aber zu einem tragfähigen Konsens zu gelangen. Wenn man die Vielfalt der Meinungen auf einen zentralen Gegensatz zurückführen will, dann standen sich einerseits die eher aus lutherischen Traditionen stammenden Kreise, die auch eine Nuklearbewaffnung für akzeptabel hielten, und andererseits jene bruderrätlichen Gruppen gegenüber, die die Kernwaffen schlechthin verwarfen. Beide aber waren sich, von ganz wenigen Ausnahmen abgesehen, einig, daß es unmöglich sei, eine Lehre vom gerechten Krieg zu vertreten; diese gemeinsame Überzeugung ist unabhängig von der Frage der Atombewaffnung.

Auffallend ist dabei, daß über die strategischen NATO-Planungen öffentlich von den protestantischen Kirchen so gut wie gar nicht gesprochen wurde. Eine derartige Diskussion hätte aber gezeigt, daß unabhängig von der umstrittenen Frage einer deutschen Atombewaffnung die Integration der Bundeswehr in das NATO-Bündnis von vornherein bedeutete, daß die Aufgaben westdeutscher Streitkräfte nur im Zusammenhang mit der Nuklearplanung der USA und der NATO verständlich waren und sind.[46] Mit dem Beschluß der Wiederbewaffnung war deshalb im Grunde die wichtigste Vorentscheidung längst gefallen, und die kirchliche Atomdiskussion bildete insofern lediglich ein Nachhutgefecht, welches zudem die schwierigsten Fragen, nämlich die der strategischen Einsatzplanung, kaum berührte.

Trotzdem geriet die EKD an den Rand einer Kirchenspaltung, denn für ihren »linken« Flügel war die Frage der kirchlichen Stellung zu den Atomwaffen eine Frage des Bekenntnisses – des status confessionis. Die Synode von Berlin-Spandau 1958 konnte die Gegensätze nicht überwinden, aber man beschloß: »wir bleiben unter dem Evangelium zusammen«. Eine »Atomkommission« wurde eingesetzt, die in den folgenden Jahren diese Probleme weiter beriet. Sie und die noch zu erwähnenden »Heidelberger Thesen« von 1958/59 schufen dann eine Kompromißplattform, die bis in die Gegenwart eine Gesprächsbasis bildet.

4. Eine Gegenstimme: Helmut Gollwitzer

Anders als die Synodalmehrheiten argumentierte als vereinzelte Stimme des Luthertums vor allem Helmut Gollwitzer. Seine einschlägigen Arbeiten kreisen um die Frage, ob und wieweit angesichts der modernen Waffen die überlieferte Kriegsethik weiterhin zur Orientierung dienen kann. Diese Fragestellung führt ihn nicht in geschichtstheologische Spekulationen über die Unabschaffbarkeit von Kriegen und Katastrophen im allgemeinen, sondern nötigt zur konkreten Prüfung, welche Gehalte der überlieferten Lehre im einzelnen beibehalten, verändert oder preisgegeben werden müssen, wenn man die Möglichkeiten künftiger Kriegsbilder nüchtern analysiert. Gollwitzer hat diese Frage schon sehr früh ausdrücklich im Blick auf die Atomwaffen erörtert, und diese Konkretion ist für ihn als Lutheraner wegen der seelsorgerlichen Bedeutung jeder Stellungnahme hierzu geboten.[47] Zeitgeschichtlicher Anlaß waren dazu die II. Vollversammlung des Ökumenischen Rates der Kirchen in Evanston 1954[48] sowie die Beratungen der EKD-Synode vom Juni 1956 in Berlin-Spandau, deren Theologische Erklärung auf Initiative des Barth und Gollwitzer nahestehenden Heinrich Vogel die entscheidenden Sätze enthielt: »Das Evangelium ... verwehrt uns, mit der Wissenschaft Götzendienst zu treiben, ihrem Fortschritt den Menschen zu opfern und sie zur Herstellung von Massenvernichtungsmitteln zu mißbrauchen, die durch keinen Zweck geheiligt werden können.«[49] Auf diese Frage, welcher Zweck das Mittel der neuen Waffentechnik legitimieren könne, versuchte Gollwitzer seine Antwort zu geben.[50]

Gollwitzer nimmt seinen Ausgang bei der Atomwaffendebatte des Bundestages vom 10. 5. 1957 und der damaligen Rede des Abgeordneten und Parlamentspräsidenten Eugen Gerstenmaier, der die Möglichkeit eines gerechten Verteidigungskrieges mit der Figur des Rechtes zum Widerstand gegen einen zum Töten entschlossenen Aggressor begründet hatte: »Heute heißt das Gebot: Du sollst nicht töten: alle Kräfte daher denen, die gewillt sind, dem Mörder in den Arm zu fallen, damit er den Stoß nicht führen kann.« (S. 11) Gollwitzer fragt: Wenn es Aufgabe des Staates ist, Mord zu verhindern und insofern nach außen Kriege zu führen und nach innen das Strafrecht anzuwenden – wie steht es dann mit zulässigen und nicht zulässigen Mitteln? (S. 12) Er antwortet in mehreren Schritten folgendermaßen: Die Massenvernichtungsmittel erlauben nicht mehr die Unterscheidung von Kombattanten und Nicht-Kombattanten, und die Kriegsmittel sind geeignet, das Recht zu zerstören, das sie erhalten sollen (S. 22 f.), ein künftiger Krieg würde zur Vernichtung des Gegners führen, nicht aber zu einem Rechtsfrieden der Parteien (S. 24 f.), die ABC-Waffen bedrohen auch noch künftige Generationen (S. 25 f.), und die neuen Waffen führen mit der Vernichtung des Gegners wahrscheinlich auch zur Selbstvernichtung (S. 26 f.): »Der Atomkrieg ist das Ende der Demokratie und der Freiheit, für deren Erhaltung er geführt wird.« (S. 26)

Die Gegenfrage damals – und vielleicht auch heute – lautete:

Bedeutet diese Auskunft im Extremfalle Unterwerfung und Preisgabe von Recht und Freiheit? Widerstand *oder* Ergebung? Und kann man einem Politiker diese Alternative aufnötigen? Gollwitzer meinte damals:

»Geht es (bewaffneter Widerstand gegen einen unrechtmäßigen Angriff, W. L.) in den Grenzen der erlaubten Mittel nicht, dann geht es eben nicht, dann ist hier genau der gleiche Punkt erreicht, den Luther für den Fall einer ungerechten Obrigkeit einschärfte, gegen die Aufruhr kein erlaubtes Mittel sei: Wo Gott mir nicht Vollmacht und rechte Mittel gibt, gegen ein Übel anzugehen, da ist der Raum, in dem er mir und den Meinen das Leiden beschieden und die Befreiung vom Übel sich allein vorbehalten hat ...« (S. 33)

Die Gegenargumente waren 1957 dieselben wie 1979. Ihre zwei Grundtypen basieren auf der Unterscheidung von Abschreckung und Krieg einerseits, von strategischen und taktischen Nuklearwaffen andererseits. Das erste Argument besagt, daß allein Abschreckung den Krieg verhindere und schon die weitergehende Frage nach dem möglichen Versagen der Abschreckung und der für diesen Fall angedrohten Kriegsbereitschaft die Funktionsfähigkeit der Abschreckung selbst gefährden könne. Das zweite Gegenargument vertraut auf die ebensowenig beweisbare Annahme, daß ein künftiger Krieg mit (möglichst »sauberen«) Atomwaffen führbar bleibe, d. h. diesseits der Schwelle der Selbstvernichtung bzw. untragbarer Schadensfolgen gehalten werden könne. Letztlich operieren beide Argumente mit einem Denkverbot für den Fall, daß die Abschreckung versagt und, wie nach der heute üblichen Sprachregelung gesagt wird, zwar kein Krieg, aber der Verteidigungsfall eintritt.[51]

5. Die »Heidelberger Thesen« als friedensethischer Konsens

Gollwitzer hat sich diesen Argumenten wenig später gestellt, aber beide abgewiesen, auch wenn er für die damalige Zeit den Sinn und die Zweckmäßigkeit der Abschreckungsdoktrin nicht völlig bezweifeln mochte. Seine entsprechenden Ausführungen formulierte er als Stellungnahme zu den »Heidelberger Thesen« von 1958/59, welche den bis in die Gegenwart weithin, wenn auch oft murrend, akzeptierten Minimalkonsens deutscher evangelischer Friedensethik nach 1945 fixiert haben. Diese Thesen mitsamt dem genannten Band, in dem sie vorgelegt wurden,[52] waren das Ergebnis einer Kommission der Evangelischen Studiengemeinschaft. Die Gründung dieser Kommission ging auf eine Anregung von Militärbischof H. Kunst zurück. Die erarbeiteten Thesen müssen hier zitiert werden:

»1. Der Weltfriede wird zur Lebensbedingung des technischen Zeitalters.
2. Der Christ muß von sich einen besonderen Beitrag zur Herstellung des Friedens verlangen.
3. Der Krieg muß in einer andauernden und fortschreitenden Anstrengung abgeschafft werden.
4. Die tätige Teilnahme an dieser Arbeit für den Frieden ist unsere einfachste und selbstverständlichste Pflicht.
5. Der Weg zum Weltfrieden führt durch eine Zone der Gefährdung des Rechts und der Freiheit, denn die klassische Rechtfertigung des Krieges versagt.
6. Wir müssen versuchen, die verschiedenen im Dilemma der Atomwaffen getroffenen Gewissensentscheidungen als komplementäres Handeln zu verstehen.
7. Die Kirche muß den Waffenverzicht als eine christliche Handlungsweise anerkennen.
8. Die Kirche muß die Beteiligung an dem Versuch, durch das Dasein von Atomwaffen einen Frieden in Freiheit zu sichern, als eine heute noch mögliche christliche Handlungsweise anerkennen.
9. Für den Soldaten einer atomar bewaffneten Armee gilt: Wer A gesagt hat, muß damit rechnen, B sagen zu müssen; aber wehe den Leichtfertigen!
10. Wenn die Kirche überhaupt zur großen Politik das Wort nimmt, sollte sie den atomar gerüsteten Staaten die Notwendigkeit einer Friedensordnung nahebringen und den nicht atomar gerüsteten raten, diese Rüstung nicht anzustreben.
11. Nicht jeder muß dasselbe tun, aber jeder muß wissen, was er tut.«[53]

Es wäre sehr nützlich, diese Thesen mitsamt den zugehörigen Erläuterungen durch einen fortlaufenden Kommentar sowohl auszulegen als auch einer detaillierten Kritik zu unterziehen. Dadurch aber würde der Rahmen dieses Überblicks entschieden gesprengt. Immerhin sei auf Funktion und Rang der Thesen in zweifacher formaler Hinsicht kurz verwiesen. Zunächst bilden sie das deutsche Gegenstück zu demjenigen Dokument der ökumenischen Bewegung, das wohl die profilierteste Stellungnahme auf diesem Felde darstellt, der Studie über »Christen und die Verhütung des Krieges im Atomzeitalter – eine theologische Diskussion«.[54] Zum anderen bilden die sog. Heidelberger Thesen seither – trotz ihres keineswegs kirchenamtlichen Status! – nicht nur den maßgeblichen Bezugspunkt protestantischer Friedensethik im allgemeinen, sondern »in der Evangelischen Militärseelsorge der Bundeswehr die Grundlage für die Beratung der Gewissen« im besonderen.[55] Inhaltlich sind vor allem folgende Merkmale hervorzuheben: Einerseits halten die Thesen die Beteiligung von Christen an Maßnahmen der atomaren Abschreckung und damit im Grenzfall auch an dem Einsatz von Atomwaffen für legitimierbar, andererseits soll dies nicht weniger für den Waffenverzicht gelten. Beides versuchte man als »komplementäres Handeln« zu verstehen und damit den unüberbrückbar erscheinenden Gegensätzen, wie sie sich 1958 auf der Synode in Berlin-Spandau besonders deutlich gezeigt hatten, einen fruchtbaren Sinn zu geben (bes. Thesen 7 und 8). Entscheidend aber ist noch ein anderes Moment, nämlich der Versuch, diese wirklich oder vermeintlich unvereinbaren Optionen kritisch zu gewichten. Diese Akzentuierung zeigt sich hauptsächlich in der 8. These, welche das Ja zur Abschreckung unter den Vorbehalt einer zeitlichen Begrenzung (Noch!) stellt, denn im Schutz der nuklearen Abschreckung sollte das Atomwaffenpotential dieser Auffassung nach reduziert und abgeschafft werden. In der Erläuterung zu dieser These heißt es, daß Friedensschutz durch atomare Rüstung und Abschreckung nur zum Ziel haben dürfte, »Frieden zu bewahren und den Einsatz dieser Waffen zu vermeiden; und daß nie über seine Vorläufigkeit eine Täuschung zugelassen wird«.[56] Nicht zwar Gerechter Krieg, aber doch eine Art »gerechter« Abschreckung wird damit toleriert, aber nur zu dem Zweck und unter dem Vorbehalt, daß dieser prekäre und riskante Behelf der Friedenssicherung tunlichst zu überwinden sei. Das Gefälle der Thesen weist also, allerdings im Felde einer politisch-militärisch unsicheren Zwischenlage, auf einen künftig dem Christen allgemein gebotenen Waffenverzicht, den man gleichwohl der Gegenwart noch nicht meinte zumuten zu können.

Helmut Gollwitzer hat als Kommissionsmitglied in seiner Stellungnahme zu den Heidelberger Thesen[57] sowohl deren Gewinn als auch deren Verlegenheiten näher und, wie mir scheint, zutreffend erläutert. Er stellt zunächst an den Thesen 3 und 5 die qualitativ neue Einsicht heraus, daß ein Atomkrieg kein Mittel der Aufrichtung oder Wahrung des Rechtes mehr sein könne, also selbst als rechtmäßiges Mittel durch seinen Bezug auf einen gerechten Zweck nicht mehr legitimiert werden könne. Dieses Zweck-Mittel-Schema aber hatte von Aristoteles über die Moraltheologie der großen Systeme der Scholastik bis in die Neuzeit stets den formalen Rahmen der ethischen Urteilsbildung nicht nur, aber auch in Sachen Krieg und Frieden abgegeben; dieses Schema muß zerbrechen, wenn die Beschaffenheit eines Mittels sich dergestalt wandelt, daß es selbst den Zweck übergreift. George F. Kennan's Satz, daß der Atomkrieg »selbst schon die Niederlage wäre« (S. 251), faßt diese Erkenntnis zusammen.[58]

Doch führt diese Einsicht in ein Dilemma: Ist der moderne Krieg nicht legitimierbar und auf Grund der Waffenqualität »absurd«,[59] so gilt damit noch keineswegs dasselbe für die Möglichkeit, mit diesem Krieg zu drohen. Diese Unterscheidung von Krieg und Kriegsdrohung begründet die Möglichkeit der Abschreckungsstrategie mit dem Ziel der Kriegsverhütung (S. 255).[60] Die Legitimität dieser Abschreckung beruht im wesentlichen auf zwei Bedingungen: Erstens muß auf Grund plausibler Gründe angenommen werden können, daß mangelnde Verteidigungsbereitschaft, als gleichsam vorweggenommene Kapitulation, einen möglichen Aggressor zu Übergriffen ermutigen könnte;[61] und zweitens muß darauf vertraut werden können, daß es nicht zur Prüfung der Bereitschaft kommt, das militärische Abschreckungspotential einzusetzen. Ist diese zweite Bedingung unerfüllbar, so ist die erste eben damit auch hinfällig. Dieses Dilemma haben die Heidelberger Thesen zunächst dargestellt. Quantitativ nicht präzisierbar, aber qualitativ eindeutig stehen sich die Risiken der atomaren (Selbst-)Zerstörung und des Verlustes der Selbstbestimmung gegenüber.

Darüber hinaus aber betont Gollwitzer gemäß den Absichten bes. von These 7 und 8 vor allem diejenigen Aussagen des Dokumentes, welche Möglichkeiten der schrittweisen Überwindung dieses Dilemmas betreffen. Als Maxime des Verhaltens angesichts der nuklearstrategischen Situation bestimmt er, daß es Christen »unter allen Umständen« verwehrt sei, »die atomare Gefahr noch zu erhöhen oder ihre Beseitigung zu erschweren« (S. 257). Die einzig verantwortbare Weise des Umgangs mit dem atomaren Abschreckungs- und Vernichtungspotential besteht danach, wie auch C. F. v. Weizsäcker stets formuliert hat, in der fortgesetzten Anstrengung, alles zu tun, was gestattet, einer Abschaffung des Krieges selbst näherzukommen. Nur unter dieser Zweckbestimmung ist für die Thesen wie für Gollwitzer die *vorläufige* Beibehaltung der atomaren Rüstung legitimierbar, also nur als ein Zustand, an dessen Überwindung mit allen Kräften zu arbeiten ist (S. 258). Ich denke, daß Gollwitzer damit die Grundtendenz der Heidelberger Thesen zutreffend interpretiert hat, wenn er erstens das überlieferte Urteilsschema vom Gerechten Krieg auf den Fall der als Drohung verwendeten Rüstung überträgt und eingrenzt, und wenn er zweitens diese Beschränkung legitimer Waffenverwendung, richtiger: Waffenbereithaltung, unter den Vorbehalt des Abrüstungsgebotes stellt.

»Im Atomzeitalter hat der Krieg (= Atomkrieg) die Chance verloren, möglicher Ausnahmefall verantwortlicher Politik zu sein, wogegen die bisher selbstverständliche und generell zugestandene Rüstung mit den jeweils modernsten Waffen zum Ausnahmefall wird, der nur unter besonderen Bedingungen und mit sehr begrenzter Zielsetzung als recht- und pflichtgemäßes Handeln anerkannt werden kann.« (S. 261)

Dieser Einsicht entspricht die enge Beziehung der 8. Heidelberger These, die die begrenzt legitimierbare Funktion moderner Rüstung *noch* anerkennt, aber *nur* als mit allen Kräften zu überwindendes Provisorium,[62] zu der 7. These, die von der anderen Möglichkeit des völligen Waffenverzichts ohne diesen sachlichen und zeitlichen Vorbehalt spricht. Weil Abschreckung nur vorläufig sein kann und nur unter dem Vorbehalt dieser Vorläufigkeit anerkannt werden kann, enthalten die Thesen ein unbestreitbares Gefälle zugunsten der Entscheidung für den Waffenverzicht.

6. Zur Rezeption der Heidelberger Thesen

Seither verharrt der deutsche Protestantismus in der Zwischenlage eines auf Dauer gestellten ethischen Provisoriums, das an den Nerven aller Beteiligten zerrt und alles andere als ein »frei Geständnis« und »offenes Bekenntnis«[63] darstellt. Zwar zeichnete sich schon seit der »Göttinger Erklärung«[64] von achtzehn prominenten Atomphysikern vom 12. 4. 1957 ab, daß eine westdeutsche nukleare Bewaffnung aus eigenen Kräften oder im Rahmen der NATO illusorisch bleiben dürfte, aber die Integration der jungen Bundeswehr in die NATO erlaubte dennoch keineswegs, die Beantwortung dieser Fragen wegen Nichtzuständigkeit abzuschieben. In dieser Situation war die Lagebeurteilung der Heidelberger Thesen im deutschen Protestantismus konsensfähig, aber ihre Folgerungen, besonders das geschilderte Gefälle zum Waffenverzicht, fanden keine ebenso breite Zustimmung.[65] Besonders der temporale Vorbehalt (»noch«!) und die Betonung der Vorläufigkeit der Legitimität der Abschreckung, wie sie in der 8. Heidelberger These formuliert sind, wurden nicht rezipiert.[66] Hier versuchte man abzumildern oder auch die eindeutige Akzentuierung vergessen zu machen, so daß bis zum Kirchentag von Hannover 1967 das dynamische »noch« einem statischen »sowohl-als-auch« gewichen war.[67] Die Heidelberger Thesen hatten von einer »Komplementarität« von Abschreckung und Waffenverzicht nicht im Sinne einer statischen Zuordnung, sondern einer bestimmten Strategie gesprochen, welche G. Howe, der Sekretär und spiritus rector jener Kommission, näherhin interpretierte als »Kampf um einen politischen und sozialen, wirtschaftlichen und geistigen Zustand, der die Überwindung des Krieges möglich macht und zugleich den Fluchtweg in eine Weltdiktatur abschneidet«.[68] Aber die Situation der ersten Hälfte der 60er Jahre, besonders im Blick auf die Kuba- und die Berlin-Krise, war für politische Neuerungen, die dem Ethos jener Thesen entsprochen hätten, nicht eben günstig. So beschied sich der Kirchentag von Hannover 1967 mit der Rede vom »Friedensdienst mit und ohne Waffen«, mit einer Wendung also, die Gleichrangigkeit festzustellen schien. Dagegen war zuvor mit der Betonung der Vorläufigkeit militärischer Friedenssicherung nicht nur zwischen den Zeilen behauptet worden, daß das im Rahmen der Lehre vom gerechten Krieg überkommene Rangverhältnis zwischen bewaffneter und waffenloser Friedenssicherung zwar nicht sogleich, wohl aber im Zuge einer dauerhaften Anstrengung umzukehren sei.

Diese zuletzt genannte Auffassung ist auch noch bestimmend für die »Thesenreihe zur christlichen Friedensethik in der gegenwärtigen Weltsituation«, die unter dem Titel »Der Friedensdienst der Christen« im Dezember 1969 von der Kammer der EKD für öffentliche Verantwortung vorgelegt wurde[69] und damit zeitlich zusammenfiel mit dem Eintreten G. Heinemanns für Aufbau und Entwicklung einer Friedensforschung in der Bundesrepublik. Diese Thesenreihe knüpft an die bis dahin erarbeitete Ablehnung der Lehre vom »gerechten Krieg« an (S. 46, auch S. 52), kontrastiert die gegensätzlichen Meinungen zu militärischer Verteidigungsbereitschaft und Rüstungs- oder Waffenverzicht (S. 47 ff.) und betont dann, in der Tradition der Heidelberger Thesen, »daß es sich bei den verschiedenen Entscheidungsweisen nicht um ein zeitloses Nebeneinander, sondern um einen geschichtlichen Prozeß handelt, in dem durch allmähliche Abrüstung und Aktivierung der internationalen Organisationen die Entscheidung gegen die Aufrechterhaltung eines Rüstungsstandes immer stärker das politische Feld bestimmt, bis eine wirksame und politisch vertretbare Ordnung für eine Regulierung internationaler Konflikte durchgesetzt worden ist«. (S. 50) Diesem Gefälle entspricht, daß die Thesenreihe im letzten Abschnitt besonders den weiteren Ausbau der Friedensdienste fordert, welche nicht auf Wehrdienstverweigerer beschränkt werden sollten.[70] Damit wird, wenn auch indirekt, so doch grundsätzlich an der Einsicht festgehalten, daß nach dem Ende der Lehre vom »gerechten Krieg« allmählich dem Primat des Waffenverzichts gegenüber den Formen militärischer Verteidigungsbereitschaft zum Durchbruch zu verhelfen sei, denn dies ist die notwendige Folge der Einsicht, daß angesichts der modernen Waffen »der Friede der Ernstfall ist: der Fall nämlich, in welchem ... alle Zeit, alle Kraft, alles Vermögen dafür einzusetzen sind, daß die Menschen leben, und zwar recht leben können, um dann zur Flucht in den Krieg keinen Anlaß zu haben, d. h. um dann nicht vom Kriege erwarten zu müssen, was ihnen der Friede verweigert hat«.[71]

Je selbstverständlicher bzw. unbefragter freilich für den westdeutschen Protestantismus Existenz und Aufgabe der Streitkräfte und der NATO wurden, um so mehr verblaßte die Erinnerung daran, daß die kirchliche Zustimmung hierzu unter dem zeitlichen Vorbehalt substantieller Maßnahmen zur Überwindung dieses Zustandes gestellt war. Anders dagegen entwickelte sich die kirchliche Urteilsbildung im Protestantismus der DDR. 1965 entstand als eines der wichtigsten Dokumente die Handreichung der Konferenz der Kirchenleitungen für Seelsorge an Wehrpflichtigen »Zum Friedensdienst der Kirche«,[72] die unmittelbar an die Heidelberger Thesen anknüpft. Hier wird unter Verweis auf die Priorität einer zukünftigen internationalen Friedensordnung dem Waffenverzicht deutlich ein Vorrang gegenüber dem Wehrdienst zugebilligt. Drei Möglichkeiten der Einstellung zum Wehrdienst werden skizziert (Dienst mit und ohne Waffe, Totalverweigerung), und dann erfolgt diese Beurteilung:

»Es wird nicht gesagt werden können, daß das Friedenszeugnis der Kirche in allen drei der heute in der DDR gefällten Entscheidungen junger Christen in gleicher Deutlichkeit Gestalt angenommen hat. Vielmehr geben Verweigerer, die im Straflager für ihren Gehorsam mit persönlichem Freiheitsentzug leidend bezahlen, und auch die Bausoldaten, welche die Last nicht abreißender Gewissensfragen und Situationsentscheidungen übernehmen, ein deutlicheres Zeugnis des gegenwärtigen Friedensgebots unseres Herrn. Aus ihrem Tun redet die Freiheit der Christen von den politischen Zwängen. Es bezeugt den wirklichen und wirksamen Friedensbund Gottes mitten unter uns.

Im Hinblick auf die zukünftig im politischen Raum zu gewinnende internationale Friedensordnung könnten sie vielleicht als die ›Vorhut einer noch fernen Epoche‹ ... angesehen werden, die versucht, ›heute schon streng nach derjenigen Ethik zu leben, die eines Tages wird die beherrschende sein müssen‹ ... Halten sie nicht – gewiß in aller Schwachheit und Armseligkeit – als kleine prophetische Zeichen die Gewissensbeunruhigung angesichts des Rüstungswettlaufes und der Haßpropaganda wach? ... Es verdient, festgehalten zu werden, daß die Kirche, trotz aller Aushöhlung des Weißenseer Ansatzes, den Schutz der Kriegsdienstverweigerer als ihre Aufgabe bis heute einmütig festhält. Aber muß sie sich darüber hinaus nicht mit dem Zeugnis der Wehrdienstverweigerer in einer Weise verbünden, wie sie es eben mit dem Wehrdienst heute an unserem Ort nicht mehr machen kann?«[73]

Während sich in der Bundesrepublik die ursprüngliche Auffassung von »komplementärem Handeln« immer mehr dahin verschoben hat, den Wehrdienst als Regel gegenüber der Ausnahme des Waffenverzichts zu interpretieren (so das Bundesverfassungsgericht), ist in der DDR, gegen die Wünsche des Staates, eine ganz gegenläufige Tendenz der kirchlichen Meinungsbildung festzustellen, die ihren vorläufig letzten Ausdruck in einer »Orientierungshilfe« der Konferenz der Kirchenleitungen zum Wehrunterricht vom Juni 1978 fand.

7. Vom gerechten Krieg zur gerechten Revolution

Für die Ökumenische Bewegung waren die 60er und 70er Jahre eine Zeit intensivster sozialethischer Auseinandersetzungen, in deren Mittelpunkt die Befreiungskämpfe der Völker der Dritten Welt standen. Die christlichen Kirchen dieser Länder waren und sind auf verschiedene Weise an den Versuchen, die Strukturen kolonialer und postkolonialer Abhängigkeit zu überwinden, beteiligt. Der Vietnamkrieg, die Kämpfe in den damaligen portugiesischen Überseekolonien (Angola, Mozambique), die Guerilla Bewegung in Lateinamerika und nicht zuletzt die Apartheidspolitik im südlichen Afrika stellten darum die Christenheit zunehmend vor die Frage, wie die Beteiligung von Christen und Kirchen an Widerstandshandlungen und revolutionären Bewegungen zu beurteilen sei. Insbesondere das 1969 beschlossene ökumenische Programm zur Bekämpfung des Rassismus, dessen Sonderfonds Unterstützungen für Befreiungsbewegungen gewährt, führte zu einer der schwersten und anhaltenden Belastungen der ökumenischen Bewegung. Dieser Streit reichte bis in viele nationale Kirchen, und wohl am intensivsten wurde er in der Bundesrepublik geführt.[74] Man spitzte in breiten Kreisen diese Probleme auf die gefährlich vereinfachende Frage zu, ob Christen und Kirchen »Gewalt anwenden« dürften. Diese Diskussion in Kürze nachzuzeichnen ist unmöglich; man kann aber festhalten, daß folgender Konsens sich abzeichnet[75]: Christen versuchen, wo immer sie leben und arbeiten, personelle und strukturelle Gewalt zu vermindern. Sie unterstützen diejenige gesetzmäßige Gewalt, die dem Schutz von Recht und Frieden dient, und sie widerstehen jeder Entartung dieser Gewalt, wenn diese selbst zum Rechts- und Friedensbrecher wird. Dabei ist Christen zunächst gewaltloser Widerstand geboten – bis hin zum aktiven Leiden, aber um des Schutzes des Nächsten willen kann auch aktiver, gewaltsamer Widerstand geboten sein. Dies gilt insbesondere dann, wenn tiefgreifende, anhaltende und anders nicht zu beseitigende Verletzungen grundlegender Menschenrechte vorliegen.

Wenn man die entsprechenden Dokumente und Stellungnahmen näher betrachtet, läßt sich zeigen, daß sie häufig dieselben Kriterien verwenden, die aus der alten Lehre vom Gerechten Krieg bekannt sind, die nun aber auf Widerstandshandlungen angewandt werden: Gerechter Grund, rechtmäßige Absicht, Wiederherstellung des Friedens, Verhältnismäßigkeit der Mittelwahl usw. Die entscheidende Differenz liegt in der Frage der Zuständigkeit: Während die Kriegführung nach protestantischer Auffassung stets Sache der legitimen Obrigkeit (potestas legitima) war, kann sich eine Revolution nur dadurch legitimieren, daß sie an die Stelle einer entarteten Obrigkeit eine andere zu setzen vermag, die die politische Gewalt im Interesse aller Bürger verwaltet.[76]

Überblickt man die einschlägigen Auseinandersetzungen, so wird man sagen dürfen, daß hinsichtlich Notwehr und Widerstand ein ökumenischer Konsens möglich ist, hinsichtlich der Frage einer Revolution dagegen schwerlich. Dabei muß man freilich bedenken, daß eine sachlich unvoreingenommene und begrifflich präzise Auseinandersetzung darüber äußerst selten und im deutschen Kontext nicht zuletzt aus historischen Gründen zumeist emotional vorbelastet ist.

8. Auf dem Wege zur Friedenskirche?

Zehn Jahre nach Erscheinen der Thesenreihe der EKD zum »Friedensdienst der Christen« ist mancher Anlaß zur Rückschau, zur Kritik und zur Bestimmung künftiger Aufgaben gegeben. Nach dem gegebenen Rückblick seien kritische Gesichtspunkte, die künftig Bedeutung gewinnen könnten, nur noch in drei Thesen genannt:

1. Trotz der gegenüber der Tradition vom »gerechten Krieg« revolutionären Betonung der Komplementarität von Waffenverzicht und Verteidigungsbereitschaft in der geschilderten Rangordnung bleibt der einzelne Wehrpflichtige für den Fall, daß die Abschreckung versagt, in seinem Gewissen unberaten. »Die Auflösung dieses Widerstreits im Ernstfall selbst kann gedanklich nicht vorweggenommen werden«, heißt es in der genannten Thesenreihe (S. 53), obwohl jedermann klar ist, daß Abschreckung immer auch Bereitschaft für den Ernstfall einschließt, und man weiß, daß das Eintreten dieses Falles die Voraussetzungen des Abschreckungssystems zunichte macht. Es gibt Anlaß zu der Vermutung, daß die Aufgaben der Militär*seelsorge* in diesem Dilemma auf die Dauer zu unerträglichen Gewissensbelastungen führen.

2. Im Sinne der genannten veränderten Rangordnung und der daraus folgenden besonderen Bedeutung der Friedensdienste wäre eine erneute und sorgfältige Auseinandersetzung des deutschen Protestantismus mit den Historischen Friedenskirchen angezeigt. Die Glaubwürdigkeit des christlichen Friedenszeugnisses kann nur zunehmen, wenn von den Erfahrungen aus dieser Tradition mehr als bisher gelernt wird.[77]

Die neuere Betonung der Gewaltfreiheit hinsichtlich der Beteiligung von Christen an Widerstand und notfalls Revolution läßt zudem fragen, ob gewaltfreies Handeln angesichts des Scheiterns aller Abrüstungsbemühungen nicht künftig immer stärker zur allgemeinen christlichen Orientierung werden muß. Die Ökumenische Bewegung hat darum auf ihrer letzten Vollversammlung 1975 gefragt, ob Christen und Kirchen nicht grundsätzlich auf den Schutz durch Waffen verzichten sollten.

3. Die neueren militärischen und politischen Entwicklungen

sowohl in der Bundesrepublik als auch im NATO-Bündnis können zu weiteren Belastungen der bisherigen friedensethischen Minimalkompromisse in der Bundesrepublik führen: Einerseits zielt die Entwicklung neuer Waffentechnologien auf die Möglichkeit, künftige Kriege wieder mit Aussicht auf Gewinn führbar zu machen,[78] und andererseits hat das Urteil des Bundesverfassungsgerichtes vom 13. 4. 1978[79] mit der Verneinung der Gleichrangigkeit von Wehrdienst und Zivildienst indirekt jene Grundüberzeugung der neueren protestantischen Friedensethik als nicht verfassungsgemäß zurückgewiesen, welche stets die Voraussetzung für die kirchliche Anerkennung der militärischen Friedenssicherung gebildet hat. Darum wird die Glaubwürdigkeit der Ablehnung jeder Lehre vom »gerechten Krieg« im Protestantismus künftig daran gemessen werden müssen, wieweit diese Überzeugung notfalls auch im Konflikt mit gegenläufigen technischen und rechtlichen Entwicklungen durchgehalten und bewährt wird.

Anmerkungen

1 So stets G. Heinemann; vgl. seine Rede bei Übernahme des Präsidentenamtes am 1. 7. 1969, abgedruckt u. a. in: G. Heinemann, *Allen Bürgern verpflichtet. Reden des Bundespräsidenten 1969-1974, Reden und Schriften*, Bd. I, Frankfurt/M. 1975, S. 13–20 (14).

2 Vgl. in aller Klarheit die Rede von Bundeskanzler H. Schmidt anläßlich des XXIV. Jahreskongresses der »Atlantic Treaty Association«, in: *Bulletin der Bundesregierung* Nr. 109 v. 30. 9. 1978, S. 1021-1029: »Unsere Verteidigungsanstrengungen insgesamt – wenn ich sage unsere, meine ich damit diejenigen des ganzen Bündnisses – dienen deshalb dem Gleichgewichtsziel, die Balance mit dem Kräftepotential des Warschauer Paktes zu halten. Dies in einem Maße, das für die Abschreckung ausreicht und, *falls jemals die Abschreckung versagen sollte, auch die tatsächliche Verteidigung gewährleistet.* Wer abschrecken will, auf Dauer und erfolgreich, der muß das auch tun, was er für den Ernstfall, der andere verletzt mich, androht, und er muß es dann auch tun wollen, und der andere muß glauben müssen,

daß man selber es tun kann und tun will und tun wird.« (S. 1023, Hervorh. W. L.)

3 Vgl. *Confessio Augustana*, Art. 16: »De rebus civilibus docent, quod legitimae ordinationes civiles sint bona opera Dei, quod christianis liceat gerere magistratus, exercere iudicia, iudicare res ex imperatoriis et aliis praesentibus legibus, supplicia iure constituere, iure bellare, militare, lege contrahere, tenere proprium, iurare postulantibus magistratibus, ducere uxorem, nubere.« (Von Polizei und weltlichem Regiment wird gelehret, daß alle Obrigkeit in der Welt und geordente Regiment und Gesetze gute Ordnung, von Gott geschaffen und eingesetzt seind, und daß Christen mögen in Oberkeit, Fürsten- und Richter-Amt ohne Sunde sein, nach kaiserlichen und anderen ublichen Rechten Urteil und Recht sprechen, rechte Kriege fuhren, streiten, kaufen und verkaufen, aufgelegte Eide tun, Eigens haben, ehelich sein etc.)

4 Zur mittelalterlichen Traditionsgeschichte des Topos vgl. Frederick H. Russell, *The Just War in the Middle Ages*, Cambridge 1975, sowie P. Engelhardt, in diesem Bd.

5 *Weimarer Ausgabe* (= WA) 11, S. 245-281.

6 Zu dieser Grundformel des Mittelalters vgl. Th. Strohm, *Iustitia et Pax. Erwägungen zu einer Grundformel politischer Ethik*, in: *Zeitschrift f. Evangelische Ethik* 16, 1972, S. 193-207.

7 Vgl. H. Kunst, *Martin Luther und der Krieg. Eine historische Betrachtung*, Stuttgart 1968, S. 14 f.; ders., *Evangelischer Glaube und politische Verantwortung. Martin Luther als politischer Berater seiner Landsherrn und seine Teilnahme an den Fragen des öffentlichen Lebens*, Stuttgart 1976, S. 172 f., G. Scharffenorth, *Römer 13 in der Geschichte des politischen Denkens*, Diss. phil. Heidelberg 1964, 113 ff. Grundsätzlich hielten sich die Reformatoren nicht nur für berechtigt, sondern auch für verpflichtet, zu allen grundlegenden politischen Fragen Stellung zu nehmen; eine unpolitische Winkelexistenz war ihnen ganz unvorstellbar, wie nicht zuletzt ihre zahlreichen einschlägigen Gutachten beweisen. Vgl. dazu näher E. Wolgast, *Die Wittenberger Theologie und die Politik der evangelischen Stände*, Gütersloh 1977.

8 *Ob Kriegsleute auch in seligem Stande sein können* (1526), WA 19, S. 645. – Luther antwortete mit dieser Schrift auf Anfragen des Feldhauptmanns Assa von Kram. (Nach ihm ist die Tagungsstätte der Ev. Militärseelsorge in Hülsa bei Bad Hersfeld benannt.) – Zu Luthers Position vgl. auch H. E. Tödt, *Theologie und Völkerrecht. Eine Prüfung historischer und gegenwärtiger Probleme angesichts der Mitverantwortung für den Frieden*, in: C. Eisenbart/G. Picht (Hrsg.), *Frieden und Völkerrecht*, Stuttgart 1973, S. 13-169 (52-63).

9 Vgl. neben Scharffenorth (s. Anm. 7) vor allem U. Duchrow, *Christenheit und Weltverantwortung. Traditionsgeschichte und systematische Struktur der Zweireichelehre,* Stuttgart 1970, S. 437-572. Acht Quellentexte sind gut zugänglich in: U. Duchrow / H. Hoffmann (Hrsg.), *Die Vorstellung von zwei Reichen und Regimenten bei Luther* (Texte zur Kirchen- und Theologiegeschichte, 17), Gütersloh 1972. – Die neueren Auseinandersetzungen um die Wirkungsgeschichte und damit den (theologie-)politischen Funktionswandel der sog. »Lehre« von den zwei Regimenten bzw. Reichen im Luthertum des 19. und 20. Jh., besonders im Blick auf dessen Stellung zu Krieg und Frieden, lassen eine monographische Behandlung dieser Fragen als dringendes Desiderat erscheinen.

10 W. Maurer, *Historischer Kommentar zur Confessio Augustana,* Bd. 1, Gütersloh 1976, bemerkt zutreffend: »Ein Krieg, der im Namen des christlichen Glaubens geführt wird, ist an sich ein Unrecht. Diese Behauptung annulliert nicht nur die mittelalterliche Kreuzzugsidee, sondern ist auch ein Verdammungsurteil über die religiös gefärbten Ideologien, mit denen die Neuzeit ihre Kriege begründet hat.« (S. 152)

11 Vgl. zusammenfassend W. Huber, Art. *Krieg, Kriegsdienst,* in: *Ev. Staatslexikon,* 2. Aufl., 1975, 1381-1383. – Siehe auch H. Gollwitzer, *Die Christen und die Atomwaffen,* München 1957, S. 12-18. Der locus classicus der Tradition findet sich bei Thomas, *Summa theologiae* II-II, qu. 40, a. 1; G. Biel, 4. sent. dist. 15, qu. 4.

12 Vgl. Kunst, *Luther und der Krieg* (s. Anm. 7), S. 17.

13 Nachweise bei Maurer (s. Anm. 10), S. 150 f., und Kunst, Evangelischer Glaube (s. Anm. 7), S. 180.

14 WA 30, 2, S. 162 *(Eine Heerpredigt wider die Türken,* 1529).

15 Ebenda, WA 30, 2, S. 183 f. (modernisierte Schreibweise).

16 Den militär-strategischen Ausdruck der »overkill-capability« darf man nicht prognostisch wörtlich nehmen, vor allem deshalb nicht, weil nicht vorausgesagt werden kann, bis zu welcher Stufe eine Eskalation der atomaren Kriegführung gelangen würde.

17 Ob sie politisch-psychologisch wahrscheinlich oder nur möglich ist, ist unentscheidbar, weil ein Prüfungsverfahren nach dem Schema von »trial and error« nicht möglich ist, wenn die technischen Prämissen der nuklearen Abschreckung gelten: im Falle eines »Irrtumsnachweises« wäre die Prüfung der Frage irrelevant geworden.

18 C. F. v. Weizsäcker, *Militärische Tatsachen und Möglichkeiten,* in: G. Howe (Hrsg.), *Atomzeitalter – Krieg und Frieden* (zuerst 1959), Taschenbuchausgabe Berlin 1963, S. 22–54 (29). Dieser Band wird künftig als *Atomzeitalter* zitiert.

19 Vgl. zur Vorgeschichte und zu dieser Katastrophe die Bände

W. Huber / J. Schwerdtfeger (Hrsg.), *Frieden, Gewalt, Sozialismus*, Stuttgart 1976; dies. (Hrsg.), *Kirche zwischen Krieg und Frieden*, Stuttgart 1976.

20 Vgl. E. Busch, *Karl Barths Lebenslauf*, München 1975, S. 93 ff., W. Huber, *Kirche und Öffentlichkeit*, Stuttgart 1973, S. 133–219.

21 Vgl. J. Bopp, *Unterwegs zur Weltgesellschaft. Die Ökumene zwischen westlichem Führungsanspruch und universaler Verantwortung*, Stuttgart–Berlin–Köln–Mainz 1971; D. Hudson, *Ökumene und Politik*, Stuttgart–Berlin–Köln–Mainz 1970; ders., *The World Council of Churches in International Affairs*, Leigthon Buzzard 1977.

22 A. Deißmann, *Die Stockholmer Weltkirchenkonferenz – Amtlicher deutscher Bericht*, Berlin 1926, S. 77.

23 Vgl. *Kirche und Welt in ökumenischer Sicht. Bericht der Weltkirchenkonferenz von Oxford über Kirche, Volk und Staat*, Genf 1938; zur Interpretation vgl. A. Boyens, *Die Stellung der Ökumene und der Bekennenden Kirche zum Problem von Krieg und Frieden während der Zeit des Dritten Reiches*, in: Huber/Schwerdtfeger (Hrsg.), *Kirche zwischen Krieg und Frieden*, Stuttgart 1976, S. 423-459 (428 ff.); ders., *Kirchenkampf und Ökumene*, 2 Bde., München 1969/1973.

24 *Kirche und Welt in ökumenischer Sicht* (s. Anm. 23), S. 250 ff.

25 Ebenda S. 252.

26 Ebenda S. 253.

27 Ebenda.

28 *Die Kirche und die internationale Unordnung*, Genf 1948, S. 260.

29 Zit. nach W. W. Rausch / Chr. Walther (Hrsg.), *Evangelische Kirche in Deutschland und die Wiederaufrüstungsdiskussion in der Bundesrepublik 1950-1955*, Gütersloh 1978, 22 f. Zum Gesamtkomplex vgl. jetzt J. Vogel, *Kirche und Wiederbewaffnung. Die Haltung der Evangelischen Kirche in Deutschland in den Auseinandersetzungen um die Wiederbewaffnung der Bundesrepublik 1949-1956*, Göttingen 1978.

30 Vogel, ebenda S. 98. Den Entwurf H. J. Iwands für ein »Friedenswort« der Synode macht J. Vogel erstmals, soweit ich sehe, im Anhang ihres Buches zugänglich (S. 248-256): eine Magna Charta christlicher Friedensethik!

31 Vgl. ebenda S. 114.

32 Zit. nach Rausch/Walther (s. Anm. 29), S. 28.

33 Der Text ist erstmals abgedruckt bei K. v. Schubert (Hrsg.), *Sicherheitspolitik der Bundesrepublik Deutschland. Dokumentation 1945-1977*, Teil 1, Köln 1978, S. 79-85. Zum zeitgeschichtlichen Hintergrund vgl. G. Wettig, *Entmilitarisierung und Wiederbewaffnung in Deutschland 1943-1955*, München 1967; K. v. Schubert, *Wiederbewaffnung und Westintegration*, Stuttgart ²1972.

34 Vgl. D. Koch, *Heinemann und die Deutschlandfrage,* München 1972, S. 168.

35 Zit. nach v. Schubert, *Sicherheitspolitik* (s. Anm. 33), S. 83. Vgl. auch Vogel (s. Anm. 29), S. 121 ff.

36 Vgl. die Sammlung K. Barth, *»Der Götze wackelt«. Zeitkritische Aufsätze, Reden und Briefe von 1930-1960,* hrsg. von K. Kupisch, Berlin 1961.

37 Vgl. Heinemanns Memorandum (»Warum ich zurückgetreten bin«), in: Rausch/Walther (s. Anm. 29), S. 59-64 (63 f.); sowie Vogel (s. Anm. 29), S. 53 u. ö.

38 Vgl. seinen Offenen Brief an Heinemann v. 22. 12. 1949, in: *Kirchliches Jahrbuch* 76, 1949, 250–253; gekürzt in Rausch/Walther (s. Anm. 29), S. 47-50. (»Es wird keinen Frieden von Dauer geben, so lange das deutsche Volk keinen Frieden bekommt!« – S. 47).

39 Text bei Vogel (s. Anm. 29), S. 248 ff.

40 Ebenda S. 249 f.

41 Vgl. die Zeittafel im Anhang von U. Duchrow / G. Scharffenorth (Hrsg.), *Konflikte zwischen Wehrdienst und Friedensdiensten (Studien zur Friedensforschung,* Bd. 3), Stuttgart–München 1970. Zur Strategie-Diskussion vgl. die immer noch vorzüglich unterrichtende Studie von G. Howe, *Technik und Strategie im Atomzeitalter,* in: G. Picht (Hrsg.), *Studien zur politischen und gesellschaftlichen Situation der Bundeswehr,* 1. Folge, Witten–Berlin 1965, S. 178-306.

42 Stellungnahme des Theologischen Konvents der Bekenntnisgemeinschaft der Ev.-luth. Landeskirche Hannover zu der Flugschrift ›An die Gewehre? Nein!‹, 30. 11. 1950, abgedruckt in: *Kirchliches Jahrbuch* 77, 1950, S. 196-210, sowie in Rausch/Walther (s. Anm. 29), S. 72-76 (ich zitiere nach der letztgenannten Quelle, auf die die Seitenzahlen im Text verweisen).

43 »Wir verwahren uns ausdrücklich gegen den Verdacht, als erwarteten wir auf Grund einer durchaus anfechtbaren These vom ›gerechten Krieg‹ von einem künftigen Kriege schließlich etwas anderes als Unheil.« (S. 74)

44 Vgl. dazu die oben (Anm. 9) genannte Literatur.

45 Vgl. dazu näher Ingtraut Görlich, *Zum ethischen Problem der Atomdiskussion,* Diss. phil. Freiburg 1965 (masch.); Heinz-Horst Schrey, *Fünfzig Jahre Besinnung über Krieg und Frieden,* in: *Theologische Rundschau* 43, 1978, S. 201-229 und S. 266-284.

46 Es ist übrigens, soweit ich sehe, im deutschen Protestantismus nie ernstlich zur Kenntnis genommen worden, daß einflußreiche Kirchenvertreter und Theologen in den USA durchaus an der Lehre vom Gerechten Krieg festgehalten haben (Bennett, Lehmann, Niebuhr, Ramsey); vgl. auch Michael Walzer, *Just and Unjust Wars,* New

York 1977; Hedley Bull, *Recapturing the Just War for Political Theory*, in: *World Politics* 31, 1979, S. 588-599.

47 Vgl. H. Gollwitzer, *Zur Frage des Wehrdienstes* (1957), in: ders., *Forderungen der Freiheit*, München 1964, S. 282-289, unter stetem Bezug auf Luthers Kriegsleute-Schrift von 1526.

48 Die Konferenz hatte u. a. die Abschaffung der ABC-Waffen gefordert, vgl. Focko-Lüpsen (Hrsg.), *Evanston Dokumente*, Witten 1954, S. 93.

49 Zit. nach H. Gollwitzer, *Die Christen und die Atomwaffen*, München 1957, S. 3 (Seitenangaben im Text hierzu).

50 Vgl. dazu auch Jost Delbrück, *Die Auseinandersetzungen über das ethische Problem der atomaren Kriegsführung in den Vereinigten Staaten und der Bundesrepublik Deutschland*, in: ders., *Abschreckung und Entspannung*, Berlin 1977, S. 95-147.

51 Die Sinnlosigkeit dieser beschwichtigenden und leeren Unterscheidung enthüllt schlagend J. Hackett, *The Third World War. A Future History*, London 1978. Sir Hackett war früher Befehlshaber der britischen Rheinarmee und Kommandierender General der NATO-Armeegruppe Nord. Trotz Vorabdrucks der deutschen Übersetzung im *Spiegel* vermochten auch seine Überlegungen in der BRD keine Erörterung dieser Probleme auszulösen.

52 *Atomzeitalter* (s. Anm. 18).

53 Text in: *Atomzeitalter* (s. Anm. 18), S. 225-235. Jeder These ist dort eine nähere Erläuterung beigegeben, die zum besseren Verständnis stets hinzuzunehmen ist. – Vgl. zum Neuansatz und den Folgen der Heidelberger Thesen näherhin H. E. Tödt, *Die Lehre vom gerechten Krieg und der Friedensauftrag der Kirchen*, in: *Zeitschrift f. Evangelische Ethik* 14, 1970, S. 159-173.

54 Das Dokument wurde am 27. 8. 1958 vom Zentralausschuß des ÖRK anläßlich seiner Sitzung in Nyborg als »Beitrag zur Studienarbeit« (3) verabschiedet. Deutsche Teilnehmer der Kommission, die den Text erarbeitete, waren H. Thielicke und C. F. v. Weizsäcker, letzterer spielte ebenfalls eine maßgebliche Rolle in der erwähnten Kommission der Ev. Studiengemeinschaft. – Zum Hintergrund vgl. auch E. Wilkens, *Theologisches Gespräch über die nuklearen Waffen*, in: *Atomzeitalter* (s. Anm. 18), S. 103-158 (bes. S. 131-138).

55 So H. Kunst, *Martin Luther und der Krieg* (s. Anm. 7), S. 81 f.

56 *Atomzeitalter* (s. Anm. 18), S. 232.

57 *Atomzeitalter* (s. Anm. 18), 246-266; auch in: ders., *Forderungen der Freiheit* (s. Anm. 47), S. 302-322. Zitate und Seitenzahlen im folgenden beziehen sich auf den ersten Abdruck.

58 Die 5. Heidelberger These hält eine Unterscheidung von strategischen und taktischen Atomwaffen, wobei letztere erneut im Zweck-

Mittel-Schema kalkulierbar und legitimierbar sein sollen, für »künstlich«, weil nicht zu sehen ist, daß und wie eine entsprechende Begrenzung des Waffengebrauchs im Kriegsfall gesichert werden kann; vgl. *Atomzeitalter* (s. Anm. 18), S. 228. Mit dieser Auffassung standen die Thesen übrigens im Widerspruch zu Adenauers Ansicht, bei den taktischen atomaren Waffen handele es sich um »nichts weiter als die Weiterentwicklung der Artillerie«, so in einer Pressekonferenz am 5. 4. 1957, wörtlich zit. in K. Adenauer, *Erinnerungen 1955-1959*, Taschenbuchausgabe Frankfurt/M. 1969, S. 298.

59 H. Thielicke, *Theologische Ethik* II/2, Tübingen 1958, S. 588 (3328).

60 In der Erläuterung zur 7. These heißt es entsprechend: »Die einzige uns begreifliche Rechtfertigung des Besitzes von Atomwaffen ist, daß ihre Anwesenheit heute den Weltfrieden vorläufig schützt. Ihre Anwesenheit wirkt aber nur, wenn mit ihrer Anwendung für bestimmte Fälle gedroht wird. Die Drohung wirkt nur, wenn die Bereitschaft, Ernst zu machen, vorausgesetzt werden kann. Eine Rechtfertigung ihres tatsächlichen Einsatzes durch die traditionelle Kriegsethik vermögen wir aber (vgl. These 5) nicht mehr zu geben.« *Atomzeitalter* (s. Anm. 18), S. 231.

61 Die Erläuterung der 8. These führt dazu aus: »Verzichtet die eine Seite freiwillig auf Atomwaffen, so wäre die totale militärische Überlegenheit der anderen Seite damit besiegelt.« (s. Anm. 18, S. 231) Das darin beschlossene Risiko wird dahingehend bestimmt, »daß unsere Begriffe von Recht und Freiheit für unabsehbare Zeit verlorengingen.« (S. 232) Man darf im übrigen diesen und vergleichbaren Auffassungen nicht unterstellen, es ginge in ihnen um die platte Alternative »Rot oder tot« und somit um einen eindeutig antikommunistischen Affekt. Auch wenn gewiß die Gefahr einer Aggression vor allem vom Warschauer Pakt befürchtet wurde, so wurde diese, jedenfalls in seriösen Auseinandersetzungen im Protestantismus, stets nur als Beispiel der Möglichkeit vorgestellt, daß das Recht vor der Gewalt – welcher Art immer – kapitulieren könne. »Es geht primär nicht darum, zwischen Kommunismus und Untergang zu wählen, sondern es geht vielmehr darum, ob wir das Recht des Stärkeren in der Welt prinzipiell anerkennen sollen.« (Thielicke, s. Anm. 59, S. 597 [3379]).

62 Die Erläuterung zur 8. These schärft hinsichtlich dieses »Friedensschutzes« ein, »daß nie über seine Vorläufigkeit eine Täuschung zugelassen wird«. (S. 232).

63 Ev. Kirchengesangbuch Nr. 108, Vers 4.

64 Vgl. Adenauer, *Memoiren* (s. Anm. 58), S. 300 ff.

65 Auf der Basis derselben oder einer sehr ähnlichen Diagnose der militärisch-politischen Situation forderten die kirchlichen Bruder-

schaften eine klare Entscheidung für den Waffenverzicht als gebotenen Ausdruck des status confessionis, während etwa W. Künneth, orientiert an einer bestimmten Auffassung der reformatorischen Schriften, gerade darin einen theologisch-klerikalen Übergriff in die Sphäre der Verantwortung der Politiker sehen zu müssen meinte. Vgl. dazu vor allem einerseits E. Wolf (Hrsg.), *Christusbekenntnis im Atomzeitalter*? München 1959; andererseits W. Künneth, *Rechtfertigung im Atomzeitalter*, München 1958. Eine zusammenfassende Darstellung gibt E. Wilkens (s. Anm. 54), S. 103-156.

66 Schon die Spandauer Synode von 1958, die vielleicht am härtesten mit diesen Fragen sich auseinandergesetzt hatte, vermochte nicht mehr zu formulieren als: »Die Synode verwirft den mit Massenvernichtungsmitteln geführten totalen Krieg als unvereinbar mit dem Gewissen der Menschheit vor Gott ... Die unter uns bestehenden Gegensätze in der Beurteilung der atomaren Waffen sind tief. Sie reichen von der Überzeugung, daß schon die Herstellung und Bereithaltung von Massenvernichtungsmitteln aller Art Sünde vor Gott ist, bis zu der Überzeugung, daß Situationen denkbar sind, in denen in der Pflicht zur Verteidigung der Widerstand mit gleichwertigen Waffen vor Gott verantwortet werden kann. Wir bleiben unter dem Evangelium zusammen und mühen uns um die Überwindung dieser Gegensätze.« (Berlin 1958. *Bericht über die dritte Tagung der zweiten Synode der EKD vom 26. bis 30. April 1958*, o. O., o. J., S. 456). Am Schluß der Aussprache hierzu sagte der Berichterstatter des zuständigen Ausschusses, L. Raiser, u. a.: »Es ist ein armes Wort, und wir haben allen Grund, demütig nach Hause zu gehen. (...) Nur brennen wir darauf, daran weiterzuarbeiten, daß das Problem so nicht ruhen bleibt.« (Ebenda S. 276) Mir scheint, daß der deutsche Protestantismus nur wenig über den Spandauer Kompromiß hinausgekommen ist.

67 Vgl. dazu G. Scharffenorth, *Konflikte in der Evangelischen Kirche in Deutschland 1950 bis 1969 im Rahmen der historischen und ökumenischen Friedensdiskussion*, in: Duchrow/Scharffenorth (Hrsg.), *Konflikte* (s. Anm. 41), S. 17-115 (65-80).

68 G. Howe, *Die atomare Bewaffnung als geistesgeschichtliches und theologisches Problem*, in: *Atomzeitalter* (s. Anm. 18), S. 157-201 (187).

69 Text u. a. in: *Die Denkschriften der Evangelischen Kirche in Deutschland*, hrsg. v. d. Kirchenkanzlei der EKD, Bd. I/2, Gütersloh 1978, S. 35-60. Seitenangaben im Text hierzu. – Ergänzend ist heranzuziehen der parallel entstandene Sammelband W. Danielsmeyer (Hrsg.), *Der Friedensdienst der Christen*, Gütersloh 1969.

70 Vgl. dazu jetzt den Beitrag von Axel Preuschoff in: *Friedensanalysen* 10 (1979), S. 111-135.

71 K. Barth, *Kirchliche Dogmatik* III/4, Zollikon-Zürich 1957 (geschrieben 1951!), S. 525.

72 Text in: *Kirchliches Jahrbuch* 1966, S. 249-261.

73 Ebenda S. 256.

74 Vgl. dazu Christel Meyers-Herwartz, *Die Rezeption des Antirassismusprogramms in der EKD*, Stuttgart–Berlin–Köln–Mainz 1979.

75 Grundlegend für die Ökumenische Bewegung ist das Dokument *Gewalt, Gewaltfreiheit und der Kampf um soziale Gerechtigkeit*, in: *Ökum. Rundschau*, Beiheft 24, 1974, S. 83-101, für die EKD vgl. die Thesenreihe der Kammer der EKD für öffentliche Verantwortung über *Gewalt und Gewaltanwendung in der Gesellschaft*, Gütersloh 1973.

76 Vgl. Helmut Gollwitzer, *Zum Problem der Gewalt in der christlichen Ethik*, in: ders., *Forderungen zur Umkehr*, München 1976, S. 126-146; Theodor Strohm, *Die Kirche vor der Frage revolutionärer Gewalt*, in: *Evangelische Theologie* 1971, S. 514-541.

77 Vgl. W. Warneck, *Friedensdienst – Sandkastenübung oder Element politischer Alternative*, in: *Aus Politik und Zeitgeschichte*, Beilage zu ›Das Parlament‹, B 11/79, S. 30-53.

78 Als Überblick vgl. H. Pickert, *Neue Waffentechnologien, Waffenarten und Kampfmittel*, in: *Aus Politik und Zeitgeschichte* (wie vorige Anm.), S. 3-22; J. Holst / U. Nerlich (Hrsg.), *Beyond Nuclear Deterrence. New Aims, New Arms*, New York 1977.

79 BVerfGE 48, S. 127 ff. Zur Kritik vgl. J. Ipsen, *Wehrdienst, Ersatzdienst und Pflichtengleichheit*, in: *Zeitschrift für Rechtspolitik* 11, 1978, S. 153-157; Ch. Gusy, *Kriegsdienstverweigerung – das verwaltete Grundrecht*, in: Juristische Schulung (JuS) 19, 1979, S. 254-258; Rainer Eckertz, *Die Kriegsdienstverweigerung aus Gewissensgründen*, Heidelberg 1980 (im Druck).

Egbert Jahn
Eine Kritik der sowjet-marxistischen Lehre vom »gerechten Krieg«

> »Aber die Kriege von vornherein nach ganz äußerlichen und zufälligen Maßstäben in berechtigte Verteidigungskriege und unberechtigte Angriffskriege einzuteilen, ist ein Unding und eine Unmöglichkeit.
> Wenn diese Auffassung auch auf sozialistischer Seite nicht völlig ausgerottet worden ist, so wird man die Erklärung darin suchen müssen, daß wir in Kriegsfragen die Spinnweben der bürgerlichen Aufklärung noch nicht gründlich genug abgestreift haben.«
>
> *Franz Mehring*[1]

1973 fand in Warna/Bulgarien ein Kolloquium »Marxismus, Weltfrieden und die Technologische Revolution« im Rahmen des XV. Weltkongresses für Philosophie statt. Dies bot der in der DDR erscheinenden *Deutschen Zeitschrift für Philosophie* Anlaß, sich in einem ganzen Heft mit den Fragen der marxistisch-leninistischen Friedenskonzeption, der friedlichen Koexistenz, des Friedenskampfes und der politisch-moralischen Wertung des Krieges zu beschäftigen und sich in diesem Zusammenhang mit westlichen Kritiken – insbesondere von seiten einiger Friedensforscher – an der Konzeption des »gerechten Krieges« auseinanderzusetzen. Vor allem die Beiträge von Gottfried Kießling/Wolfgang Scheler[2] und Franz Loeser[3] befassen sich mit der Frage, ob die Unterscheidung von gerechten und ungerechten Kriegen überholt sei und ob sie insbesondere auch auf nukleare Kriege anwendbar sei. Dabei kommen sie zu dem gleichen Ergebnis wie der Verteidigungsminister der DDR, Armeegeneral Heinz Hoffmann, der besonders deutlich formulierte:

> »Bei allem Leid, das in diesem letzten und entscheidenden Konflikt (gemeint ist: im Falle einer militärischen Aggression der NATO gegen die WVO; E.J.) zwischen Fortschritt und Reaktion über die Völker käme, besonders in den kapitalistischen Ländern – das wäre von

unserer Seite ein gerechter Krieg. Wir teilen also die Auffassung nicht, die selbst fortschrittliche Menschen in der Friedensbewegung vertreten, im Atomzeitalter sei ein gerechter Krieg nicht mehr möglich, der Raketen-Kernwaffen-Krieg auch keine Fortsetzung der Politik der kämpfenden Klassen mehr, sondern nur noch atomares Inferno, Weltuntergang.«[4]

Die Äußerungen Heinz Hoffmanns haben in der Friedensbewegung heftige Empörung hervorgerufen.[5] Aber spricht nicht Heinz Hoffmann eine logische Konsequenz des Abschreckungssystems und des Prinzips militärischer Landesverteidigung aus, das im Osten und im Westen gleicherweise gilt und dort wie hier von der überwältigenden Mehrheit der Bevölkerung getragen bzw. geduldet wird? Auch wenn im Westen die kirchliche Lehre vom »gerechten Krieg«[6] in der politischen Legitimation der militärischen Sicherheitspolitik keine überragende Rolle mehr spielt, so kann kein Zweifel daran bestehen, daß alle größeren demokratischen Parteien des Westens und insbesondere der NATO die militärische Verteidigung – im Falle des Versagens der Abschreckung also auch den nuklearen Verteidigungskrieg – gegen eine Aggression der Warschauer Vertragsstaaten für gerechtfertigt halten und sich materiell wie psychisch auf diese Situation vorbereiten.[7] Ist also die Formel vom »gerechten Krieg« lediglich ein im Westen veraltet klingender Ausdruck der heutigen marxistisch-leninistischen Sprache für einen begrifflichen Inhalt, der im Westen heute nur anders umschrieben wird? Entspricht der Sache nach die westliche Vorstellung von der legalen und legitimen »Verteidigung« der marxistisch-leninistischen Vorstellung vom »gerechten Krieg«, nachdem allseits die Kriegsministerien in Verteidigungsministerien umbenannt wurden? Damit stellt sich zugleich die Frage nach dem genauen Inhalt der Unterscheidung von »gerechten« und »ungerechten« Kriegen. Sind »gerechte Kriege« ausschließlich Verteidigungskriege, oder kennt der Marxismus-Leninismus auch gerechte Angriffskriege? Was macht die Gerechtigkeit eines Krieges aus? Wie läßt sich ein Verteidigungs- von einem Angriffskrieg unterscheiden? Weshalb halten die Marxisten-Leninisten einen Dritten Weltkrieg, der wahrscheinlich zur Vernichtung ganzer Völker, wenn nicht gar der Menschheit, führt, für »gerecht« – auch wenn sie ihn sicherlich keinesfalls herbeiwünschen? Welche Konsequenzen hat die marxistisch-leninistische Lehre vom gerechten Krieg für die Friedensbewegung? Bevor auf diese Fragen eingegangen wird (s. unten S. 178 ff.), sollen zunächst einige politische Aspekte der sowjetmarxistischen Lehre vom gerechten Krieg dargestellt werden.

I. Der Krieg als Fortsetzung der Klassenpolitik mit anderen Mitteln

Kaum ein anderer bürgerlicher Theoretiker dürfte von Marxisten-Leninisten so häufig und uneingeschränkt zustimmend zitiert werden wie Carl von Clausewitz mit seinem Satz vom Kriege als Fortsetzung der Politik mit andern Mitteln.[8] Was für die Politik allgemein gilt, gilt seit Wladimir I. Lenin in der bolschewistischen, später kommunistischen Bewegung auch für die Klassenpolitik. Kießling/Scheler konstatieren kategorisch: »Das Wesen der Sache besteht im Begreifen eines jeden Krieges – und davon macht der Kernwaffenkrieg keine Ausnahme – als Fortsetzung der Politik mit bewaffneter Gewalt.«[9]

Zusätzlich zur eingehenden Analyse der in jeden einzelnen Krieg verwickelten Klasseninteressen hält der institutionalisierte Marxismus-Leninismus eine politisch-moralische Wertung jedes einzelnen Krieges für erforderlich, wobei – genau genommen – nicht dieser Krieg »gerecht« und jener »ungerecht« ist, sondern vielmehr die Politik und die Interessen der Kriegsparteien, seltener auch die Kriegführung selbst, moralisch be- bzw. verurteilt werden. In der marxistisch-leninistischen Sprache besteht jeder geschichtliche Krieg aus zwei »Kriegen«: Entweder einem »gerechten Krieg« der »fortschrittlichen« Kriegspartei und einem »ungerechten Krieg« der »reaktionären« Kriegspartei oder aber aus zwei »ungerechten« Kriegen im Falle eines militärischen Konfliktes zwischen zwei »reaktionären« Klassen wie z. B. der Erste Weltkrieg. Daß beide Kriegsparteien fortschrittliche, proletarische Interessen vertreten, gilt als per definitionem ausgeschlossen. Finden Kriege zwischen kommunistisch regierten Ländern statt, so wird von Marxisten-Leninisten mindestens eine kommunistische Kriegspartei als »antikommunistisch« oder sogar »faschistisch« bezeichnet – wie Anfang 1979 in Südostasien.

Der vorleninsche Marxismus hielt eine besondere moralische Beurteilung der Kriegsparteien weitgehend für falsch und irreführend. Für Franz Mehring etwa war eine besondere moralische Rechtfertigung proletarischer Interessenpolitik und eine entsprechende moralische Verurteilung bürgerlicher Interessenpolitik ein Relikt bürgerlicher Aufklärung – das er auch teilweise bei Karl Marx beobachtete. Er lehnte sie grundsätzlich ab, auch wenn er selbstverständlich engagiert Partei ergriff und nicht nur kontemplativ den Interessen- und Klassenkampf in der Geschichte kommentierte. Dem Klassenfeind vorzuwerfen, daß er seine eigenen Interessen mit militärischen Mitteln verfechte, schien ihm überflüssig; das Moralisieren erschien ihm wie den meisten Marxisten seiner Zeit als Ablenkung von einer exakten Interessenanalyse und einem gründlichen empirischen und theoretischen Studium der Geschichte. Das proletarische Interesse war für sie nicht fortschrittlich, weil es proletarisch war oder weil das Proletariat von einer zur Person stilisierten Geschichte einen besonderen Missionsauftrag erhalten habe, den es um jeden Preis zu erfüllen gelte, sondern umgekehrt: Die damaligen und auch einige spätere Marxisten unterstützten das proletarische Interesse, weil und sofern es ihnen fortschrittlich erschien.

Die Umkehrung des Begründungszusammenhangs von Proletariat und Fortschritt (von den sich wandelnden Inhalten des Fortschrittsverständnisses einmal abgesehen) im Übergang vom Marxismus zum Marxismus-Leninismus, verbunden mit dem Definitionsmonopol der kommunistischen Partei für das proletarische Interesse, setzte die ideologische Fixierung der »Geschichte« als moralisch richtende Instanz voraus. Da im Marxismus-Leninismus das Proletariat als das Vollzugsorgan eines »objektiv gesetzmäßigen« Geschichtsablaufs fungiert und die Partei als der monopolistische Interpret der proletarischen Interessen, wird die Unterscheidung zwischen »gerechten« und »ungerechten« Kriegen zu einer Frage der Klassenanalyse: In den Worten Kießling/Schelers: »Die politisch-moralische Wertung des Krieges ist also ein unmittelbares Resultat der Bestimmung seines Klassencharakters, d. h. der Politik, die durch ihn fortgesetzt wird.«[10]

2. Kann das Proletariat (die Sowjetunion, die KPdSU) »ungerechte Kriege« führen?

Die Bestimmung des Klassencharakters einer Politik und eines Krieges erfolgt in der marxistisch-leninistischen Lehre im Rahmen eines Geschichtsverständnisses, nach dem die Menschheit sich von niederen zu höheren Lebensbedingungen und Gesellschaftsformationen entwickelt. Nicht Klassen an sich betreiben eine gerechte oder ungerechte Kriegspolitik, so daß diese Klasse nur ungerechte und jene nur gerechte Kriege per definitionem führen kann, sondern der gerechte oder ungerechte Charakter einer Klassenpolitik und eines Krieges wird durch ihre Stellung im historischen Prozeß bestimmt. So wird schon von Lenin zwischen gerechtfertigten bürgerlich-fortschrittlichen nationalen Befreiungskriegen und nicht zu rechtfertigenden reaktionären bürgerlichen Kriegen, den imperialistischen Umverteilungskriegen, unterschieden.[11]

Proletarische Kriege sind also nicht deshalb gerechte Kriege, weil sie von der Arbeiterklasse bzw. der Monopolinterpretin ihrer Interessen, der kommunistischen Partei, geführt werden, sondern Kriege der Arbeiterklasse gelten deshalb als gerecht, weil und insofern sie die Menschheit zu einer höheren Geschichtsstufe führen sollen. In den Worten Kießling/Schelers:

> »Das wirklich Neue an der Auffassung der Arbeiterklasse in bezug auf die Haltung zum Krieg besteht darin, daß Analyse und Wertung – wie bereits ausgeführt – erstmalig mit den Bedürfnissen und objektiven Erfordernissen der Menschheitsentwicklung voll in Übereinstimmung stehen und daher auch in der Theorie erstmalig eine wissenschaftliche Bewältigung finden konnten.«[12]

Es ist also nicht ganz unberechtigt, wenn Kießling/Scheler westliche Interpretationen der marxistisch-leninistischen Lehre vom Gerechten Krieg zurückweisen, die in ihr eine »systematische Rechtfertigungstheorie von Kriegen« sehen.[13] Theoretisch kann auch die Arbeiterklasse, die Sowjetunion, die kommunistische Partei »ungerechte Kriege« führen, wenn ihre Kriegspolitik nicht die »Bedürfnisse« und »objektiven Erfordernisse der Menschheitsentwicklung« erfüllt, auch wenn diese theoretische Möglichkeit nirgends explizit eingeräumt wird. Da aber in aller bisherigen geschichtlichen Praxis die Instanz, die über die Bedürfnisse der Menschheitsentwicklung befindet, mit derjenigen identisch ist, die über proletarische Militär- und Kriegspolitik politisch und wissenschaftlich bestimmt, ist in der Praxis sowjetische Kriegspolitik (und die ihrer Bündnispartner) »gerecht«. Auch im historischen Rückblick hat es infolge des marxistisch-leninistischen Kontinuitätsbedürfnisses niemals eine offizielle Verurteilung eines von der Sowjetunion und ihren Bündnispartnern geführten Krieges bzw. militärischen Aktes als »ungerecht« gegeben. Dies ist der Anlaß für westliche Auffassungen von marxistisch-leninistischen Kriegsrechtfertigungstheorien.

Ist es also nicht eine bloße Spitzfindigkeit, wenn theoretisch zwischen zwei Auffassungen unterschieden wird, die in der Praxis auf das gleiche hinauslaufen? Wird nicht *jeder* Militär- und Kriegsakt der Sowjetunion von ihren in- und ausländischen marxistisch-leninistischen Ideologen als »gerecht« bestimmt? Richtig, aber die Frage ist falsch gestellt. Politisch wichtig sind zwei andere Fragen: 1. Welche Situationen veranlassen die Sowjetunion und ihre Bündnispartner, »gerechte Kriege« zu führen und dafür ihren gesamten ideologischen Rechtfertigungsapparat in Gang zu setzen? Denn nicht jede Situation, in der die KPdSU einen Krieg, z. B. gegen kleinere Nachbarländer, mit guter Erfolgsaussicht führen könnte, wird von ihr genutzt. 2. Mit welchen ideologischen Mitteln wehrt sich die KPdSU, die SED usw. gegen die Zumutung in der eigenen Partei, im eigenen Land, in der kommunistischen und revolutionären Weltbewegung, einen Krieg dort und dann zu führen, wo sie es nicht für opportun bzw. für das Bedürfnis der Menschheitsentwicklung hält? Mit anderen Worten: Über welche ideologischen Instrumente der Selbstkritik verfügt die Politik der KPdSU, der SED und anderer Bündnispartner, um einen Mißbrauch des Definitionsmonopols für »gerechte Kriege« in den eigenen Reihen zu verhindern?

3. Instrumente zur Kontrolle der Rechtfertigungsformel »gerechter Krieg«

Zum Verständnis marxistisch-leninistischer Außen- und Militärpolitik ist es erforderlich, die ideologischen Mechanismen zu analysieren, die nicht nur legitimatorische Begleiterscheinungen von Machtpolitik sind, sondern selbst in den Köpfen der Entscheidungsträger in Partei und Staat bei der Lenkung und beim Einsatz der Machtmittel – auch des Militärapparates – wirken. Als Schutzmechanismen gegen eine beliebige Inanspruchnahme des Definitionsmonopols für »gerechte Kriege« dienen eine ganze Reihe von ideologischen Instrumenten.

Die »Arbeiterklasse« bzw. das »Proletariat« sind im marxistisch-leninistischen Sprachgebrauch häufig nicht die Gesamtheit der Lohnarbeiter, sondern meist die im kommunistischen Sinne klassenbewußten Lohnarbeiter. Nichtkommunistische Arbeiter und ihre politischen Vertreter – und seien sie auch in der Mehrheit – können in der Regel auch »ungerechte Kriege« führen, es sei denn gegen Feinde, die sie mit der KPdSU und dem kommunistisch definierten »Fortschritt« gemeinsam haben.

Genausowenig wie der Begriff des »Proletariats« ein vorwiegend empirischer Begriff ist, ist auch der des »Kommunisten« weniger ein empirischer als ein in erster Linie politischer Begriff. Kommunisten, die eine deutlich abweichende Politik von der der KPdSU und ihrer Bündnispartner vertreten, werden traditionell mit zahlreichen Verdammungs- und Ausschließungsetiketten versehen. Zur Bezeichnung einer – aus der Sicht der KPdSU – kriegstreiberischen oder kriegsriskierenden Politik von Kommunisten, die nicht die Formel »gerechter Krieg« in Anspruch nehmen darf, dienen Bezeichnungen wie »abenteuerlich«, »ultralinks«, »linksradikal«, »bürgerlich-nationalistisch«, »großmachtchauvinistisch«, »trotzkistisch« und »maoistisch«, »antikommunistisch« und »antisowjetisch«. Diese Formeln sind zwar Leerformeln für Abweichungen von der offiziellen sowjetischen Politik, die für recht unterschiedliche Inhalte verwendet werden; sie geben aber doch die Richtung der Abweichung an und legitimieren oft eine vorsichtige, kriegsvermeidende Politik der Sowjetunion.

Die Formel, daß die »Arbeiterklasse« und die »Kommunisten« nur »gerechte Kriege« führen, ist also nur handhabbar, weil die Bezeichnungen »Arbeiterklasse« und »Kommunist« politisch selektiv benutzt werden.

Im westlichen politischen Denken ist die Wertung des *Krieges* variabel, d. h. abhängig von den Wertvorstellungen und Interessen der Kriegsparteien und gemessen an relativ konstanten Gerechtigkeitsbegriffen. Im Gegensatz dazu ist für die großen kommunistischen Parteien wie KPdSU, SED usw. – auch für die KP Chinas – die Wertung der kriegführenden *Partei* variabel. Von Kommunisten befürwortete Kriege sind zwar faktisch immer und ohne Ausnahme »gerechte Kriege«, aber nicht jeder, der sich Kommunist nennt und die Arbeiterklasse zu vertreten meint, gilt in sowjet-marxistisch-leninistischen Augen als Kommunist und Vertreter der Arbeiterklasse. Empirisch feststellbarer und politisch als legitim angesehener Akteur müssen also im Marxismus-Leninismus nicht identisch sein.

Die Identität von empirischem und politischem Akteur ist allerdings – bisher – in einem anderen Falle gegeben. Die Bezeichnung »Sowjetunion« ist in der bisherigen kommunistischen Geschichte immer ein zugleich empirischer *und* politischer Begriff gewesen, d. h. bisher hat nach sowjet-marxistisch-leninistischer Auffassung der Staat Sowjetunion noch nie eine »antisowjetische« Politik betrieben. Lediglich unterlegene kommunistische Minderheiten in oder außerhalb der KPdSU haben bisher nach marxistisch-leninistischer Auffassung eine »antisowjetische« Politik des nicht zu rechtfertigenden Krieges zu betreiben versucht, nicht die Staatsführungen der Sowjetunion.

Auch wenn z. B. die Politik Nikita S. Chruschtschows gelegentlich als »abenteuerlich« qualifiziert wurde und sein Name im Unterschied zum Namen Stalins heute in keiner offiziellen Publikation in der Sowjetunion mehr gedruckt erscheinen darf, so ist doch niemals die Militär- und Kriegspolitik des Staates Sowjetunion von offiziellen Ideologen der KPdSU, der SED usw. als ungerechtfertigt kritisiert worden. De facto beanspruchen also die Sowjetunion und ihre Bündnispartner für die sowjetische Kriegspolitik Unfehlbarkeit bei der Entscheidung zur Führung »gerechter« Kriege. Wenn sich die sowjetische Partei- und Militärführung einmal zu einer Militäraktion und zu einem Krieg entschieden hat, dann gilt diese Intervention oder dieser Krieg faktisch als »gerecht«. In diesem ideologischen Zwang liegt eine äußerst ernste politische Gefahr, weil er keine Möglichkeit der Selbstkritik und der Revision politischer Entscheidungen enthält.

Andere, von Kommunisten oder anderen politischen Exponenten der Arbeiterklasse für »gerecht« erklärte militärische Aktionen können leicht dadurch zu »ungerechten Kriegen« umgedeutet werden, daß man die Kommunisten zu Antikommunisten und die Arbeitervertreter zu kleinbürgerlichen Nationalisten umdefiniert. Aber die Sowjetunion kann man – bisher – nicht zur Anti-Sowjetunion oder zur Un-Sowjetunion umdefinieren, es sei denn von außerhalb des sowjetischen Machtbereiches. Hier ist also in der sowjet-marxistisch-leninistischen Kriegslehre ein gefährlicher Punkt der ideologischen Inflexibilität, die praktisch zu einer Durchhaltepolitik führen kann, auch dort, wo sie in der Sowjetführung schon nicht mehr als vertretbar gelten könnte. Soweit zu den ideologischen Aspekten und Mechanismen, die dazu beitragen, daß die Formel »gerechter Krieg« nicht zur Rechtfertigung beliebiger militärischer Aktivitäten eingesetzt werden kann. Von noch größerer Bedeutung ist, daß es auch praktische Instrumente zur Verhinderung willkürlich angezettelter »gerechter Kriege« gibt. Denn der ideologische Anspruch, die Bedürfnisse und objektiven Erfordernisse der Menschheit zu vertreten und einen Missionsauftrag der Geschichte zu erfüllen, läßt sich nur dann mit einem Minimum an – wie auch immer unter Einmischung von Gewaltmitteln geförderten – Glaubhaftigkeit auf längere Zeit hin vertreten, wenn es einen – wie auch immer fragwürdigen – ausweisbaren »Fortschritt« gibt. Die Erklärung der »Geschichte« zur Richterin über Fortschritt und Reaktion sowie über richtige und abweichende politische Linien, zwingt auf längere Sicht zum historischen Erfolg. Der erfolglose Anspruch von Avantgarden der Arbeiterklasse und der Menschheit wirkt leicht lächerlich. Und ein Minimum an sozialen Leistungen ist erforderlich, um wenigstens den Schein des Fortschritts einigermaßen glaubhaft vertreten zu können.

Bisher haben die KPdSU und ihre Bündnispartner seit der Oktoberrevolution zumindest äußerlich glaubhaft diese Minimalbedingungen erfüllt. In marxistisch-leninistischer Terminologie wird dies verallgemeinernd als die welthistorische »Verschiebung der Kräfteverhältnisse zugunsten des Sozialismus« bezeichnet. Zahlreiche »gerechte Kriege« haben zu diesen – wie auch immer fragwürdigen, aber nicht nur ideologischen, sondern auch tatsächlichen – ökonomischen, sozialen, politischen und militärischen Erfolgen der kommunistischen Weltbewegung und insbesondere des Sowjetkommunismus beigetragen. Der Zwang zum historischen Erfolg bedingt aber, daß in der politischen Praxis »gerechte Kriege« nur dann gewagt werden können, wenn sie mit hoher Wahrscheinlichkeit mit einem militärischen Sieg enden. Eine Partei, die entscheidende »gerechte Kriege« verliert, spielt nur eine kurze geschichtliche Rolle, die schnell vergessen ist. Der Zwang zum Siegen ist also in der politischen Praxis ein weiteres Kontrollinstrument gegen die willkürliche Auslösung von »gerechten Kriegen«. Dieser Zwang zum Siegen verleiht der sowjetischen Politik seit dem Ende der revolutionären Kriege, also seit Beginn der 20er Jahre, ihren macht- und realpolitischen Charakter, der vor allem in den Augen eines Teils der Linken als »konservativ«, »zynisch« und als »Verrat an der Weltrevolution« erscheint. Gleichzeitig führt die Maxime offizieller kommunistischer Politik (und in der Tat konnte sich bisher nur solche Politik kommunistischer Parteien behaupten, die diese Maxime beherzigte), sich nach Möglichkeit nur auf solche »gerechten Kriege« einzulassen, die siegversprechend sind, dazu, daß die Erhaltung und Ausweitung der Sowjetunion und des sowjetischen Machtbereiches die Grundlage des politischen Denkens und der Militärpolitik des sowjetischen Marxismus-Leninismus ist. Dieser realpolitische, große Risiken vermeidende Charakter der sowjetischen Außenpolitik macht sie auch in den Augen der meisten westlichen, bürgerlichen Analytiker einigermaßen berechenbar. Denn über eine marxistisch-leninistische Theorie und Politik des »gerechten Krieges« sprechen wir heute nur deshalb noch, weil die Sowjetunion sich bisher noch nicht auf allzu viele verlorene »gerechte Kriege« und jedenfalls noch nicht willentlich auf einen existenzgefährdenden eingelassen hat. Der Zynismus des Hitler-Stalin-Paktes vom 23. August 1939 und der profaschistischen Politik der kommunistischen Weltbewegung 1939–1941[14] ist weniger ein Ausdruck einer offensiven Weltpolitik gewesen, als der Versuch, einen existenzriskierenden »gerechten Krieg« zur Verteidigung der Sowjetunion hinauszuschieben.

Zusammenfassend läßt sich festhalten, daß die Formel des »gerechten Krieges« nicht Audruck einer irrationalen Kriegsrechtfertigung und Kriegsverherrlichung ist, sondern in der Tradition der bürgerlichen Instrumentalisierung des Krieges für politische Zwecke steht und überwiegend zur Verteidigung einmal errungener Machtpositionen dient.

4. Gefahren der Ideologie des »gerechten Krieges«

Nach dieser Warnung vor einer allzu leichten und allzu bequemen, weil unserem westlichen Denken naheliegenden Verurteilung der Formel des »gerechten Krieges« – wie gesagt, verfügen auch die westlichen Demokratien über ideologische funktionale Äquivalente – können wir uns nun auf die zu kritisierenden Punkte der Lehre vom »gerechten Krieg« konzentrieren.

Ein zentraler Punkt ist die bisher unbedingte Verknüpfung zwischen der marxistisch-leninistischen Lehre vom »gerechten Krieg« und dem Anspruch der Sowjetunion (bzw. anderer, von marxistisch-leninistischen Parteien regierter Staaten), nur »gerechte Kriege« geführt zu haben und führen zu können. Diese kategorische Selbstgerechtigkeit marxistisch-leninistischer Politik erschwert selbstkritische Revisionen einmal eingeleiteter Kriegspolitik ganz erheblich. So ist nicht damit zu rechnen, daß die Sowjetunion die Ende 1979 begonnene kriegerische, militärische Intervention in Afghanistan auf Grund nicht in Rechnung gestellten Widerstandes oder wegen internationaler Weiterungen des Konflikts abbricht. Eine einmal als »gerecht« definierte militärische Aktion kann schwerlich nachträglich in eine »ungerechte« umdefiniert werden. Die nachträgliche Verurteilung einer sowjetischen Staatsaktion durch eine (unter Umständen neu etablierte) sowjetische Staats- und Parteiführung wäre jedenfalls ein Novum in der sowjetischen Geschichte. Der ideologische Anspruch auf ununterbrochene Kontinuität der Außenpolitik und auf Unfehlbarkeit in der Kriegführung würde damit aufgegeben. Im Unterschied dazu war etwa die amerikanische Gesellschaft und Politik im Indochinakrieg zur Selbstkritik und Revision ihrer selbstgerechten Kriegführung fähig – wenn auch erst nach ungeheuren Opfern von Menschenleben.

Die Verknüpfung der marxistisch-leninistischen Lehre vom »gerechten Krieg« mit der staatlichen Unfehlbarkeitsdoktrin sowjetischer Außen- und Militärpolitik schafft ein Moment der politischen Inflexibilität und Lernunfähigkeit.

Ein zweiter Kritikpunkt ist die Art der Verknüpfung der Lehre vom »gerechten Krieg« mit dem Verständnis von Verteidigungskriegen. Nach marxistisch-leninistischem Verständnis ist es für die Unterscheidung von Verteidigungs- und Angriffskrieg nicht so wichtig, welche Kriegspartei die Kriegshandlungen beginnt und den ersten Schuß abgibt. Entscheidend ist, wessen Interessen verteidigt und wessen Interessen angegriffen werden. Wladimir I. Lenin hat dies in aller Klarheit formuliert:

»Vor dem Sturz des Feudalismus, des Absolutismus und der Fremdherrschaft konnte von einer Entwicklung des proletarischen Kampfes um den Sozialismus nicht die Rede sein. Sprachen die Sozialisten im Hinblick auf die Kriege einer solchen Epoche von der Berechtigung des ›Verteidigungs‹krieges, so hatten sie stets gerade diese Ziele, das heißt die Revolution gegen Mittelalter und Leibeigenschaft im Auge. Die Sozialisten verstanden unter einem ›Verteidigungs‹krieg stets einen in diesem Sinne ›gerechten‹ Krieg (wie sich Wilhelm Liebknecht einmal ausdrückte). Nur in diesem Sinne erkannten und erkennen jetzt noch die Sozialisten die Berechtigung, den fortschrittlichen und gerechten Charakter der ›Vaterlandsverteidigung‹ oder des ›Verteidigungs‹krieges an. Wenn zum Beispiel morgen Marokko an Frankreich, Indien an England, Persien oder China an Rußland usw. den Krieg erklärten, so wären das ›gerechte‹ Kriege, ›Verteidigungs‹kriege, unabhängig davon, wer als erster angegriffen hat, und jeder Sozialist würde mit dem Sieg der unterdrückten, abhängigen, nicht gleichberechtigten Staaten über die Unterdrücker, die Sklavenhändler, die Räuber – über die ›Groß‹mächte – sympathisieren.«[15]

Dieses Verständnis von Verteidigungskrieg, das prinzipiell die militärische Verfechtung der fortschrittlichen Interessen im Bürger- oder Staatenkrieg, auch durch offensive Angriffshandlungen, als »Verteidigung« definiert, ist auch für den gegenwärtigen Marxismus-Leninismus gültig. Als im Jahre 1973 z. B. die – damals noch als fortschrittlich begriffene – ägyptische Armee den bislang letzten Nahostkrieg durch einen militärischen Angriff auf die von Israel besetzten Gebiete begann, galt Ägyptens Krieg als »Verteidigungskrieg« und Israels Krieg zur Verteidigung der im vorherigen Krieg okkupierten Gebiete als »Aggression«. Auch in den Indochinakriegen, in denen die Vereinigten Staaten die mit ihr verbündeten Regierungen bei der Verteidigung der alten Ordnung und reaktionären Regime militärisch unterstützten, als die Befreiungsbewegungen militärisch in die Offensive gingen, galten für Marxisten-Leninisten – und nicht nur für sie – die amerikanischen militärischen Handlungen als »Aggression«. Auch der Angriff vietnamesischer Truppen gegen das terroristische Pol Pot-Regime in Kamputschea wurde als »Verteidigung« legitimer Interessen gerechtfertigt. Für die marxistisch-leninistische Lehre ist also der Begriff »Verteidigung« wesentlich abhängig von den Interessen des internationalen Klassenkampfs und nicht bestimmt durch die Frage, wer die Kriegshandlungen beginnt oder wer auf das Territorium der anderen Kriegspartei vorrückt.

Ergänzt wird allerdings in der sowjetischen staatlichen Praxis diese rein klassenpolitische Lehre von Angriffs- und Verteidigungskriegen durch das Bemühen, der klassenpolitischen Einschätzung der Konfliktsituation zusätzlich eine völkerrechtliche Legitimation zu verleihen, um dem UNO-Verständnis von »Aggression« und »Verteidigung«[16] zu entsprechen. So ist es zu verstehen, daß die sowjetische Interventionspolitik sich regelmäßig auf völkerrechtliche Verträge und das Hilfeersuchen von Regierungen zu berufen pflegt – selbst wenn diese Regierungen nicht auffindbar sind wie in der ČSSR im August 1968 oder wenn diese Regierungen erst durch die Interventionstruppen mitgebracht werden müssen wie in Afghanistan im Dezember 1979.

5. Die Lehre vom »vermeidbaren gerechten Krieg«

In der jüngsten ideologischen Entwicklung wird versucht, eine weitere Kategorie in die marxistisch-leninistische Kriegslehre einzuführen: den »vermeidbaren gerechten Krieg«. Nach traditioneller sozialistischer, auch von der Sozialdemokratie vor 1914 geteilter Auffassung, sind Kriege in der bürgerlich-kapitalistischen Klassengesellschaft unvermeidbar; erst im Sozialismus ließen sich Kriege grundsätzlich abschaffen.[17] Auch in der Leninschen Version des Marxismus und im – in der Stalin-Periode herausgebildeten – Marxismus-Leninismus galt noch die Lehre von der Unvermeidbarkeit von Kriegen, solange es noch kapitalistische Staaten gebe. Der XX. Parteitag der KPdSU im Februar 1956 brachte dann eine wesentliche Modifikation der marxistisch-leninistischen Kriegslehre mit sich. Unter dem Eindruck der zu erwartenden Dimensionen eines zukünftigen nuklearen Dritten Weltkrieges wurde die These von der Vermeidbarkeit des Dritten Weltkrieges verkündet, wenn auch auf der prinzipiellen Kriegsträchtigkeit des Kapitalismus und Imperialismus beharrt wurde.[18] Die Entstehung des sozialistischen Weltsystems und die gewachsene Stärke des Sozialismus werden seither als die Voraussetzung einer dauerhaften friedlichen Koexistenz zwischen den Staaten unterschiedlicher Gesellschaftsordnung angesehen.[19] Vorübergehend wurde in der Chruschtschow-Periode sogar die Lehre vom »gerechten Krieg« nicht mehr verkündet.[20]

Die Gefahren eines Nuklearkrieges und die Stärke des (staatlich etablierten) Sozialismus, der sozialistischen Arbeiterbewegung, der nationalen Befreiungsbewegungen und der Friedensbewegung sowie die Durchsetzung der friedlichen Koexistenz werden nun in jüngster Zeit auch als Grund für die teilweise Vermeidbarkeit von gerechten Kriegen ins Feld geführt.

»Unvermeidbar sind gerechte Kriege dann, wenn der bewaffnete Kampf die einzige Möglichkeit ist, die imperialistische Aggression und Unterdrückung abzuwehren, die Politik der fortschrittlichen Kräfte gegen die Reaktion durchzusetzen und zu einem gerechten Frieden zu kommen. Vermeidbar sind gerechte Kriege dann, wenn das Kräfteverhältnis die Möglichkeit bietet, die gerechten Ziele auch auf friedlichem Wege durchzusetzen.«[21]

Obwohl diese neue Unterscheidung zwischen vermeidbaren und unvermeidbaren »gerechten Kriegen« ein Instrument zur ideologischen Begründung einer möglichen Entscheidung gegen eine Kriegspolitik in heiklen Konfliktsituationen sein könnte, ist doch nicht zu übersehen, daß nach wie vor die Rechtfertigung von militärischen und kriegerischen Angriffshandlungen in dieser neuen Formulierung steckt (»die Politik der fortschrittlichen Kräfte gegen die Reaktion durchzusetzen«, »die gerechten Ziele auch (!) auf friedlichem Wege durchzusetzen«). Außerdem heißt es: »Der Marxismus-Leninismus erkennt alle Kriege als gerecht an, die ein positives Verhältnis zur historischen Mission und zu den konkret-historischen Interessen der Arbeiterklasse aufweisen.« Und um keinen Zweifel daran zu lassen, was die Formel vom »gerechten Krieg« bedeutet, schreiben Kießling/Scheler: »Die Anerkennung bestimmter Kriege als gerechte bedeutet natürlich eine positive moralische Wertung dieser Kriege«.[22] Also, nicht nur die Sache, für die Krieg geführt wird, gilt es als gerecht und positiv moralisch zu bewerten, sondern auch den Krieg!

Selbstverständlich gelten auch marxistisch-leninistischer Kommunismus und Pazifismus als unvereinbar. Um diese Auffassung zu untermauern, wird z. B. der »große bürgerliche Dichter Thomas Mann« mit seinen offenbar gegen den Faschismus gemünzten, aber im Zitieren verallgemeinerten Formulierungen bemüht:

»Was Not tut, ist eine Humanität des Willens und der kämpferischen Entschlossenheit zur Selbsterhaltung. Die Freiheit muß ihre Männlichkeit entdecken, sie muß lernen, im Harnisch zu gehen und sich gegen ihre Todfeinde zu wehren, muß endlich, nach bittersten Erfahrungen begreifen, daß sie mit einem Pazifismus, der eingesteht, den Krieg um keinen Preis zu wollen, den Krieg herbeiführt, statt ihn zu bannen.«[23]

In der Opposition gegen die Lehre vom »gerechten Krieg« wird ein Versuch gesehen, »die Friedenskräfte (d. h. auch die Armeen der Warschauer Vertrags-Organisation) durch Diskreditierung ihrer Anstrengungen zur bewaffneten Verteidigung des Friedens und des Fortschritts moralisch zu entwaffnen«.[24]

Pazifismus wird also in kommunistisch regierten Ländern – wie häufig auch im Westen – als ein Instrument des Landes- bzw. Systemfeindes zur Schwächung der eigenen Wehrbereitschaft begriffen.

»Ausgehend vom Kriterium der marxistisch-leninistischen Einteilung der Kriege in gerechte und ungerechte ist es einerseits möglich, potentielle Aggressoren zu erkennen, zu entlarven, politisch und moralisch zu verurteilen und die Friedenskräfte rechtzeitig zum aktiven Handeln gegen sie zu mobilisieren. Andererseits ist es durch dieses Vorgehen möglich, die historische Berechtigung und uneingeschränkte Gerechtigkeit der auf den zuverlässigen Schutz des Sozialismus und des Friedens gerichteten Militärpolitik der Länder der sozialistischen Staatengemeinschaft zu erkennen und die Bereitschaft der Arbeiterklasse und der anderen Werktätigen zur Verteidigung des Sozialismus, der Freiheit und Unabhängigkeit der Völker zu stimulieren.«[25]

6. Bürgerlich-demokratisches und marxistisch-leninistisches Verständnis vom gerechten Krieg

Da auch im Westen das vorherrschende politische Denken antipazifistisch ist und den Verteidigungskrieg legitimiert – wenn auch nur noch selten durch die Formel des »gerechten Krieges« –, stellt sich die Frage, worin die prinzipiellen Gemeinsamkeiten und Unterschiede zwischen dem (im einzelnen keineswegs einheitlichen) bürgerlich-demokratischen Verständnis und der marxistisch-leninistischen Lehre vom Krieg bestehen.[26] Die Unterschiede bestehen nicht in der Haltung zum Krieg, sondern lediglich in der Haltung zu dem, was als gerecht und militärisch verteidigungswert gilt. Gemeinsam ist beiden Kriegsauffassungen die Legitimierung der Landesverteidigung gegen faschistische Angriffskriege und die Rechtfertigung des bewaffneten, militärischen Widerstandes gegen Diktaturen und Tyrannen, der vom größten Teil des Volkes unterstützt oder begrüßt wird. Im letzteren Falle wird selbst die den Bürgerkrieg auslösende Angriffshandlung zumindest von einem Teil des Bürgertums als Verteidigung legitimer

Interessen bewertet – wie z. B. jüngst im Bürgerkrieg in Nicaragua.

Der Unterschied zwischen beiden Auffassungen läßt sich nicht darauf reduzieren, daß erstere die Erhaltung und Ausdehnung des »realen Sozialismus«, letztere die Erhaltung und Ausdehnung der bürgerlichen Demokratie auf kapitalistischer Grundlage rechtfertigt. Der Unterschied ist ein anderer: Für den Marxismus-Leninismus ist der entscheidende Maßstab für die Gerechtigkeit und Fortschrittlichkeit eines Krieges die Frage, ob er gewissermaßen im Vollzug der angenommenen historischen Gesetzmäßigkeit und Mission zur weltweiten Durchsetzung des Sozialismus und Kommunismus (in der Definition des jeweils anerkannten nationalen Parteizentrums) geführt wird; die Beurteilung ist also im Prinzip unabhängig vom politischen Bewußtseinszustand der Volksmassen, auch wenn dieser als ein politisch-militärischer Faktor in Rechnung zu stellen ist. Für das bürgerlich-demokratische Verständnis (solange es wirklich demokratisch und nicht nur bürgerlich bleibt) ist der entscheidende Maßstab der Mehrheitswille des Volkes, auch wenn er zugunsten einer nichtdemokratischen oder nichtkapitalistischen Gesellschaftsordnung führt.

In solchen Ländern und Regionen, wo entgegengesetzte politische Kräfte mit jeweils starker, weltpolitisch bedeutsamer marxistisch-leninistischer und bürgerlich-demokratischer Unterstützung aufeinanderprallen, muß es notwendig immer wieder zu Kriegen kommen, weil die Prinzipien des Vollzugs der »objektiven historischen Interessen« und des »subjektiven Volkswillens« immer wieder in einen Widerstreit geraten, der die Rechtfertigungsmechanismen für »unvermeidbare, gerechte Verteidigungskriege« auf beiden Seiten in Gang setzt.

7. Der Sonderfall des »gerechten Nuklearkrieges«

Die Aussicht eines verheerenden Dritten Weltkrieges mit Massenvernichtungsmitteln, insbesondere mit Nuklearwaffen, wirft offenbar auch in den kommunistisch regierten Ländern immer wieder die Frage auf, ob die Lehre vom »gerechten Krieg« im Zeitalter des potentiellen Atomkrieges noch gültig sei. Einerseits wird die kritische Frage nur auf den Sonderfall Nuklearkrieg (Dritter Weltkrieg, großer Krieg mit Massenvernichtungsmitteln) bezogen, andererseits auf alle Kriege ausgeweitet, da ja niemand garantieren kann, daß nicht einer der zahlreichen örtlich und im Waffeneinsatz begrenzten Kriege zum großen Krieg eskaliert. Um Bürgerkriege, nationale Befreiungskriege und die Landesverteidigung im konventionellen militärischen Rahmen rechtfertigen zu können, sind Kriegstheoretiker in West und Ost bemüht, vor der »Verabsolutierung eines möglichen Kernwaffenkrieges«[27] zu warnen. Mehr als 120 begrenzte Kriege nach 1945[28] scheinen dafür zu sprechen, daß das Problem des »großen Krieges« isoliert vom »normalen« Krieg behandelt werden könnte.

Über den Nuklearkrieg gibt es anscheinend unter den Marxisten-Leninisten keine einheitliche Meinung. Einigkeit besteht sicherlich darin, daß Nuklearwaffen keine geeigneten Mittel sind, »die Politik der fortschrittlichen Kräfte gegen die Reaktion durchzusetzen«, daß sie also nicht für Angriffshandlungen im Bürgerkrieg, im nationalen Befreiungskrieg und für militärische Interventionen vorzusehen sind. Ein Nuklearkrieg ist also für Marxisten-Leninisten nur im Sinne eines wirklichen Verteidigungskrieges (im Falle eines tatsächlichen Angriffes auf einen sozialistischen Staat) diskutierbar. Der Begriff des Verteidigungskrieges mag dabei auch den Präventivkrieg mit einschließen, also den nuklearen Waffeneinsatz einige Minuten oder Stunden vor dem vermuteten Nuklearangriff des Feindes. Franz Loeser betont: »Der Charakter der sozialistischen Gesellschaft, insbesondere die führende Rolle der Arbeiterklasse und ihrer marxistisch-leninistischen Partei, verbietet, daß ein sozialistisches Land jemals einen nuklearen Angriffskrieg verursacht.«[29] (Soll die Formulierung »verursachen« die Option des »Beginnens« offenhalten?)

Uneinigkeit besteht zwischen Marxisten-Leninisten jedoch hingegen über das Ausmaß, die Opfer, die Kalkulierbarkeit und die Folgen eines Dritten Weltkrieges. Manche unter ihnen wie Mao Tse-tung[30] oder Heinz Hoffmann[31] gingen oder gehen davon aus, daß ein Nuklearkrieg – selbstverständlich immer begonnen von den aggressiven Imperialisten – zwar schrecklich sei und einigen Hunderten Millionen Menschen das Leben kosten werde, daß aber der Sozialismus mit Gewißheit (auf Grund des von der marxistisch-leninistischen Wissenschaft patentierten gesetzmäßigen Endsieges des Sozialismus/Kommunismus über den Kapitalismus/Imperialismus) den Dritten Weltkrieg gewinnen werde, daß dann die kapitalistischen Mächte endgültig vom Boden der Erde auf den Kehrichthaufen der Geschichte befördert seien. Diese, einem historischen Stufenschematismus folgende Endsiegideologie, die schon einmal verheerend bei der Einschätzung des Faschismus gewirkt hat[32] und die auch in Zukunft zu einer Unterschätzung der Kriegsrisiken in einer Krisensituation führen kann, ist als die gefährlichste Erscheinungsform der marxistisch-leninistischen Kriegslehre anzusehen.

Andere Marxisten-Leninisten scheinen doch nicht ganz so sicher zu sein, daß der Dritte Weltkrieg »nur« einige Hunderte Millionen Menschenleben kosten wird (so daß der Rest der Menschheit dann ungestört durch aggressive Kapitalisten und andere Reaktionäre im ewigen Frieden und Kommunismus leben kann), sondern vielleicht doch mehr als vier Milliarden Menschenleben: »In unserer heutigen Epoche wird der Niedergang der Bourgeoisie noch dadurch kompliziert . . ., daß sie (und nicht nur sie, E. J.) über nukleare Waffen verfügt, die die Existenz der gesamten Menschheit gefährden.«[33]

Wenn es aber richtig ist, daß auf Grund der heutigen Waffenpotentiale auch nur die Möglichkeit – ganz abgesehen von der hohen oder niedrigen Wahrscheinlichkeit – einer Ausrottung der gesamten Menschheit besteht (und nicht »nur« von 400 Millionen oder gegenwärtig zehn Prozent)[34], wenn also die Gefährdung der »Existenz der gesamten Menschheit« real-physisch und nicht nur metaphorisch oder zivilisatorisch (auch in die »Steinzeit« zurückgebombte Menschen hätten noch eine Zukunftsperspektive) gemeint ist, wie kann man da ernsthaft auch nur den Gedanken eines »gerechten Nuklearkrieges« erwägen? Dieser Frage weichen die marxistisch-leninistischen Kriegsmorallehrer aus – genauso wie ihre westlichen Kollegen. Sie weichen dieser Frage aus, indem sie darauf verweisen, daß die Funktion der Lehre vom »gerechten Nuklearkrieg« (bzw. von der »Verteidigung« notfalls auch mit allen vorhandenen Nuklearwaffen, wie man im Westen sagt) nicht sei, den historischen Show down der endgültigen menschlichen Gerechtigkeit anzustreben, sondern zu verhindern.

Entsprechend formulieren Kießling/Scheler in Reaktion auf meine früheren Ausführungen zum Thema:

»E. Jahn verdreht völlig den eigentlichen Sinn und die Bedeutung einer Unterscheidung von gerechten und ungerechten Kriegen unter den heutigen Bedingungen, wenn er – aus seiner Weltuntergangsvision im Gefolge eines neuen Weltkrieges (die ja offenbar auch manche Marxisten-Leninisten wie Franz Loeser teilen, E. J.) schlußfolgernd – schreibt: ›Die Aasgeier mögen sich, falls noch vorhanden, um die ›Kriegsschuldfrage‹ streiten und die Leichen der ›Kriegsverbrecher‹ nach Nürnberg, falls noch auffindbar, schleppen, damit der Teufel die ›gerechten‹ und ›ruhmreichen‹ Leichen aus den ungerechten und barbarischen aussortieren kann. Nicht um die Kriegsschuldfrage nach einem dritten Weltkrieg geht es, sondern um den Schuldspruch für die lebendigen potentiellen Kriegsverbrecher und die Anerkennung der Gerechtigkeit des militärischen Schutzes gegen deren friedensbedrohende Machenschaften, damit der dritte Weltkrieg nicht stattfindet.«[35]

Das ist nichts anderes als Abschreckungsstrategie, wenn auch Marxisten-Leninisten dieses Wort nicht mögen, wie umgekehrt westliche Kriegstheoretiker die Formel »gerechter Krieg« vermeiden. Mit anderen Worten: Wir Kommunisten und Fortschrittliche müssen unseren Teil zur Vorbereitung der Gefährdung der »Existenz der Menschheit« (Loeser) leisten, damit nicht sein kann, was nicht sein darf: der Dritte Weltkrieg. Die Marxisten-Leninisten sind in diesem Punkt noch nicht über die Position der alten Sklavenhalter-Ideologen hinausgekommen, die sich in dem Schlagwort verdichtete: »Wenn du den Frieden willst, bereite den Krieg vor!« (»Si vis pacem, para bellum.«)

Keine Klasse, keine Nation, keine Partei kann den die Existenz der Menschheit gefährdenden Dritten Weltkrieg wollen und keine will ihn. Doch darum geht es nicht, sondern darum, daß alle bedeutsamen politischen Kräfte auf dieser Erde – einschließlich der Marxisten-Leninisten – sich materiell, sozial, technisch, wissenschaftlich und psychisch darauf vorbereiten, in der wohlmeinenden Absicht, ihn zu verhindern, aber auch, um unterhalb der Schwelle des »verabsolutierten Nuklearkrieges« an der Verschiebung der Kräfteverhältnisse in die eine oder andere Richtung militärisch mitzuwirken.

Moderne Kriegslehre, ob es sich um eine marxistisch-leninistische oder irgendeine andere handelt, leidet unter dem unlösbaren Widerspruch, daß sie bei ihrer »politisch-moralischen Wertung des Krieges« auch den potentiell menschheitsausrottenden Krieg zu einem »gerechten Krieg« erklären muß, soll nicht die Abschreckungsdoktrin und die militärische Wehrbereitschaft in allen Ländern dieser Erde gefährdet werden. Keine Kriegslehre kann sagen: 1, 5, 20, 50, 99 Prozent Kriegstote der eigenen Kriegspartei, Klasse, Nation oder der ganzen Menschheit sind noch zu rechtfertigen, was darüber geht, nicht mehr. Aus diesem Grunde ist mit jeder militärischen Verteidigungsstrategie, die die modernen Massenvernichtungswaffen einbezieht, notwendig die Bereitschaft zur Ausrottung der Menschheit verbunden.

Daraus folgt, daß Friedenspolitik den Mut zu den Risiken einer pazifistischen Friedensstrategie eingehen muß, im Westen, im Osten und auch anderswo. Die Entdeckung und Entwicklung nichtmilitärischer Verteidigungs- und Angriffsstrategien, die in der Lage sind, das Odium des klassischen Pazifismus zu überwinden, »Kapitulationsideologie« vor dem »Unrecht«, der »Aggression« zu sein, gehört mit zu den Aufgaben einer Friedensforschung wie einer Friedensarbeit, die Alternativen zur Theorie und Praxis »gerechter Kriege« sucht.[36]

Anmerkungen

1 Franz Mehring, *Kriegsgeschichtliche Probleme* (Aug./Sept. 1915), in: *Gesammelte Schriften*, Bd. 8, Berlin 1973 (2), S. 391.

2 Gottfried Kießling, Wolfgang Scheler, *Friedenskampf und politisch-moralische Wertung des Krieges*, in: *Deutsche Zeitschrift für Philosophie* 24 (1/1976), S. 37-49. (Die Autoren haben leider den Abdruck ihres damaligen oder eines neuen Beitrags im vorliegenden Band abgelehnt. *Die Redaktion*).

3 Franz Loeser, *Philosophische Fragen des Friedenskampfes*, in: *Deutsche Zeitschrift für Philosophie* 24 (1/1976), S. 74-80.

4 Heinz Hoffmann, *Streitkräfte in unserer Zeit* 31 (3/1976), S. 35.

5 Bundesvorstand der DFG-VK, *Solche Thesen lehnen wir ab!*, in: *Zivilcourage* 2 (7/1976), S. 7.

6 Siehe dazu die Beiträge von Engelhard und Lienemann im vorliegenden Band.

7 Vgl. z. B. *Weißbuch 1979. Zur Sicherheit der Bundesrepublik Deutschland und zur Entwicklung der Bundeswehr*, Bonn 1979, S. 128, 124.

8 Carl von Clausewitz, *Vom Kriege*, Berlin 1957, S. 34.

9 Kießling/Scheler (s. Anm. 2), S. 39.

10 Ebenda, S. 39.

11 Wladimir I. Lenin, *Sozialismus und Krieg*, in: Lenin, *Werke*, Bd. 21, Berlin (DDR) 1972, S. 299 ff.

12 Kießling/Scheler (s. Anm. 2), S. 44.

13 Ebenda, S. 42, unter Bezug auf Wolfram Wette, *Kriegstheorien deutscher Sozialisten*, Stuttgart 1971, S. 69.

14 Julius Braunthal, *Geschichte der Internationale*, Band 2, Berlin – Bonn-Bad Godesberg[2] 1974, S. 515 ff.

15 Wladimir I. Lenin (s. Anm. 11), S. 300 f.

16 Vgl. UNO-Charta Artikel 1, 2, 39, 51.

17 Julius Braunthal (s. Anm. 14), Band 1, S. 327 ff.

18 Wolfgang Leonhard, *Die Dreispaltung des Marxismus*, Düsseldorf – Wien[2] 1975, S. 214 ff.; vgl. auch Reinhard Crusius, Manfred Wilke (Hrsg.), *Entstalinisierung. Der XX. Parteitag und seine Folgen*, Frankfurt 1977.

19 Vgl. Peter Klein, Stefan Doernberg (Red.), *Friedliche Koexistenz in Europa*, Berlin (DDR) 1977, S. 60 f.

20 Vgl. Leonhard (s. Anm. 18), S. 224, 257.

21 Loeser (s. Anm. 3), S. 77.

22 Kießling/Scheler (s. Anm. 2), S. 43, 48.

23 Ebenda S. 41; zitiert wird: Thomas Mann, *Vom kommenden Sieg der Demokratie*, in: *Gesammelte Werke*, Bd. 12, Berlin – Weimar 1965, S. 824.

24 Kießling/Scheler (s. Anm. 2) S. 45.

25 Ebenda S. 47.

26 Eine hervorragende Übersicht über die Lehren vom Krieg bietet Julian Lider, *On the Natur of War*, Farnborough 1977.

27 So auch Kießling/Scheler (s. Anm. 2), S. 46.

28 Eine Liste der Kriege von 1945-1976 stellte Istvan Kende auf, *Wars of Ten Years* (1967-1976), in: *Journal of Peace Research* 15 (3/1978), S. 239 ff.

29 Loeser (s. Anm. 3), S. 75 f.

30 Vor allem in der sowjetischen Polemik wird immer wieder eine Äußerung Mao Tse-tungs vom November 1957 – in verschiedenen Varianten – zitiert, in der er gesagt haben soll: »Falls die Hälfte der Menschheit vernichtet wird, bleibt ja noch eine Hälfte übrig, dafür aber wird der Imperialismus vollständig vernichtet sein«; vgl. Julius Braunthal (s. Anm. 14), Band 3, S. 557.

31 Vgl. S. 163 f. Ähnliche sowjetische Aussagen siehe bei Julian Lider, *The Prospect of War in the Missile Age*, in: *Journal of Peace Research* 13 (4/1976), S. 365 f.

32 Vgl. Gert Schäfer, *Die Kommunistische Internationale und der Faschismus*, Offenbach 1973, S. 9 ff.

33 Loeser (s. Anm. 3), S. 79.

34 Über zehn Prozent bis zu annähernd fünfzig Prozent der Bevölkerung gingen im letzten halben Jahrhundert infolge von Kriegen schon in mehreren Ländern zugrunde: Polen, Algerien, Biafra, Vietnam, Kampuchea.

35 Kießling/Scheler (s. Anm. 2), S. 47; zitiert wird aus: *Egbert Jahn, Kommunismus – und was dann?* Reinbek 1974, S. 128.

36 Einer der nächsten Bände der *Friedensanalysen* wird sich mit aktuellen Formen und Problemen des Zivilen Widerstands beschäftigen. *Die Redaktion.*

Oskar Weggel
»Der Friede als revolutionäres Werk der Massen«
Die Haltung der VR China zur Friedens- und Kriegsproblematik

1. »Gerechter Krieg« nach sino-kommunistischer Auffassung

Mao Zedong* schreibt in seinem Werk »Über den langwierigen Krieg«:

»Die im Laufe der Geschichte geführten Kriege teilen sich in zwei Arten: in gerechte und ungerechte Kriege. Alle Kriege, die dem Fortschritt dienen, sind gerecht, und alle Kriege, die den Fortschritt behindern, sind ungerecht. Wir Kommunisten sind gegen alle den Fortschritt behindernden, ungerechten Kriege, jedoch nicht gegen fortschrittliche gerechte Kriege. Was letztere betrifft, sind wir Kommunisten nicht nur nicht gegen sie, sondern nehmen auch aktiv an ihnen teil. Ein ungerechter Krieg war z. B. der Erste Weltkrieg. Er wurde von beiden Seiten für imperialistische Interessen geführt und deshalb von den Kommunisten der ganzen Welt entschlossen bekämpft. Man bekämpft einen solchen Krieg in der Weise, daß man, ehe er noch ausgebrochen ist, alles tut, um seinen Ausbruch zu verhindern; ist er aber bereits ausgebrochen, dann bekämpft man, wo immer dies nur möglich ist, den Krieg mit dem Krieg, setzt dem ungerechten Krieg einen gerechten entgegen.«[1]

In dieselbe Richtung zielt auch eine literarische Kritik, die Peking an einem Werk wie etwa Konstantin Simonows Roman *Tage und Nächte* übte. Der chinesische Rezensent wendet sich scharf gegen die negative Darstellung der Schlacht bei Stalingrad. Statt diesem weltpolitischen Ereignis in seiner

* Im vorliegenden Text wird die seit Januar 1979 in China universell gebräuchliche Pinyin-Schrift verwendet, also z. B. Mao Zedong statt wie bisher im Westen üblich Mao Tse-tung.

revolutionären Tragweite positiv gerecht zu werden, könne Simonow dem ganzen Geschehen nur negative Seiten abgewinnen. Fast auf jeder Seite sei von »zerschmetterten, blutigen Köpfen, steifgefrorenen Körpern und zerstörten Häusern« die Rede. In seiner bürgerlichen Grundhaltung gehe der Autor von drei »soldatischen Tugenden« aus: »Erstens, Liebe ist das höchste Glück. Zweitens, Überleben ist das wichtigste. Drittens, Krieg ist gräßlich.« Im Mittelpunkt der Handlung des Romans stehe die Liebe des Helden Saburow zu Anja und damit der Konflikt zwischen Liebe und Überleben einerseits und dem Krieg andererseits. Saburow sei im kriegszerstörten Stalingrad, in einer entscheidenden Schlacht, bei der die Zukunft der Menschheit an einem Faden hing, nur daran interessiert gewesen, um des Lebens und der Liebe willen nicht sterben zu müssen. Schlimmer noch, Simonow stelle den ganzen Kampf, ja den Krieg überhaupt als eine »menschliche Tragödie« dar, die alles vernichte. Er will den Krieg für immer verdammen. Dazu der chinesische Kommentator:

»In unseren Augen ist es die glücklichste Sache der Welt, für den Kommunismus zu kämpfen, und die dringendste Aufgabe, den Imperialismus ... zu vernichten, um die ganze Menschheit zu befreien. Die erbärmlichste Sache ist es, den revolutionären Willen zum Kampf aufzugeben, kein Schamgefühl zu haben und ein fügsamer Sklave der reaktionären Herrschenden zu werden. Wenn man von der Revolution und dem Kampf abkommt, dann kann überhaupt keine Rede von Glück sein.«[2]

Die offizielle chinesische Ideologie unterscheidet also m. a. W. zwischen Aggressionskriegen und Kriegen *gegen* solche Aggressionen, die als »geheiligte Kriege der nationalen Befreiung und der Selbstverteidigung« bezeichnet werden.[3]

Was ein Verteidigungskrieg ist, ist dieser Auffassung zufolge erst zu begreifen, wenn man weiß, worin ein Angriffskrieg besteht. Auch China stellt also hier in ganz entschiedener Weise auf das Merkmal der »Aggression« ab, das ja auch in Art. 1 der UNO-Charta zum Dreh- und Angelpunkt der gesamten Friedenssicherungsproblematik geworden ist. Das Ziel der UNO besteht darin, den internationalen Frieden aufrechtzuerhalten und zu diesem Zweck wirksame gemeinsame Maßnahmen zu ergreifen, um entweder einer Bedrohung des Friedens vorzubeugen oder eine Angriffshandlung zu entschärfen. Ob eine solche »Angriffshandlung« vorliegt, muß vom Sicherheitsrat festgestellt werden, der dann auch Ratschläge gibt oder entscheidet, welche Maßnahmen zu ergreifen sind (Art. 39, UNO-Charta). Was »Aggression« ist, wird also in der Praxis entscheidend vom Sicherheitsrat bestimmt, dem ja, zum ständigen Ärger Pekings, u. a. die beiden Supermächte angehören, die jede Antikriegsmaßnahme durch ihr Veto blockieren können.

Seit Jahren hat sich daher eine Diskussion um die Definition des »Aggressionsbegriffs« angelassen, an der sich seit 1971 auch die VR China beteiligt. Wie schwer es ist, eine gemeinsame theoretische Definitionsplattform zu finden, wurde schon bei den Versuchen der UNO von 1956 deutlich, eine verbindliche Definition auszuarbeiten. Drei grundverschiedene Rechtsauffassungen standen sich damals gegenüber:

– Die Juristen, die aus dem römischen Rechtsbereich kommen, suchten den Aggressionsbegriff in einer möglichst kurzen, in sich vollständigen General-Definition zu erfassen.

– Die sowjetische Seite andererseits bot eine aufzählende Definition an, die sich in der Anführung einer Unzahl von Aggressionsmöglichkeiten und in der Ausarbeitung von Einzelfällen erging.

– Die Vertreter aus dem angelsächsischen Rechtskreis schließlich verhielten sich gegenüber der Möglichkeit einer verbindlichen Definition von vornherein skeptisch und wollten – ganz dem Case-Law-Denken verhaftet – die Praxis zum Vater der Definition werden lassen.

Diesen drei verschiedenen Versionen fügte die Volksrepublik China später eine vierte hinzu. Anläßlich der Sitzung des 6. Ausschusses (Recht) der UNO-Vollversammlung, die vom 16. bis 21. 11. 1973 über den Aggressionsbegriff diskutierte, sprach sich der chinesische Vertreter gegen sämtliche Lösungsversuche aus, wie sie von westlicher und sowjetischer Seite vorgetragen wurden, und schlug vor, der heute weltweit zu beobachtenden Tendenz Rechnung zu tragen, daß das Ringen um die Welthegemonie den Hauptinhalt der imperialistischen Außenpolitik bilde und daß Imperialismus und Sozialimperialismus damit die eigentliche Ursache der gegenwärtigen Aggression seien.[4] Aus dem bloß äußerlichen, auf den ersten Blick kriegerischen Verhalten irgendeiner Partei dürfe keineswegs auf eine »Angriffshandlung« geschlossen werden. Zu unterscheiden seien immer zwei Arten von Kriegshandlungen, nämlich Aggressionskriege und Kriege gegen eine solche Aggression. Wolle man beide Stoßrichtungen unterscheiden, so dürfe man sich nicht abstrakter juristischer Begriffe bedienen (vermutlich waren hiermit sowohl die römisch-rechtlichen General- als auch die sowjetischen Spezialklauseln angesprochen), sondern müsse die objektiven Tatsachen sprechen lassen, die einen Rückschluß auf aggressive Motive zuließen. Entscheidend sei also letztlich der Wille zur Aggression, der aus den objektiven Tatsachen herauszudestillieren sei. Man müsse sich mit anderen Worten

»auf die objektiven Tatsachen stützen, um zu entscheiden, ob eine gegebene Aktion eine Aggression darstellt oder nicht, ob ihr ein aggressives Motiv zugrunde liegt oder nicht. Man darf keineswegs umgekehrt verfahren, d. h. die Existenz eines Aggressionsaktes erst dann als gegeben annehmen, wenn man ein aggressives Motiv ermittelt hat. Historische Tatsachen beweisen nämlich, daß kein Aggressor eine aggressive Absicht eingestehen wird. Im Gegenteil versucht er immer wieder, seine Verbrechen mit würdevollen Aushängeschildern zu versehen.«[5]

Wer aber soll nun eigentlich, so lautet die nächste Frage, feststellen, wann eine Aggression vorliegt?

Für die chinesische Seite ist diese Frage einfach zu beantworten. Die bisherige Rechtslage, derzufolge die Supermächte über das Vorliegen einer Angriffshandlung zu entscheiden hätten – eine Entscheidung, die jederzeit durch Veto blockiert werden kann –, sei nicht länger aufrechtzuerhalten. Habe nicht die Sowjetunion den Einmarsch in Prag 1968 beschönigend als »Schutz der Interessen der sozialistischen Gemeinschaft« hingestellt und den Aufmarsch ihrer Truppen an den Nordgrenzen Chinas als Maßnahme gegen chinesische »Expansionsbestrebungen und Kriegslüsternheit« bezeichnet?[6] Anstelle der Supermächte müßten deshalb in Zukunft sämtliche Mitglieder der UNO, ob groß oder klein, auf der Grundlage der Gleichberechtigung und gestützt auf die objektiven Tatsachen, eigenständige Analysen durchführen, um wahrheitsgemäße Schlußfolgerungen über das Vorliegen einer Angriffshandlung ziehen zu können.

Peking will also, in einer Art basisdemokratischer Grundhaltung, Massenpartizipation auch in der Frage von Krieg und Frieden entscheidend sein lassen und überträgt damit die in der innerchinesischen Praxis bewährte Methode der »Massenlinie« auf den außenpolitischen Bereich. Die Entscheidung über das Vorliegen einer Angriffshandlung soll nicht auf Grund einer materiellrechtlichen allgemeinen oder aufzählenden Definition, sondern auf der Grundlage eines gemeinsamen Sich-Zusammenredens, d. h. prozessual, entschieden werden. Man kann nach chinesischer Auffassung also mit jeder auftretenden Aggressionsfrage fertig werden, ohne daß nun gleich eine hundertprozentige Definition zur Hand sein müßte.

Die chinesischen Kommunisten waren mit Definitionsversuchen immer schon großzügig, wenn es nur gelang, die beiden Supermächte vor der Weltöffentlichkeit, vor allem vor dem UNO-Forum, als Quelle allen Übels und aller Kriege anzuprangern. Die Suche nach dem Aggressor wird hier m. a. W. zur Gerichtssitzung über die beiden Supermächte, vor allem die Sowjetunion, die in jedem anstehenden Fall der Fundamentalkritik ausgesetzt werden soll. Hauptkriterium für die Richtigkeit der im Wege der allgemeinen Massenpartizipation zu entscheidenden Aggressionsfrage ist also letztlich, ob es gelingt, die Sowjetunion in die Position des Schuldigen zu drängen.

»Gerecht« sind, wenn man diese spezifische chinesische Auffassung akzeptiert, letztlich alle Kriege gegen den »Sozialimperialismus« sowie gegen den »US-Imperialismus«. Sonstige Unterdrückungskriege, wie sie beispielsweise in den früheren afrikanischen Kolonien Portugals und heute noch in Südafrika herrschen, fallen demgegenüber kaum noch ins Gewicht, wenngleich auch sie als Aggressionen verurteilt werden.

So gesehen sind fast sämtliche Kriege seit dem Ende des Zweiten Weltkriegs, soweit sie von Ländern der Dritten Welt geführt wurden, »gerecht«. Schwierigkeiten ergeben sich nur dann, wenn Drittländer untereinander kämpfen, so z. B. Vietnam gegen Kampuchea oder Äthiopien gegen Somalia. Die Volksrepublik hat freilich auch hier schnell eine Antwort zur Hand, indem sie nämlich die Teilnahme einer der beiden Supermächte an einem solchen Krieg als entscheidende Ursache hinstellt. So z. B. im Falle der äthiopisch-somalischen Auseinandersetzungen: Beide Länder seien gemeinsam durch den italienischen Kolonialismus unterdrückt worden und hätten sich Seite an Seite von ihrem früheren Schicksal selbst befreit. Welchen Grund eigentlich sollten beide Länder haben, gegeneinander zu kämpfen? Offensichtlich seien die Streitigkeiten von außen hereingetragen worden, nämlich von der Sowjetunion, die eine Flottenbasis am Horn von Afrika erstrebe.

An dieser Stelle taucht nun eine im revolutionären Kontext wichtige Frage auf: Sind die Unterstützungsakte Chinas für revolutionäre Befreiungsbewegungen gerechtfertigt, oder müssen sie als »Aggression« eingestuft werden? In der Terminologie der Friedensforschung formuliert lautet das Problem: Erzeugt China bei diesen Unterstützungsaktionen »Konflikte« – mit der Folge, daß es wirklich aggressiv ist – oder deckt es nur schwelende (»latente«) Konflikte auf? Für die Beantwortung dieser Frage kommt es ganz entscheidend auf den Friedensbegriff an, der sich, grob schematisiert, auf zweifache Weise definieren läßt: Entweder als bloße äußere Abwesenheit von Gewalt oder aber als innere Abwesenheit von Klassenkonflikten. Konflikte brauchen ja nicht manifest zu sein, sondern können auch in latenter Form existieren. Es ist bemerkenswert, daß die chinesische Argumentation zu diesem Fragenbereich weitgehend parallel zu Positionen von Johann Galtung verläuft, obwohl ein unterschiedliches Vokabular benutzt wird und man davon ausgehen darf, daß die Chinesen ihre Erkenntnisse gewiß nicht aus Galtungs Werken gewonnen haben.

Die Volksrepublik China hat in ihrem bisherigen Verhalten gezeigt, daß für sie nur die zweite Alternative diskutabel ist. Die meisten Unterdrückungsakte erfolgen nach chinesischer Auffassung ja nicht im Wege der direkten, sondern der strukturellen Gewalt. Folglich dient jede Aufklärung der »unterdrückten Volksmassen« der Dritten Welt durch Propagandamaterial und jede Ausbildung von Widerstandskämpfern nicht etwa der Erzeugung, sondern nur der Sichtbarmachung bereits vorhandener Konflikte, die jedoch infolge mangelnden politischen Bewußtseins oder aber infolge geschickter Manipulation latent geblieben sind. Subversive Maßnahmen, die die Befreiung fördern, sind also aus chinesischer Sicht nicht Friedensstörungen, sondern ganz im Gegenteil erste Schritte auf dem langen Marsch zum Frieden; denn nur durch revolutionäre Selbstbefreiungsakte können die antagonistischen Widersprüche einer Gesellschaft ausgeschaltet werden. Befreiungsaktionen dieser Art werden als eine Form der organisierten Verweigerung gegenüber den verschiedensten Formen struktureller Gewalt verstanden, die in Form von patriarchalischen Familienverhältnissen, Verweigerung von Partizipationsrechten, verdummender Informationspolitik, repressiven Gesellschaftsstrategien und den verschiedensten Formen wirtschaftlicher Ausbeutung zutage treten. Befreiungskriege, politische Streiks, Guerilla-Aktionen und Demonstrationen der Volksmassen gegen ihre »reaktionären« Regierungen sind demzufolge nichts anderes als Notwehrmaßnahmen gegen strukturelle Gewaltakte eben dieser Regierungen. Logischerweise kann dann auch die Unterstützung solcher Emanzipationsbewegungen durch China lediglich als »Notwehrhilfe« qualifiziert werden.

Für Notstände, die durch strukturelle Gewalt bedingt sind, gibt es, genauso wie bei Krankheiten, zwei Möglichkeiten: Man kann die Krankheiten am Herd anpacken, oder aber man kann äußerlich an ihnen herumkurieren. Ganz in demselben Sinn kann man Konflikte entweder wirklich lösen oder sie nur übertünchen. Die Verschleierungsstrategie bedient sich u. a. der Propaganda, der Personalisierung von Übeln durch Benennung von Sündenböcken oder aber einer bestimmten »reaktionären« Ideologie, z. B. der Forderung nach perfekten Konsumenten. Nach chinesischer Auffassung vermögen Ventile dieser Art dem Druck der Widersprüche auf die Dauer kaum standzuhalten. Will man statt einer bloßen »Befriedung« den wirklichen »Frieden« herbeiführen, so muß nach sino-kommunistischem Verständnis an die Stelle der traditionellen Konfliktverschleierungsmaßnahmen eine kompromißlose Revolutionsstrategie treten. Ein »revolutionärer Krieg« ist nach Mao »ein Gegengift, das nicht nur das Gift des Feindes vernichtet, sondern auch unseren eigenen Schmutz hinwegsäubert. Jeder gerechte revolutionäre Krieg besitzt eine gewaltige Macht und kann viele Dinge umgestalten oder den Weg für ihre Umgestaltung bahnen.«[7] Zentrale Aufgabe und höchste Form der Revolution ist daher nach Mao die bewaffnete Machtergreifung, ist die Lösung des Problems durch den Krieg.

Mao Zedong drückte seine Überzeugung, daß der wirkliche Friede häufig nur durch einen revolutionären Krieg zu erreichen sei, in einer für ihn typischen dialektischen Wendung folgendermaßen aus: »Wenn man will, daß es keine Gewehre mehr geben soll, so muß man das Gewehr in die Hand nehmen.«

Die Antwort auf die Frage, ob die VR China aggressiv sei, fällt demnach – aus chinesischer Perspektive gesehen – ziemlich eindeutig aus. Sie wäre aggressiv, wenn ihre Subversionshilfe Konflikte *erzeugte* (und nicht etwa bereits vorhandene, aber latente, manifest machte); sie handelt andererseits nicht aggressiv, soweit ihr zugebilligt wird, daß sie, als eine Art Anwalt der Verzweifelten, *Nothilfe* gegenüber struktureller Gewalt leistet und dabei Konfliktverschleierungsmaßnahmen durch Revolutions- und Aufklärungsstrategien zu unterlaufen sucht. Letztlich hängt diese Zubilligung vom politischen Standpunkt ab, den man vertritt.

2. Die Atombombe und der »gerechte Krieg«

Verliert nun, so muß man fragen, der »gerechte Krieg« nicht seinen Sinn – und letztlich seine Berechtigung –, wenn er den Einsatz der Atombombe – und damit vielleicht sogar den Untergang der Menschheit heraufbeschwört?

Noch genauer formuliert stehen hier drei Fragen im Vordergrund: Hat die Atombombe den Charakter des Krieges qualitativ verändert? Sind Kriege in der heutigen Weltsituation vermeidbar? Ist die Vermeidung von Kriegen überhaupt wünschenswert?

Nach chinesischer Auffassung ist die Atombombe als solche nichts anderes als ein Papiertiger, der an der Strategie des Volkskrieges nichts ändere.[8] Die ABC-Waffen schüfen nur quantitative Dimensionen. Der Krieg bleibe qualitativ derselbe, weil er sich zwischen Gruppen vollziehe, die verschiedenen Klassen angehören. Maßgebend für die Kriegführung sei die »geistige Atombombe« politisch bewußter Kämpfer, nicht die physische Atombombe.

Seit 1978 zeigt sich hier freilich eine etwas veränderte Auffassung: Die »Eisen- und Stahltheorie« Deng Xiaopings, die der maoistischen Auffassung vom absoluten Vorrang des »menschlichen Faktors« entgegengesetzt ist, beginnt Wirkungen zu zeigen, vor allem bei der z. Z. vorgenommenen militärischen Modernisierung Chinas. Ob sich diese Änderung auch auf die Einschätzung der Effektivität von Guerillabewegungen niederschlagen wird, ist eine Frage, deren Antwort sich bisher noch nicht ausmachen läßt.

Mao erklärte zum Atomkrieg,[9] China hoffe zwar, daß die Revolution einem neuen Weltkrieg zuvorkomme (»Der Ostwind siegt über den Westwind«). Gleichwohl müsse man aber über das Unvorstellbare nachdenken. Ein thermonuklearer Krieg hätte vermutlich zwei Folgen, den Untergang vielleicht der halben Menschheit,[10] gleichzeitig aber auch die endgültige Liquidierung des Imperialismus. Der Erste Weltkrieg hat nach Auffassung Pekings dem Sozialismus in den Sattel geholfen, der Zweite Weltkrieg hat seinen Radius gewaltig erweitert, und ein Dritter Weltkrieg würde das Werk vollenden.[11]

Die chinesische Antwort ist also klar: Auch neue Waffen ändern nichts an der Frage der »Gerechtigkeit« von Widerstandskriegen. Ideologisch geht man in China sogar so weit, daß man die Vermeidung von Kriegen nicht einmal für wünschenswert erklärt. Ein Dritter Weltkrieg sei zwar nach Möglichkeit zu verhindern; da Selbstbefreiungsbewegungen heutzutage aber nur in Form von nationalen Befreiungskriegen sich durchsetzen könnten, seien solche lokalen Befreiungsbewegungen auch im militärischen Sinne unterstützungsbedürftig. Es gebe nur ein Mittel zur Abschaffung des Krieges: Man müsse den Krieg mit dem Krieg bekämpfen.[12] Friedliche Koexistenz dürfe nie zur Generallinie der Außenpolitik werden, sondern bilde, neben dem »proletarischen Internationalismus« und der »Unterstützung« revolutionärer Befreiungsbewegungen, nur *eine* von drei außenpolitischen Hauptrichtlinien.

All diese Aussagen sind, dies soll hier ausdrücklich betont werden, Ideologie. In der Praxis verhielt sich China bis vor kurzem so vorsichtig, daß der Graben zur Theorie hin fast unüberwindlich schien. China hat zwar einige Befreiungsbewegungen durch Waffenlieferungen, Guerillaausbildung und infrastrukturelle Flankierungsmaßnahmen, wie Bereitstellung von Partisanensendern (z. B. »Stimme des Volkes von Thailand«, »Stimme der malayischen Revolution«, »Stimme des Volkes von Birma« usw.) unterstützt, doch hat es andererseits nie unmittelbar militärisch zugunsten einer revolutionären Bewegung eingegriffen, obwohl es seit seiner Gründung im Jahre 1949 militärisch mehrere Male über seine Grenzen hinausgewirkt hat. Das Engagement während des Koreakrieges beispielsweise war keineswegs durch die Überlegung ausgelöst, der nordkoreanischen Revolution zu helfen, sondern war ausschließlich von der Befürchtung getragen, die UNO/USA-Militäraktionen könnten im weiteren Verlauf auf die damals noch junge Volksrepublik übergreifen. Peking hat damals also ausschließlich in Verfolgung eigener nationaler Sicherheitsinteressen gehandelt. Auch in den Auseinandersetzungen mit Indien und der Sowjetunion ging es um Territorialansprüche, also ebenfalls typisch nationale Fragen.

Wie ist in diesem Zusammenhang der chinesische Feldzug gegen Vietnam vom 17. 2.-15. 3. 1979 zu bewerten? Als manifestes Ziel wurde am 17. 2. 1979 ein »Gegenangriff zwecks Verteidigung der chinesischen Grenze« angegeben und eine Fülle von bewaffneten Provokationen der Vietnamesen aufgezählt. Daneben sei es um die »Eindämmung der vietnamesischen Expansion sowie die Erhaltung von Frieden und Stabilität in Südostasien und im asiatisch-pazifischen Raum« gegangen.[13] Doch gab es auch eine ganze Reihe von latenten Zielvorstellungen, wie sie vor allem Deng Xiaoping bei seiner US-Reise im Dezember erwähnt hatte, nämlich die »Zerstörung des Mythos von der Unbesiegbarkeit der vietnamesischen Armee, die sich als drittstärkste Macht der Welt dünkt«, ferner die »Bestrafung« Vietnams und die Entlastung Kampucheas (Devise: »Den Staat Wei angreifen, um den Staat Zhao zu retten«). Schließlich sollte noch eine Anzahl von Kohle- und Kaligruben im Grenzbereich zerstört und damit den Vietnamesen auch ein wirtschaftlicher Denkzettel erteilt werden. Nicht zuletzt ging es wohl auch darum, die Sowjetunion aus Kampuchea herauszuhalten.

Als reiner Defensivakt gegenüber dem Nachbarstaat Vietnam läßt sich das Unternehmen nicht rechtfertigen, da sich nicht nur Vietnam, sondern auch China selbst militärischer Übergriffe schuldig gemacht hat, so daß keine reine Notwehrhandlung (d. h. die Abwehr eines einseitigen Angriffs) vorlag. Als Strafaktion interpretiert wird die Bewertung noch problematischer. Der Begriff »Strafe« entspricht den personalistischen Vorstellungen absolutistischer Staaten, findet also spätestens seit der Französischen Revolution keinen Platz mehr im Völkerrecht. Die chinesische Aktion erinnert an »pädagogische« Militärunternehmen, die bis 1911 stets dann stattzufinden pflegten, wenn ein Tributstaat die Verhaltensrituale gegenüber dem Reich der Mitte verletzte. Ähnliche Strafexpeditionen gegen Vietnam hatten bereits 1406-1428 durch die Mingdynastie und 1789 durch den Qing-Hof stattgefunden. Im Falle einer »Bestrafung« hätte sich China hier also wahrhaft im Jahrhundert vergriffen!

Völkerrechtlich legitimieren läßt sich der Feldzug jedoch notfalls unter zwei weiteren, miteinander zusammenhängenden Gesichtspunkten, nämlich der Nothilfe für Kampuchea und zugleich der Abwehr des »großen Hegemonisten« Sowjetunion, der sich mit Hilfe des »kleinen Hegemonisten« Vietnam im Vorfeld Chinas festsetzt.

Das Vietnamunternehmen war von den Chinesen vorher genauestens auf seine Risiken hin kalkuliert worden. Vier Fragen standen dabei im Vordergrund: Besteht eine Gefahr, daß die Sowjetunion eingreift? Wird China gegen das militärisch starke Vietnam sein Gesicht verlieren? Wird das chinesische Friedensimage Schaden erleiden? Und: Wird der Feldzug sich negativ auf die »vier Modernisierungen« auswirken? Erst nachdem man diese Fragen durchgespielt und nach Abwägung aller Umstände verneint hatte, begann man das Unternehmen, das ja auch nach 27 Tagen schon wieder beendet und überdies geographisch eng begrenzt war.

Nicht zuletzt der Vietnamfeldzug hat wieder einmal gezeigt, daß China scharf in Worten, aber höchst vorsichtig in seinen Taten ist. Dies gilt im übrigen nicht nur für das moderne sozialistische, sondern auch für das China der Kaiser. Schon damals wich man, wo immer möglich, militärischen Auseinandersetzungen aus.

Die klassischen Schriften, die dem damaligen politischen Denken zugrunde lagen, gingen davon aus, daß das »Reich der Mitte« eine so unwiderstehliche Attraktivität auf die »barbarischen« Ausländer ausübe, daß diese freiwillig Tribut brächten und damit zu friedlichen Verehrern Chinas würden. China wollte also die »Barbaren« durch sein eigenes Vorbild zu zivilisiertem Verhalten erziehen und nicht etwa Gewalt und Einmischungspolitik betreiben. Mehr noch: China wollte die Welt nicht erobern, sondern im Zentrum der Welt stehen. Überspitzt könnte man sogar behaupten, daß China die Barbaren brauchte, um sich seiner Erhabenheit noch bewußter zu werden. Kann doch nach der alten komplementären Betrachtungsweise Zivilisation nur dort existieren, wo auch Barbarei besteht, ebenso wie es kein Licht ohne Schatten gibt. Durch Eroberungen hätte sich China des Publikums und damit eines Anreizes zur permanenten Selbstvervollkommnung beraubt.

Dieser Glaube an Chinas zivilisatorische Macht war freilich nicht unbegrenzt. Man war davon überzeugt, daß einige Völker, wie die Koreaner, die Japaner und die Satelliten im Süden (Annam, Tonkin) durch den Automatismus des guten Vorbildes erzogen werden konnten. Gegenüber den Steppenvölkern andererseits bestanden erhebliche Zweifel und Vorbehalte. Schon in der Han Zeit (206 v. – 220 n. u. Z.) wandte man daher diesen Unbelehrbaren gegenüber andere Mittel an:

– Eine alte Regel war beispielsweise der Grundsatz, sich »mit dem Fernen zu verbünden, um das Nahe zu bekämpfen« (yuan jiao jin gong). Diese Regel ist auch heute keineswegs vergessen, wie z. B. die EG-Politik Chinas beweist.

– Eine weitere, noch allgemeiner formulierte, Gebrauchsanweisung für die alte Außenpolitik bestand darin – ähnlich dem römischen »Teile und herrsche!« –, »einen Barbaren durch einen anderen zu kontrollieren« (yi yi zhi yi). Die Kontrolle Indiens durch wohlwollende Zusammenarbeit mit den Nachbarstaaten Pakistan, Nepal, Ceylon wäre ein moderner Anwendungsfall dieser alten außenpolitischen Gebrauchsanweisung.

– Berühmt war auch die Besänftigung wilder »Barbaren« durch Heiratspolitik, wobei chinesische Prinzessinnen als Preis für ein Nichtangriffs-Versprechen hingegeben wurden. Diese Methode hatte den zusätzlichen Vorteil, daß der Unruhestifter in ein persönliches Verhältnis zum chinesischen Kaiser trat und damit wiederum in ein von der konfuzianischen Sitte vorgeschriebenes Verhaltensnetzwerk eingebunden wurde.

Das alte China hat freilich, wenn es nicht anders möglich schien, auch den militärischen Fehdehandschuh aufgegriffen. Im allgemeinen aber trieb es Zivilisierungs- statt Militärpolitik.

Dieselbe Tendenz wird im modernen China, wenn auch unter anderem Vorzeichen, fortgesetzt. Lin Biao stellte auf dem IX. Parteitag 1969 fest, es gebe nur zwei Möglichkeiten: Die eine sei, daß der Krieg die Revolution hervorruft, die andere, daß die Revolution den Krieg verhindert. Dem Vorwurf der »Kriegslüsternheit« Chinas begegnete Lin Biao mit folgender Erwiderung: »Meine Herren, Eure Beschimpfungen vermehren nur unser Ansehen. Es ist gerade diese unsere Kriegslüsternheit, die dazu beiträgt, den Imperialismus daran zu hindern, einen Weltkrieg zu entfesseln.« Zwei große Parolen waren es vor allem, die seit Anfang der 70er Jahre das politische Leben der Volksrepublik China beherrschten:

– »Vorbereitung auf Naturkatastrophen, Vorbereitung auf einen Verteidigungskrieg, alles für das Volk!« und

– »Getreidevorräte anlegen, Wehrgräben ausheben, den Hegemonismus bekämpfen!«

Obwohl also das revolutionäre Vokabular der Chinesen eine äußerst aktive Militärpolitik vorzugeben scheint, ist die praktische Politik – das gilt auch nach dem Feldzug gegen Vietnam – weitgehend auf Defensive eingestellt.

3. Formen des »gerechten Krieges«

Da die Formen der Unterdrückung so weit gefächert sind, müssen auch die Modalitäten der Selbstverteidigung vielfältig sein und jedem Angriff auf jeder beliebigen Ebene begegnen können. »Krieg« muß nicht unbedingt militärische Formen annehmen. Dialektisch gesehen ist der Krieg ja nur Politik mit Blutvergießen, während die Politik Krieg ohne Blutvergießen ist. Militärische und nicht-militärische Maßnahmen gehen ineinander über, so daß der »Krieg« durchaus auch wirtschaftlicher und kultureller Art sein kann.

Auf wirtschaftliche Unterjochungsversuche lautet die revolutionäre Antwort: »Neue Weltwirtschaftsordnung«.

Angriffe auf kulturellem Gebiet sind durch entsprechende Gegenpropaganda abzuwehren. Überhaupt ist chinesische Außenpolitik weitgehend ein Versuch, den »Volksmassen« in den verschiedenen Ländern revolutionäre Gedankengänge vertraut zu machen, d. h. die Menschen dort über ihre Situation aufzuklären und in ihnen revolutionäres »Bewußtsein« (ein Lieblingswort!) zu wecken. Außenpolitik ist auf weite Strecken hin ein Versuch der weltweiten »Massenlinisierung«.

Was schließlich militärische und atomare Angriffe anbelangt, so werden auch hier entsprechende Gegenpositionen aufgebaut. China unterhält beispielsweise nicht nur eine Armee von 3½ Mio. Mann, sondern darüber hinaus einen Vorrat an atombestückten Raketen, die, wie die offizielle Erklärung bei jedem neuen Nuklearversuch lautet, zur »Selbstverteidigung« bereitgestellt werden und deren wachsendes Potential gleichzeitig die Bereitschaft der Atom-Supermächte fördern soll, sich auf eine totale Abrüstung aller Nuklearwaffen einzulassen.

Sämtliche bereitgestellten Kampfformen sollen aber nahtlos ineinander übergehen und keineswegs vor der Eskalation ins Militärische Halt machen. Im Gegensatz zur Sowjetunion, die zwar den wirtschaftlichen und ideologischen Kampf bis aufs Messer befürwortet, aber den Nuklearkrieg unter allen Umständen ausgeklammert sehen möchte, da die »Atombombe nicht danach fragt, ob sie einen Imperialisten oder das Volk trifft«, sieht sich China auf jeder Stufe zu höherem Risiko genötigt.

4. Die chinesischen Abrüstungsvorstellungen

Am 15. Mai 1979 legte China der UNO-Abrüstungskommission sein Gesamtprogramm vor. Das Memorandum geht zunächst vom ständigen Wettrüsten der beiden Supermächte aus und verweist im übrigen auf die chinesische Ablehnung von SALT II, das ein »Betrug an den Völkern« sei, da die quantitative »Obergrenze« der strategischen Waffen noch eine weitere Auffüllung zulasse, da SALT ferner keinerlei Einschränkungen für die Verbesserung der Qualität, der Treffsicherheit und der Lenksysteme vorsehe und da die eurostrategischen Waffen, vor allem die SS 20-Mittelstreckenraketen und die sowjetischen Backfirebomber unberücksichtigt geblieben seien.[14]

Der eigentliche Abrüstungsvorschlag gliedert sich in drei Teile, die unter den Überschriften »Ziel«, »Hauptprinzipien« und »Hauptmaßnahmen« stehen. *Ziel* des Abrüstungsprogramms müsse es sein, Maßnahmen für einen realen Abrüstungsfortschritt und für die Verhinderung eines neuen Weltkrieges sowie bewaffneter Aggressionen zu treffen (von defensiven, also nach chinesischer Auffassung »gerechten« Kriegen ist hier keine Rede).

Die *Hauptprinzipien*, die der Abrüstung zugrunde liegen müßten, seien die friedliche Koexistenz und der »Anti-Hegemonismus«. Beide Supermächte hätten als erste abzurüsten, und zwar sowohl auf dem konventionellen als auch auf dem ABC-Gebiet. Die eingesparten Rüstungsgelder sollten in Entwicklungshilfefonds fließen. Die Abrüstung dürfe jedoch nicht die Entwicklung der Atomnutzung für friedliche Zwecke behindern. Abrüstungsmaßnahmen seien durch regionale Teilmaßnahmen zu flankieren, z. B. durch die Gründung von (supermachtsfreien) Friedens- und atomwaffenfreien Zonen. Die Abrüstung müsse »demokratisch« vor sich gehen, wobei den einzelnen UNO-Mitgliedern sowohl bei bilateralen als auch multilateralen Abrüstungsverhandlungen Einwirkungsmöglichkeiten zugestanden werden sollten. Die Abrüstung müsse von wirksamen Kontrollmaßnahmen begleitet sein. Gleichzeitig müsse mit ihr eine Mobilisierung aller Menschen für den Frieden Hand in Hand gehen.

Zu den *Hauptmaßnahmen* rechnen nach chinesischer Vorstellung das allseitige Verbot und die vollständige Vernichtung aller Kernwaffen und ihrer Trägersysteme, ferner die Reduzierung der konventionellen Waffen, womit wiederum hauptsächlich die Supermächte angesprochen sind, ferner das Verbot chemischer und biologischer Waffen, die Liquidierung aller Einrichtungen, die mit der Forschung, Entwicklung und Herstellung von Massenvernichtungsmitteln befaßt sind, die Errichtung von Friedenszonen, mit der die Schleifung ausländischer Militärbasen Hand in Hand zu gehen habe, und die Festlegung kernwaffenfreier Zonen für die Zeit des Übergangs zur vollständigen nuklearen Abrüstung.[15]

5. Zur innenpolitischen Bedeutung auswärtiger Kriege

Für ihre praktische Friedenspolitik kann die VR China heute drei Argumente ins Feld führen:

– die lange friedliche Tradition des chinesischen Reiches, die auch heute noch nachwirke. Die Ausdehnung der chinesischen Grenzen hat sich im allgemeinen nicht durch Eroberungen vollzogen, sondern im Wege der Absorption von Angreifern. Dies wird bei Mongolen und Mandschus besonders deutlich.

– Peking stellt ferner die rhetorische Frage: »Welche Militärblöcke hat China organisiert, welchen hat es sich angeschlossen? In welchem Land hat China einen einzigen Soldaten stationiert oder einen Militärstützpunkt errichtet? Wessen Aggressionsakte hat es unterstützt? In wessen innere Angelegenheiten hat es sich eingemischt? Wann hat es sich als Führer irgendeiner Allianz aufgespielt?«[16]

– Militärische Unternehmen lösen auch kaum Solidarisierungseffekte der Bevölkerung für die Führung aus. Während beispielsweise amerikanische Präsidenten bei hartem und zügigem Vorgehen gegen auswärtige Gegner (während des Ersten und Zweiten Weltkrieges, während des Koreakrieges, während der Kubakrise 1962 oder während der Mayaguezkrise 1975) stets Pluspunkte bei der Bevölkerung sammeln konnten, hat die chinesische Führung mit ihren Aktionen in Korea, an der indischen Grenze und gegen Vietnam die breiten

Massen kaum beeindruckt. Der »Erziehungsfeldzug« gegen Hanoi im Februar/März 1979 vollzog sich weitgehend ohne propagandistische Einbeziehung der Bevölkerung.

Militärische Unternehmungen gelten m.a.W. nicht als Ventilaktionen zur Ableitung landesinterner Unzufriedenheiten, sondern nur als leider unvermeidliche, von außenpolitischen Erwägungen diktierte Übel, die man möglichst schnell hinter sich bringt.

China braucht bei seinen »vier Modernisierungen«[17] in der Tat eine »friedliche internationale Umwelt«.

Sein Antihegemonismus ist diktiert von der Befürchtung, daß die große militärische Auseinandersetzung mit der Sowjetunion unvermeidbar ist, wenn ihren Expansions- und Einkreisungsversuchen nicht rechtzeitig ein Riegel vorgeschoben wird, und zwar nicht nur durch eine langfristige Verteidigungspolitik, sondern auch durch den Aufbau antihegemonistischer Vereinter Fronten.

6. Zusammenfassung und Bewertung

Nach offizieller chinesischer Sprachregelung ist jeder Krieg »gerecht«, der sich gegen Akte der »Aggression« in ihren verschiedensten Ausprägungen, seien sie nun politischer, wirtschaftlicher, kultureller oder militärischer Natur, richtet. Was »Aggression« ist, wird weder durch eine abstrakt abgefaßte, noch durch eine konkrete, d. h. aufzählende Definition festgelegt, sondern muß – ganz im Sinne der »Massenlinie« – in jedem Einzelfall durch die überwältigende Mehrheit der Völker (UNO-Mitglieder) entschieden werden, und zwar in Richtung auf eine jeweils »maximale Isolierung« der beiden Supermächte – vor allem der Sowjetunion –, von denen, der chinesischen Auffassung zufolge, letztlich die Kriege jeglicher Art ausgehen. Selbst Konflikte, denen auf den ersten Blick ein rein regionaler Charakter anzuhaften scheint – man denke etwa an die Auseinandersetzungen zwischen Somalia und Äthiopien oder zwischen Kampuchea und Vietnam –, gelten aus chinesischer Sicht letztlich als durch die Supermächte verursacht.

Maßnahmen der Verteidigung sollen in *der* Weise abgestuft sein, daß auf jede beliebige Aggressionsform jeweils eine gebührende Antwort erteilt werden kann. Höchste Form der Revolution freilich ist der bewaffnete Kampf. Chinas Unterstützung der so hoch eingestuften »Befreiungsbewegungen« gilt folglich als eine Art Notwehrhilfe.

Auch Atomwaffen ändern nichts an dieser grundsätzlichen Einschätzung der »Gerechtigkeit« eines Verteidigungskriegs, zumal Peking von der optimistischen Erwartung ausgeht, daß am Ende eines Atomkriegs keineswegs die Selbstvernichtung der Menschheit stünde, sondern ein für den Aufbau des Sozialismus aussichtsreicher Neubeginn.

Soweit die Theorie. In der Praxis verhält sich China eher nach der – offiziell so unversöhnlich bekämpften – sowjetischen Auffassung, daß die in jedem Fall zu wahrende »friedliche Koexistenz« zwar Kampf auf wirtschaftlichem und ideologischem Gebiete bedeutet, daß die Schwelle zum Krieg jedoch nicht überschritten werden darf.

Der in der chinesischen Propaganda pausenlos wiederholte Hinweis, daß die große militärische Auseinandersetzung zwischen den beiden Supermächten unvermeidbar sei und daß sich der entscheidende Zusammenstoß in Europa ereignen werde, ist weniger als wissenschaftliche Prognose denn vielmehr als Dauerschutzimpfung gegen die erwartete Wiederkehr des »kapitulationistischen« Geistes von München (1938) und nicht zuletzt auch als permanente Aufforderung an alle »vereinigungsfähigen Kräfte« gedacht, sich zusammenzuschließen, um auf diese Weise den jeweiligen Hauptfeind maximal zu isolieren. Die beiden Supermächte, vor allem die Sowjetunion, sollen durch diese Methode ständig in die Defensive – und damit vielleicht auch zur Selbstkritik in Form von Abrüstungsmaßnahmen – getrieben werden. China hofft, daß die Partizipation der Völker dieser Erde am ständigen Prozeß der Abstimmung gegen den Krieg langfristig jeglichem Hegemoniestreben und jeglicher Aggression die Spitze abbrechen werde. »Entweder kommt der Krieg der Revolution zuvor, oder aber die Revolution verhindert den Krieg.« Revolutionen in diesem Sinne aber beginnen mit der gleichberechtigten Teilnahme aller Völker an der Entscheidung über die internationalen Schicksalsfragen, nicht zuletzt über Krieg und Frieden.

Gelten diese maoistischen Positionen auch noch nach dem 6. Oktober 1976, jenem Zeitpunkt also, der durch den Sturz der engsten Mitarbeiter Maos, der sogenannten »Viererbande«, gekennzeichnet ist und der schon heute als entscheidende Zäsur in der Geschichte des sozialistischen China erscheint?

Zwar zeigt sich in der chinesischen Außenpolitik inzwischen eine Hinwendung zu solchen Ländern, die der inzwischen ubiquitären Modernisierungspolitik nützen können, also zu den Staaten der Zweiten Welt (Japan, Westeuropa, Kanada, Australien, ja sogar zu den USA). Die Länder der Dritten Welt rücken damit unvermeidlich etwas in den Hintergrund. Gleichwohl macht die Unterstützung der Guerillabewegung in Afghanistan, in Angola, in Birma, Malaysia und in Mittelost (PLO) deutlich, daß China seine revolutionäre Mission noch keineswegs vergessen hat. Nicht zuletzt hat sich Deng Xiaoping bei seiner Reise durch mehrere ASEAN-Länder im November 1978 demonstrativ geweigert, der Unterstützung von Guerillabewegungen in diesen Ländern offiziell abzuschwören. Für China handle es sich hier um eine Frage von prinzipieller Bedeutung.[18]

Anmerkungen

Der vorliegende Aufsatz ist eine überarbeitete und aktualisierte Fassung von *Der gerechte Krieg als höchste Form der Revolution. Die Haltung der VR China zur Friedens- und Kriegsproblematik*, in: *China aktuell*, Monatszeitschrift, herausgegeben vom Hamburger Institut für Asienkunde (April 1978, S. 183-187))

1 Mao Zedong, *Über den langwierigen Krieg, Ausgewählte Werke*, Bd. II, Peking 1968, S. 174.

2 Abgedruckt bei Oskar Weggel, *Die Alternative China*, Hamburg 1973, S. 364 ff.

3 *Peking Rundschau* 1973, Nr. 49, S. 9.

4 Ebenda S. 9.

5 Ebenda S. 10.

6 Ebenda.

7 Mao Zedong, *Über den langwierigen Krieg* (s. Anm. 1).

8 Die Papiertigertheorie wurde von Mao im Zusammenhang mit den Atombomben zum erstenmal im Gespräch mit der amerikanischen Korrespondentin Anna-Louise Strong vom August 1946 entwickelt. Vgl. Mao Zedong, *Ausgewählte Werke*, Bd. IV, S. 97 und 102.

9 Erklärung Maos vom 18. 11. 1957 vor der Weltkommunistenkonferenz in Moskau, *Renmin Ribao* (Pekinger Volkszeitung), 1. 9. 1963.

10 Vgl. hierzu auch das Interview des ehemaligen Außenministers Chen Yi mit Jules Roy in *L'Express* vom 26. 10. und 1. 11. 1964.

11 Dieser Gedanke klingt bereits an in Mao Zedong, *Ausgewählte Werke*, Bd. IV, S. 59. *(Über die Verhandlungen in Chungking und in Lin Biao, Lange lebe der Sieg im Volkskrieg*, Peking 1965, S. 76).

12 Mao Zedong, *Ausgewählte Werke*, Bd. I, S. 213 f.

13 *Renmin Ribao*, 18. 2. 1979.

14 Zur SALT-Kritik vgl. *Xinhua* 1., 2., 8., 11., 12., 16., 19. und 23. Mai 1979.

15 Eingehender dazu: *China aktuell*, Mai 1979, S. 541.

16 *Beijing Rundschau* (bis 1. Januar 1979: *Peking Rundschau*), 1979, Nr. 44, S. 16.

17 Die »vier Modernisierungen« sollen die Landwirtschaft, Industrie, Wissenschaft und Technologie sowie die Landesverteidigung erfassen (in dieser, wohl programmatischen Reihenfolge). Der Begriff der »vier Modernisierungen« wurde erstmals 1964 vom damaligen chinesischen Minsterpräsidenten Zhou Enlai beim Dritten nationalen Volkskongreß verwendet und steht heute für das derzeit gültige Generalprogramm zum Aufbau des Sozialismus. Es stellt eine sehr weitgehende Absage an das maoistische Entwicklungsprogramm dar, insofern jetzt statt auf die eigenen Kräfte und die Ersetzbarkeit von moderner Technologie durch Menschen auf eben diese Technologie gesetzt wird, die nun auch mit Hilfe des Auslands forciert werden soll.

18 Ausführung mit Nachweis: Oskar Weggel, *Südostasien im Brennpunkt (Die Besuche Deng Xiaopings in der ASEAN-Region)*, in: *China aktuell*, Dezember 1978, S. 819-822.

Otto Kimminich
Der gerechte Krieg im Spiegel des Völkerrechts

Die Geschichte des Völkerrechts beginnt nach fast einhelliger Meinung erst in der Neuzeit, und zwar im 17. Jahrhundert. Noch genauer: mit dem Westfälischen Frieden von 1648. Nur wenige Historiker vertreten die Auffassung, daß bereits in der Antike ein Völkerrechtssystem bestanden habe. Sie können darauf verweisen, daß schon damals Verträge zwischen Staatenlenkern (Königen, Pharaonen, Stammesfürsten) geschlossen wurden, die sich ihrem Inhalt nach mit den völkerrechtlichen Verträgen der Neuzeit vergleichen lassen. Jedoch ist es bisher noch nicht gelungen, aus der Vielzahl dieser Verträge eine in sich geschlossene Rechtsordnung abzuleiten, die den Namen Völkerrecht verdiente. Deshalb spricht die Mehrzahl der Historiker nur von »Vorformen des Völkerrechts in der Antike«.

Die Römer beseitigten auch jene Vorformen des Völkerrechts. Da sie keine gleichberechtigte Macht neben sich anerkannten, erstreckten sie die Herrschaft ihres Rechts auf die ganze ihnen bekannte Welt und betrachteten den Krieg gegen die »Barbaren« als Mittel zur Durchsetzung dieses Rechts. Daß nach dem Ende des Römerreichs noch weitere tausend Jahre keine Rechtsordnung entstand, die als Völkerrecht bezeichnet werden konnte – eine Tatsache, die von keinem Historiker je bestritten wurde –, beruht vor allem darauf, daß die Mächte, die das Erbe des Römerreichs antraten, noch immer am Gedanken der Einheit des Abendlandes festhielten. Das Völkerrecht ist eine Rechtsordnung unter Gleichen, die keinen Höheren über sich anerkennen. Im Weltbild des Mittelalters aber stellten Kaiser und Papst höhere Instanzen dar, die selbst in der beginnenden Neuzeit, als ihre politische Schwäche längst offenkundig war, noch weitgehend als Schiedsrichter anerkannt wurden. (Auf diesem historischen Hintergrund ist die noch heute bestehende Völkerrechtssubjektivität des Hl. Stuhls zu erklären. Viele Staaten unterhalten diplomatische Beziehungen mit dem Hl. Stuhl, und die Vertreter des Papstes, des Inhabers des Hl. Stuhls, nehmen an wichtigen internationalen Konferenzen teil.) Erst als der Anspruch, keinen Höheren über sich anzuerkennen, rechtskräftig bestätigt wurde, brach die Einheit des Abendlandes – die jahrhundertelang nur noch eine juristische Fiktion gewesen war – endgültig zusammen, und es entstand diejenige Rechtsordnung, die unter dem Namen »Völkerrecht« bekannt ist.

Als politischer Kampfruf stammt die Forderung, keinen Höheren über sich anzuerkennen, bereits aus dem späten Mittelalter. Ihre juristische Fixierung aber erfolgte erst im Westfälischen Frieden von 1648. Aus diesem Grunde wird jenes Ereignis als die Geburtsstunde des Völkerrechts betrachtet. Die Beschäftigung mit dem Problem des gerechten Krieges aber ist älter (vgl. den Aufsatz von Paulus Engelhardt im vorliegenden Band). Es war Aurelius Augustinus, der zum ersten Mal die Frage nach dem Gerechten Krieg aufwarf.[1] Im Mittelalter wurde die augustinische Philosophie von der Scholastik übernommen und verfeinert. So finden sich augustinische Gedankengänge vor allem bei Thomas von Aquin (1225–1274) und bei einer Gruppe von spanischen Moraltheologen, die in der späteren Literatur sogar als »Väter des Völkerrechts« bezeichnet worden sind, obwohl sie in Wirklichkeit keine Völkerrechtler, sondern Theologen waren. (Die enge Verbindung zwischen Theologie und Völkerrecht ergibt sich nicht nur aus der führenden Rolle der Theologen in den mittelalterlichen Universitäten, sondern auch aus sachlichen Zusammenhängen, die gerade in der Beschäftigung der Probleme von Krieg und Frieden deutlich werden.[2]) Aber die mit Waffengewalt ausgetragenen Konflikte jener Zeit wurden nicht als Kriege im Sinne des späteren Völkerrechts begriffen, sondern als Mittel der Rechtsdurchsetzung innerhalb einer noch immer hierarchisch geordneten Rechtsordnung, wobei Sieg und Niederlage als Beendigung des Streites durch Gottesurteil begriffen wurden, so wie das auch im mittelalterlichen Straf- und Zivilprozeßrecht der Fall war. Dementsprechend wurde sowohl der auf die Autorität des Papstes gegründete Gottesfrieden (Treuga Dei) als auch der auf die Autorität des

Kaisers gegründete (Reichs-)Landfrieden als ein Versuch begriffen, den inneren Rechtsfrieden zu sichern.[3] Die Lehre vom Gerechten Krieg spielte dabei keine Rolle. Sie konnte erst bei Konflikten mit nichtchristlichen Mächten auftauchen, die weder die Autorität des Kaisers noch diejenige des Papstes anerkannten.

Einen ersten Konflikt dieser Art stellten die Kreuzzüge dar. Ihre Berechtigung ergab sich für die mittelalterlichen Theologen von selbst, so daß sie mühelos die augustinischen Theorien anwenden konnten, ohne gezwungen zu sein, theologische Lehrsätze in Rechtsnormen umzusetzen. Erst die überseeischen Kriege der Portugiesen und Spanier gegen heidnische Völker im Zuge des beginnenden Kolonialismus warfen die Frage auf, ob es gerecht sei, gegen diese Völker Krieg zu führen. Mit dieser Frage beschäftigten sich die »Väter des Völkerrechts«, die vorwiegend im 16. Jahrhundert lehrten und lebten, darunter vor allem Franciscus de Vitoria (1480-1546), Domingo Soto (1494-1560), Balthasar Ayala (1548-1584), Franciscus Suàrez (1548-1617) und Alberico Gentili (1552-1608). Die Bezeichnung »Väter des Völkerrechts« verdienen sie nur deshalb, weil sie die Grundlage für die Theorie des Völkerrechts schufen, die ein Menschenalter später entstand und ihrerseits das Fundament für die durch den Westfälischen Frieden zementierte Völkerrechtsordnung darstellte. Man kann daher ohne Übertreibung sagen, daß die Beschäftigung mit dem Problem des Gerechten Krieges am Anfang der Völkerrechtstheorie steht.

Es bedarf kaum einer Erwähnung, daß die »Väter des Völkerrechts« zu dem Ergebnis kamen, die Kriege der Spanier und Portugiesen gegen die heidnischen Völker seien gerecht. Die meisten dieser vor allem an den Universitäten Salamanca und Coimbra tätigen Gelehrten standen ja im Dienste der Könige von Spanien bzw. Portugal.[4] Aber in ihren Begründungen gingen sie doch sehr bald über die Gedankengänge des Augustinus hinaus. Während Augustinus und die Scholastiker den Gerechten Krieg allein daran erkennen wollten, ob er aus gerechtem Grund (ex iusta causa) und mit rechter Absicht (intentio recta) geführt wurde, unterschied bereits Vitoria zwischen schuldhaftem und schuldlosem (objektivem) Unrecht.[5] Der objektiv zwar das Recht verletzende Gegner, der sich subjektiv in gutem Glauben oder in Unkenntnis der Rechtswidrigkeit befinde, dürfe wohl niedergerungen werden, eine Bestrafung aber könne nur gegenüber dem schuldigen Feind in Frage kommen. Damit war bereits der Grundstein für eine allgemeine völkerrechtliche Kriegslehre gelegt.

Vitorias Nachfolger auf dem Lehrstuhl in Salamanca, Domingo Soto, baute die Lehre vom gerechten Krieg weiter aus und verlangte die Erfüllung von drei Voraussetzungen: auctoritas, causa, forma iuris (Autorität, Kriegsgrund und juristische Form der Ankündigung). Von ihm stammt auch das berühmte Wort: »Die nächste Aufgabe des Soldaten ist die Verteidigung des einzelnen Postens, die des Feldherrn ist der Sieg, die des Königs aber der Friede.«[6] Die Rechtslehre zog jedoch daraus nicht den Schluß, daß der Frieden in dem nunmehr sich herausbildenden »internationalen« Bereich, der mit dem Zerfall der Einheit des christlichen Abendlandes immer deutlicher zutage trat, die oberste Rechtspflicht der Staaten sei. Vielmehr wendete sie sich einem Problem zu, dessen Bewältigung die gesamte Periode des »klassischen Völkerrechts«, d.h. die Zeit von 1648 bis 1918, beherrschen sollte, dem Problem der Bändigung des Krieges. Diese Tatsache kann nicht oft genug in Erinnerung gerufen werden: Das klassische Völkerrecht verbot nicht den Krieg und verurteilte ihn nicht grundsätzlich, sondern versuchte lediglich, ihm Schranken aufzuerlegen.

Francisco Suàrez war der erste, der klar herausstellte, daß nach christlicher Auffassung der Krieg nur zulässig ist als Verteidigungskrieg gegen objektives Unrecht (also nur gegen den bewaffneten Angriff!) und als Strafkrieg gegen einen schuldigen Feind. Zum Unrecht des Krieges muß nach Auffassung des Suàrez allerdings noch das wirkliche Erforderlichsein der kriegerischen Gewalt hinzukommen. Diesen Gedanken hatte bereits Augustinus anklingen lassen.[7] Er ist eine erste Ausprägung eines Prinzips, das heute noch das ganze Völkerrecht beherrscht: Des Prinzips der Verhältnismäßigkeit von Zweck und Mitteln.

Die Beschäftigung mit der Situation des gutgläubig handelnden, aber objektiv im Unrecht befindlichen Kriegführenden, warf eine völlig neue Frage auf: Kann der Krieg auf beiden Seiten gerecht sein? Es war Alberico Gentili, der diese Frage als erster bejahte und den Begriff des »bellum justum ex utraque parte«, des beiderseits gerechten Krieges, prägte.[8] Dieser Begriff läßt den Beginn der Epoche des klassischen Völkerrechts bereits ahnen. Wie bereits angedeutet, war jene 1648 beginnende Epoche dadurch gekennzeichnet, daß die Staaten keinen Höheren über sich anzuerkennen brauchten. Sie waren fortan souverän und gleich. Niemand durfte über sie zu Gericht sitzen. Der Begriff des beiderseits gerechten Krieges entspricht dieser Rechtslage; denn wenn der Krieg für beide Seiten gerecht sein kann, so entzieht er sich der moralischen Bewertung. Es kann die Rechtsfigur der Neutralität entstehen, also die Annahme einer Pflicht zu unparteiischem Verhalten gegenüber beiden Kriegführenden, wobei es dem dritten Staat überlassen bleibt, ob er sich für die Neutralität entscheidet oder für das Eintreten in den Krieg auf seiten eines der beiden Kriegführenden. Eine solche Haltung war erst möglich geworden, seitdem die Einheit des christlichen Abendlandes zerbrochen war und es keine Instanz mehr gab, die moralisches Recht oder Unrecht auf einer über den Königen stehenden Ebene feststellen konnte. Der Begriff der Souveränität sprengte die letzten Fesseln, welche die Moraltheologie des späten Mittelalters und der beginnenden Neuzeit dem Kriegführungsrecht der Fürsten auferlegt hatte, und begründete für jeden souveränen Staat das »Recht zum Kriege« (ius ad bellum). Mit der rechtlichen Fixierung dieser beiden Begriffe im Westfälischen Frieden von 1648 begann die Epoche des »klassischen Völkerrechts«.

Es ist bekannt, daß die Bezeichnung »Völkerrecht« von Anfang an falsch war und bis heute falsch geblieben ist. In den ersten Jahrhunderten des Völkerrechts war diese Rechtsordnung eine Ordnung der Beziehungen zwischen Souveränen, später – nach der Französischen Revolution – eine Rechtsordnung der souveränen Staaten. Auch soweit sich im Innern der Staaten die Fürstensouveränität zur Volkssouveränität gewandelt hatte, blieb die Souveränität als zentraler Rechtsbegriff des Völkerrechts erhalten. Sie hatte sich nur von einer Eigenschaft der Fürsten zu einer Eigenschaft des Staates gewandelt.

So erlebte das 19. Jahrhundert, das die Riesenkräfte des Industriezeitalters entfesselte und in den Dienst der Kriegsmaschinerie stellte, indem es die Ausrüstung von Massenheeren mit vorher nie gekannten Vernichtungs-, Transport- und Kommunikationsmitteln ermöglichte, einen schrecklichen Höhepunkt der Souveränitätsanarchie des klassischen Völkerrechts, der in den Perioden des Imperialismus und Kolonialismus in der zweiten Hälfte des 19. Jahrhunderts gipfelte.

Allerdings muß hinzugefügt werden, daß sich das Völkerrecht bereits im 18. Jahrhundert, dem Zeitalter der Kabinettskriege, wirksam bemühte, die Schrecknisse des Krieges einzudämmen. Die klare Unterscheidung zwischen den Rechtszuständen des Krieges und des Friedens, die Formalisierung von Kriegsbeginn und Kriegsende, die Kunst des Friedensschlusses mit der definitiven Überführung aller Rechtsbeziehungen aus dem Rechtszustand des Krieges in denjenigen des Friedens – ohne Kollektivschuld, ohne permanente Ächtung des Besiegten –, vor allem aber die strikte Begrenzung der Kriegshandlungen auf die Streitkräfte selbst, ermöglichten sowohl das physische Überleben der Völker als auch die Erhaltung ihrer Wirtschaftskraft und Kultur in den Zeiten des ius ad bellum, in denen die Berufsheere der Fürsten kreuz und quer durch Europa zogen. Das Leid, das sie dabei der Zivilbevölkerung zufügten, soll nicht gering geachtet werden. Aber es muß anerkannt werden, daß das klassische Völkerrecht neben dem ius ad bellum das ebenso wirksame ius in bello (das Kriegsrecht oder Kriegsaktionenrecht) kannte, das die Zivilbevölkerung schützte und die Wirkung der Kampfhandlungen beschränkte. So war es noch in den napoleonischen Kriegen durchaus üblich, daß die Zivilbevölkerung militärische Kampfhandlungen mit distanziertem Interesse beobachtete und im Falle der Besetzung durch den Feind zwar Einquartierung und Requirierung zu dulden hatte, aber um Leben, Ehre, Freiheit, Vermögen und Heimat nicht zu bangen brauchte.[9]

Aber alle diese Erfolge, die das klassische Völkerrecht in der »Hegung des Krieges«[10] erzielte, dürfen nicht darüber hinwegtäuschen, daß das klassische Völkerrecht insgesamt keine Friedensmacht in dem Sinne war, daß es den Krieg aus der internationalen Politik verbannen wollte. Diejenigen, die dem

Völkerrecht vorwerfen, es habe dreihundert Jahre lang versagt, weil ihm die Ächtung des Krieges nicht gelungen sei, gehen an den historischen Realitäten vorbei: Dreihundert Jahre lang versuchte das Völkerrecht nicht, den Krieg als legales Mittel der internationalen Politik zu ächten. Es gab vielmehr den souveränen Staaten das Recht, zum Kriege zu schreiten, wann immer ihre Herrscher, bzw. die zur politischen Entscheidung Berufenen, dies für richtig hielten.

Wenn die französischen Könige auf die Geschütze ihrer Armeen schreiben ließen »ultima ratio regum« (letztes Mittel der Könige), so befanden sie sich durchaus auf dem Boden des klassischen Völkerrechts. Ob allerdings der König die Waffen wirklich als letztes Hilfsmittel benutzte, nachdem er alle anderen Mittel zur Beilegung eines Konflikts vergeblich eingesetzt hatte, konnte nicht nachgeprüft werden. Der Krieg war auch rechtlich die Fortsetzung der Politik mit anderen Mitteln, wie Clausewitz schrieb.[11] Wohl bemühten sich die Herrscher noch immer, ihre Entscheidung für einen Krieg mehr oder minder sorgfältig zu begründen, aber für die rechtliche Beurteilung dieser Entscheidung war dies belanglos. Nichts kennzeichnet die Situation besser als der Befehl Friedrichs II. von Preußen an seinen Staatskanzler Podewils am Vorabend des Siebenjährigen Krieges, eine Rechtfertigungsschrift auszuarbeiten. Der König fügte hinzu: »Aber beeile Er sich; denn die Ordres an die Armee sind schon hinaus.«

Hugo Grotius (1583-1645), der als der eigentliche Begründer der klassischen Völkerrechtslehre gilt (in der Literatur wird er fast immer als »Vater des Völkerrechts« bezeichnet, ein Titel, auf den er mehr Anspruch hat als die oben erwähnten spanischen Moraltheologen), stellte sein grundlegendes völkerrechtstheoretisches Werk mit kühler Selbstverständlichkeit unter die Überschrift *De jure belli ac pacis libri tres (Drei Bücher vom Recht des Krieges und des Friedens).*[12] Das ist in der Tat der ganze Inhalt des klassischen Völkerrechts: das Recht des Krieges und des Friedens. Beide Rechtszustände standen ohne moralische Wertung nebeneinander. Der Krieg war (und ist) vom Völkerrecht her gesehen kein rechtloser Zustand, sondern nur ein anderer Rechtszustand als derjenige des Friedens. Das alte römische Sprichwort, daß im Waffenlärm die Gesetze schweigen, ist vom Völkerrecht zu keiner Zeit anerkannt worden. Aber die moralische Gleichgültigkeit, mit der das klassische Völkerrecht in dieser Weise dem Problem von Krieg und Frieden gegenübertrat, bedeutete auch, daß die Unterscheidung zwischen gerechtem und ungerechtem Krieg unerheblich geworden war. In der Tat war die Kontroverse hierüber, die von den als Vätern des Völkerrechts bezeichneten spanischen Moraltheologen mit so großer Heftigkeit geführt worden war, mit Beginn des klassischen Völkerrechts abgebrochen worden.

Grotius selbst hatte allerdings noch zwischen der »gerechten« und der »ungerechten« Sache unterschieden und die Neutralen ermahnt, nichts zu tun, was den Verteidiger der schlechten Sache stärken könnte. Aber seine Interpreten wiesen mit Recht darauf hin, daß die Unterscheidung zwischen gerechtem und ungerechtem Krieg zur Illusion geworden war und im System des klassischen Völkerrechts »die vorhandenen Konflikts- und Kriegsstoffe nicht vermindern, sondern vermehren« würde, was insbesondere von der Forderung gelte, »daß der Neutrale auf Grund eines moralischen Werturteils, das in Wirklichkeit doch immer durch sein Interesse, seine Staatsräson dirigiert zu werden drohte, Partei ergreifen sollte«.[13]

Das 19. Jahrhundert brachte nicht nur den bereits erwähnten Höhepunkt des klassischen Völkerrechts in Kolonialismus und Imperialismus, sondern auch ein Wiedererstarken des universellen Friedensgedankens, der seit dem Mittelalter lebendig geblieben und in immer neuen Formen aufgetaucht war.[14] Er wurde nunmehr zum Pazifismus, der nicht nur als philosophische Grundhaltung begriffen, sondern im Zeichen der allgemeinen Demokratisierung zur Massenbewegung ausgebaut wurde. Er trug mit dazu bei, daß die europäischen Staaten sich gegen Ende des Jahrhunderts bereit fanden, »Friedenskonferenzen« einzuberufen. Diese unterschieden sich von den Friedenskonferenzen früherer Zeiten dadurch, daß sie nicht einen bestimmten Krieg beenden sollten, sondern der Ausarbeitung von Völkerrechtsnormen im Dienste des Friedens gewidmet waren. Obwohl dieser Gedanke völlig neu war, konnten diese Konferenzen keine Wende herbeiführen; denn noch immer bewegte sich das völkerrechtliche Denken in den klassischen Bahnen. So betraf die erste Haager Friedenskonferenz von 1899 das Problem der Rüstungsbeschränkungen, das Verbot von bestimmten Kampfmitteln und die friedliche Streiterledigung; die zweite Haager Friedenskonferenz von 1907 befaßte sich mit der Kodifikation des Kriegsrechts (ius in bello) und brachte vor allem die Haager Landkriegsordnung hervor.[15] Noch immer ging es also um die Hegung des Krieges[16], d. h. die Eindämmung der Kriegshandlungen und die Humanisierung der Kriegführung im Rechtszustand des Krieges einerseits, um die Regelung des zwischenstaatlichen Verkehrs im Frieden andererseits. Zwar mag die Schaffung eines »Ständigen Schiedshofes« durch das II. Haager Abkommen vom 18. Oktober 1907 als erster Ansatz für das betrachtet werden, was später als »Kriegsverhütungsrecht« bezeichnet wurde, aber es war bestenfalls ein bescheidener Ansatz. Denn der Ständige Schiedshof war und ist keineswegs ein echtes Schiedsgericht, sondern nur eine Liste von Völkerrechtlern, die den Unterzeichnern des genannten Abkommens als Schiedsrichter zur Verfügung stehen. Wenn Staaten durch besondere Verträge ein Schiedsgericht vereinbaren, können sie die Schiedsrichter aus dieser Liste wählen und sich des Büros des Ständigen Schiedshofs im Haag bedienen. Eine Pflicht hierzu bestand und besteht nicht.

Die große Wende kam vielmehr erst mit dem Ersten Weltkrieg. Der Krieg selbst wurde noch vollkommen unter der Herrschaft des klassischen Völkerrechts geführt. Das zeigte sich noch einmal deutlich an der Antwort, die das neutrale Holland den alliierten Siegermächten gab, als diese die Auslieferung des nach Holland geflüchteten deutschen Kaisers verlangten, um ihn wegen des Friedensbruchs vor Gericht zu stellen. Holland verweigerte die Auslieferung des Kaisers mit der (nach klassischem Völkerrecht zutreffenden) Begründung, das Oberhaupt eines fremden Staates dürfe nach geltendem Völkerrecht nicht wegen seiner Entscheidung, Krieg zu führen, zur Rechenschaft gezogen werden. Aber abgesehen von diesem Einzelfall hatte sich weithin die Erkenntnis durchgesetzt, daß das ius ad bellum des klassischen Völkerrechts nicht aufrechterhalten werden dürfe, weil es unter den Bedingungen des Industriezeitalters die Gefahr immer neuer und immer zerstörerischer Weltkriege mit sich brächte, die schließlich zur Vernichtung der gesamten Menschheit führen könnten.

So wurde in der Völkerbundsatzung der Grundpfeiler des klassischen Völkerrechts, nämlich die Souveränität und das aus ihr fließende Recht der souveränen Staaten zum Krieg, das ius ad bellum, zum Einsturz gebracht. Die Entscheidung für den Krieg, die im klassischen Völkerrecht allein Sache des zum Kriege schreitenden Staates gewesen war, wurde jetzt ausdrücklich zur Angelegenheit der organisierten Völkerrechtsgemeinschaft erklärt. Art. 11 Abs. 1 des Völkerbundpaktes lautete: »Ausdrücklich wird hiermit festgestellt, daß jeder Krieg und jede Bedrohung mit Krieg, mag davon unmittelbar ein Bundesmitglied betroffen werden oder nicht, eine Angelegenheit des ganzen Bundes ist, und daß dieser die zum wirksamen Schutz des Völkerfriedens geeigneten Maßnahmen zu ergreifen hat.« Eine Reihe anderer Bestimmungen verpflichtete die Mitglieder des Völkerbundes, vor der Entscheidung für den Krieg ein Streitschlichtungsverfahren einzuleiten. Alle diese Vorschriften hatten in ihrer Gesamtheit die rechtliche Wirkung eines partiellen Kriegsverbots. Verboten war jeder Krieg, dem kein Versuch einer friedlichen Streitbeilegung vorangegangen war; jeder Krieg gegen einen Staat, der eine einstimmige Empfehlung des Völkerbundrates zur Beilegung des Streites angenommen hatte; jeder Krieg gegen einen Staat, der sich dem in dem Streitfall ergangenen Schiedsspruch oder Gerichtsurteil unterworfen hatte; jeder Krieg, der vor Ablauf von drei Monaten nach dem Scheitern der Vermittlung des Rates unternommen wurde. Diese Regelungen wurden unter der Bezeichnung »Kriegsverhütungsrecht« zusammengefaßt.[17]

Den Versuch, zwischen gerechten und ungerechten Kriegen zu unterscheiden, machte die Völkerbundsatzung nicht. Auch enthielt sie noch keinen Rechtssatz, der den Krieg als Mittel der internationalen Politik verboten hätte. Jedoch war von vornherein klar, daß dies der nächste Schritt sein mußte. Bereits im Genfer Protokoll vom 2. Oktober 1924 wurde der Angriffskrieg als »internationales Verbrechen« bezeichnet.

Dieses Protokoll, das die friedliche Erledigung internationaler Streitigkeiten betraf, trat jedoch nicht in Kraft. Erst im Briand-Kellogg-Pakt, der am 27. August 1928 von fünfzehn Staaten in Paris unterzeichnet wurde, gelang die Ausweitung des partiellen Kriegsverbots der Völkerbundsatzung zu einem generellen Kriegsverbot, das innerhalb kurzer Zeit allgemeine Gültigkeit erlangte. (Vgl. dazu den Beitrag von W. Wette in diesem Band.) Der Vertrag trat am 24. Juli 1929 in Kraft, 63 Staaten traten ihm bei. Von den Mitgliedern des Völkerbundes fehlten nur vier südamerikanische Staaten, die aber durch den am 10. Oktober 1933 in Rio de Janeiro unterzeichneten Saavedra-Lamas-Vertrag (in Kraft getreten am 13. 11. 1935) in ähnlicher Weise gebunden waren wie durch den Briand-Kellogg-Pakt. In der Völkerrechtsliteratur wird daher einhellig die Meinung vertreten, daß das Kriegsverbot bereits vor Ausbruch des Zweiten Weltkriegs Bestandteil des allgemeinen Völkerrechts geworden war.

Mit der UNO-Satzung ging die Entwicklung weiter: Art. 2 Ziff. 4 der UNO-Satzung weitete das allgemeine Kriegsverbot des Briand-Kellogg-Paktes zum allgemeinen Gewaltverbot aus. Vom ius ad bellum des klassischen Völkerrechts ist somit nichts übrig geblieben. Der Krieg ist als Mittel der internationalen Politik verboten und geächtet. Eine Rechtfertigung des Krieges gibt es nicht. Auch für den Präventivkrieg gilt keine Ausnahme. Denn zusammen mit dem Kriegsverbot ist als dessen Kehrseite eine im allgemeinen Völkerrecht verankerte Friedenspflicht entstanden. Damit ist eine Umkehrung des Zweck-Mittel-Verhältnisses in der internationalen Politik eingetreten. Während früher die Staatenlenker ihre politischen Ziele festlegen und dann entscheiden konnten, ob sie diese Ziele mit friedlichen oder kriegerischen Mitteln erreichen wollten, ist jetzt der Friede das oberste Ziel einer jeden Politik, und die Mittel sind dementsprechend einzurichten. Der Krieg zur Beendigung aller Kriege wäre ebenso völkerrechtswidrig wie jeder andere, aus edlen oder unedlen Motiven begonnene Krieg.[19]

Das in Art. 51 der Satzung der Vereinten Nationen verbriefte Recht eines jeden Staates zur individuellen und kollektiven Selbstverteidigung ist keine Ausnahme vom Kriegsverbot. Dieses Recht, das auch der Briand-Kellogg-Pakt unangetastet gelassen hatte, wird von Art. 51 UN-Satzung ausdrücklich als »naturgegeben« bezeichnet und ist der strafrechtlichen Notwehr bzw. Nothilfe im innerstaatlichen Bereich vergleichbar. Es erhält seinen Sinn erst auf dem Hintergrund des Kriegsverbots. Denn Notwehr und Nothilfe sind nur zulässig gegen strafbare Handlungen. Die Bekräftigung dieses naturgegebenen Rechts zur gewaltsamen Abwehr eines bewaffneten Angriffs bedeutet ferner keine Hinwendung der UNO-Satzung zu einer irgendwie gearteten Lehre vom Gerechten Krieg. Die Verteidigung gegen einen bewaffneten Angriff ist zwar rechtmäßig, aber sie ist kein »gerechter Krieg« im Sinne der Lehre des Augustinus, der mittelalterlichen Scholastiker oder der »Väter des Völkerrechts«. Diese Feststellung ist nicht rein akademisch, sondern hat weitreichende Konsequenzen für alle von den Kampfhandlungen Betroffenen. Entsteht nämlich irgendwo auf der Welt durch einen bewaffneten Angriff eine Situation, die einen Staat zu Maßnahmen gemäß Art. 51 der Satzung der Vereinten Nationen berechtigt, so tritt der Kriegszustand ein, d. h. es gelten die Regeln des ius in bello, das im klassischen Völkerrecht entstanden und im 20. Jahrhundert fortentwickelt worden ist. Das Kriegsverbot des geltenden Völkerrechts hat diese Regeln, zu denen insbesondere das humanitäre Völkerrecht gehört, weder automatisch außer Kraft gesetzt, noch überflüssig gemacht. Ebenso wie das innerstaatliche Recht zwar die Tötung von Menschen verbietet, aber dennoch umfangreiche Vorkehrungen für den Fall trifft, daß gegen dieses Verbot verstoßen wird, verbietet das Völkerrecht den Krieg, hält aber nach wie vor umfangreiche Rechtsregeln für den Fall bereit, daß ein Krieg ausbricht. Die von diesem Krieg Betroffenen – kämpfende Soldaten, Verwundete und Kriegsgefangene, Zivilbevölkerung im besetzten Gebiet, im Kampfgebiet und in der Heimat, Flüchtlinge, Neutrale, Hilfspersonen des Roten Kreuzes und anderer Organisationen – werden durch diese Regeln geschützt ohne Rücksicht darauf, ob der Staat, dessen Staatsangehörigkeit sie besitzen, Angreifer oder Angegriffener im Sinne des Art. 51 der UN-Satzung ist.

Historisch betrachtet, kann das Völkerrecht als Überwinder

der Lehre vom gerechten Krieg gelten. Diese Leistung kann nicht hoch genug veranschlagt werden. In der Neuzeit, in der die modernen Staaten einen in der Antike und im Mittelalter noch nicht dagewesenen Machtapparat in den Dienst »gerechter« Kriege hätten stellen können, wären die Folgen katastrophal gewesen. Der Dreißigjährige Krieg, in dem Mitteleuropa nicht nur zwei Drittel seiner Bevölkerung und entsprechende materielle Güter verlor, sondern auch einen unbeschreiblichen Verfall seiner geistigen Verfassung und seiner Sitten erlebte, gibt uns eine Ahnung von dem Zustand, in den die Welt versunken wäre, wenn es dem Völkerrecht nicht gelungen wäre, die Lehre vom Gerechten Krieg zu überwinden. Unter den Bedingungen des Industriezeitalters ist das ius ad bellum des klassischen Völkerrechts unerträglich geworden. Daher ist es beseitigt und durch die allgemeine Friedenspflicht ersetzt worden. Aber dieser Erfolg würde zunichte, wenn er mit dem Wiederaufleben der Lehre vom gerechten Krieg bezahlt werden müßte.

Eine solche Gefahr sehen heute manche Völkerrechtler in den Bestrebungen, das Gewaltverbot zu relativieren und das Interventionsverbot zugunsten der Unterstützung von »Befreiungskämpfen« zu durchbrechen.[20] Andere meinen, das Völkerrecht sei ganz einfach mit dem Gewaltverbot »den Tatsachen vorausgeeilt«.[21] Wieder andere zeigen sich besorgt über die gegenwärtige Rechtslage, die es den Staaten verbietet, auf eklatante Völkerrechtsbrüche energisch zu reagieren, so daß das Gewaltverbot letztlich zur Auflösung des Völkerrechts beitrage.[22] Dieses Argument enthält einen wahren Kern: Das völkerrechtliche Gewaltverbot allein kann weder Frieden noch Gerechtigkeit schaffen. Vielmehr muß der Abbau der Gewalt in der internationalen Politik synchronisiert werden mit dem Aufbau gewaltloser Streitschlichtungs- und Konfliktlösungsmechanismen.[23] Das aber erfordert Zeit, und es erhebt sich die bange Frage, ob die Welt von heute, eine Welt der raschen Veränderungen, noch genügend Zeit läßt, so behutsam wie bisher an einer internationalen Rechtsordnung zu bauen.

Deshalb blicken viele mit Sorge auf die Bemühungen der Länder der Dritten Welt, ihre Freiheit und den ihnen zustehenden Anteil an den Reichtümern dieser Erde mit allen Mitteln zu sichern. Wann immer die Vertreter dieser Staaten auf internationalen Konferenzen die Forderung erheben, zur Gewaltanwendung berechtigt zu sein, sehen die Vertreter der Industrienationen das Gespenst des gerechten Krieges. Ein Beispiel dafür ist das harte Ringen um eine Passage in Art. 1 des I. Zusatzprotokolls zu den vier Genfer Konventionen von 1949, in denen der Kernbestand des humanitären Völkerrechts niedergelegt ist. Er gilt grundsätzlich nur für bewaffnete Konflikte internationalen Charakters. Das am 7. 12. 1978 in Kraft getretene Zusatzprotokoll erweitert den Anwendungsbereich dieses Rechts auf »bewaffnete Konflikte, in denen Völker in Ausübung ihres in der Satzung der Vereinten Nationen sowie in der ›Erklärung über völkerrechtliche Grundsätze für freundschaftliche Beziehungen und Zusammenarbeit zwischen Staaten im Einklang mit der Satzung der Vereinten Nationen‹ verbürgten Selbstbestimmungsrechts gegen Kolonialherrschaft, Fremdherrschaft und rassistische Regimes kämpfen«.[24]

Dadurch werden jedoch die so definierten Befreiungskriege nicht zu »gerechten Kriegen« erklärt. Sie sind infolge jener Bestimmung lediglich Kriege im Sinne des Völkerrechts geworden mit der Folge, daß während ihrer Dauer das geltende humanitäre Völkerrecht anzuwenden ist. Insoweit konnten auf der Diplomatischen Konferenz, die das I. Zusatzprotokoll ausarbeitete, keine Einwendungen gegen diese Vorschrift erhoben werden. Viele Konferenzteilnehmer gaben aber ihrer Befürchtung Ausdruck, daß die neue Regelung auch über das humanitäre Völkerrecht hinaus Bedeutung erlangen könnte. Solange nämlich ein »Befreiungskampf« als innere Angelegenheit eines Staates betrachtet wird, gilt für alle anderen Staaten das völkerrechtliche Interventionsverbot. Wenn aber der interne Konflikt internationalen Charakter erhält, besteht die Gefahr, daß dritte Staaten in den Konflikt eingreifen und ihn dadurch ausbreiten und eskalieren. Unter Berufung auf die »gerechte Sache« der Aufständischen könnten in dieser Weise dritte Staaten das Kriegsverbot umgehen. Diese Entwicklung wird dann zur Gefahr für den Weltfrieden, wenn die Voraussetzungen, unter denen der Kampf gegen die Staatsmacht legitimiert wird, weit ausgelegt werden. Deswegen hat sich die Bundesrepublik Deutschland bei der Abstimmung über diesen Artikel ihrer Stimme enthalten und dies wie folgt begründet: »Um den Anwendungsbereich des I. Protokolls auf Konflikte auszudehnen, die herkömmlicherweise nicht als international angesehen werden, wäre es notwendig gewesen, angemessene Kriterien, und zwar im wesentlichen juristische Kriterien zu finden, die in der Praxis angewendet werden können und werden. ... Die Begriffe ›Kolonialherrschaft‹, ›Fremdherrschaft‹, ›rassistische Regimes‹ sind keine objektiven Kriterien, sondern sind willkürlicher, subjektiver und politisch motivierter Interpretation und Anwendung zugänglich.«

Wer in der Legalisierung des gerechten Krieges, d. h. in der Durchbrechung des Gewaltverbots zugunsten des Gerechten Krieges, die einzige Chance sieht, Unrecht und Gewalt in der Welt zu beseitigen (weil solche Bemühungen in der Regel von außen her unterstützt werden müssen), kann dem Völkerrecht vorwerfen, es sei eine konservative Kraft, die nur den status quo schütze. Im Grunde genommen ist das derselbe Vorwurf, den diejenigen erheben, die das Gewaltverbot als verfrüht bezeichnen. Pessimisten mögen ihnen recht geben. Der Völkerrechtler aber ist verpflichtet, darauf hinzuweisen, daß bereits das geltende Völkerrecht auch gewaltlose Mittel zur Veränderung bestehender Verhältnisse zur Verfügung stellt. Schon die Völkerbundsatzung hatte in ihrem Art. 19 die Möglichkeit des friedlichen Wandels geschaffen, von der allerdings kaum Gebrauch gemacht wurde.[25] Die Bestimmung lautete:

»Die Bundesversammlung kann von Zeit zu Zeit die Bundesmitglieder zu einer Nachprüfung der unanwendbar gewordenen Verträge und solcher internationalen Verhältnisse auffordern, deren Aufrechterhaltung den Weltfrieden gefährden könnte.« Die Satzung der Vereinten Nationen hat diese Möglichkeit in Art. 14 ausgeweitet. Danach »kann die Generalversammlung Maßnahmen zur friedlichen Bereinigung jeder Situation empfehlen, gleichviel wie sie entstanden ist, wenn diese Situation nach ihrer Auffassung geeignet ist, das allgemeine Wohl oder die freundschaftlichen Beziehungen zwischen Nationen zu beeinträchtigen.«

Bei den Debatten über die UNO-Satzung im amerikanischen Senat wurde die Hoffnung geäußert, daß Art. 14 der Satzung

»uns vor einer statischen Welt bewahrt«.[26] Wenn zwölf Jahre später ein Autor zu dem Ergebnis kam, die bisherige Praxis habe gezeigt, »daß die Schöpfer des Art. 14 den Prozeß des friedlichen Wandels weder förderten noch behinderten«[27], so bedeutet dies ein vernichtendes Urteil über die UNO. Die Erfahrungen der darauf folgenden zwei Jahrzehnte berechtigen kaum zu einem positiveren Urteil. Mit jedem Tag wächst die Wahrscheinlichkeit, daß so, wie vor 350 Jahren das Völkerrecht die Lehre vom Gerechten Krieg überwand, in absehbarer Zukunft die Lehre vom Gerechten Krieg das Völkerrecht – und damit das Fundament des Weltfriedens – überwinden wird. Dies wird geschehen, wenn es nicht gelingt, den friedlichen Wandel so wirksam durchzusetzen, daß das Gewaltverbot der UNO-Satzung keine hohle Phrase bleibt.

Anmerkungen

1 Aurelius Augustinus, *De civitate Dei,* Liber XIX, Caput XIII (398). Augustinus lebte von 354-430.

2 Heinz E. Tödt, *Theologie und Völkerrecht,* in: *Frieden und Völkerrecht,* hrsg. von Georg Picht und Constanze Eisenbart, Stuttgart 1973, S. 13 ff.

3 Kurt-Georg Cram, *Judicium belli. Zum Rechtscharakter des Krieges im deutschen Mittelalter,* Münster 1955; Paulus A. Hausmann, *Die Spuren der treuga dei im Völkerrecht,* in: *Frieden und Völkerrecht,* hrsg. von Georg Picht und Constanze Eisenbart, Stuttgart 1973, S. 235 ff.

4 José Luis de Azcàrraga, *Die Theorie des »gerechten Krieges« in der spanischen Völkerrechtslehre,* in: *Annales Universitatis Saraviensis* 1952, S. 202 ff.; Josef Soder, *Die Idee der Völkergemeinschaft. Francisco de Vitoria und die philosophischen Grundlagen des Völkerrechts,* Frankfurt a. M. 1955.

5 Vitorias Werk *De indis recenter inventis et de iure belli Hispanorum in barbaros* ist im lateinischen Urtext mit deutscher Übersetzung als Band II der Reihe »Die Klassiker des Völkerrechts«, Tübingen 1952, von Walter Schätzel neu herausgegeben worden.

6 Vgl. Otto Kimminich, *Friede und Gerechtigkeit als Zweck und Mittel,* in: *Festschrift zur Eröffnung der Ruhr-Universität Bochum,* Bochum 1965, S. 176 ff. (192).

7 Josef Soder, *Francisco Suàrez und das Völkerrecht,* Frankfurt

a. M. 1973; ders., *Franz Suàrez und der Begriff des Völkerrechts, Festschrift Schätzel* 1960, S. 453 ff.

8 Gentilis Werk *De iure belli libri tres* wurde 1588 erstmals veröffentlicht. Ein fotomechanischer Neudruck der Ausgabe von 1612 findet sich in *Classics of International Law*, hrsg. von James Brown Scott, Oxford 1933.

9 Das ius in bello bewirkte eine Humanisierung des klassischen Völkerrechts, in deren weiterem Verlauf das gesamte humanitäre Völkerrecht entstand. Vgl. Otto Kimminich, *Humanitäres Völkerrecht – humanitäre Aktion*, München–Mainz 1972, S. 13 ff.

10 Der Begriff der »Hegung des Krieges« stammt von Carl Schmitt, *Der Nomos der Erde im Völkerrecht des Ius Publicum Europaeum*, Köln 1950.

11 Carl von Clausewitz, *Vom Kriege*, 16. Aufl. Bonn 1952, S. 108.

12 Hugo Grotius, *De iure belli ac pacis libri tres*, III. Buch, XVII. Kapitel, § III.

13 Friedrich Meinecke, *Die Idee der Staatsräson*, 1. Aufl. München 1924, S. 262 f.

14 Als große Verkünder des Gedankens des ewigen Friedens sind vor allem zu nennen: Pierre Dubois, *De recuperatione terrae sanctae* (1306), Ausgabe Langlois, Paris 1891; deutsche Übersetzung in Jacob ter Meulen, *Der Gedanke der internationalen Organisation in seiner Entwicklung*, Bd. I, Den Haag 1917, S. 102 ff.; Georg von Podiebrad, *Plan eines ewigen Friedensbündnisses* (1462), deutsche Übersetzung in ter Meulen, a.a.O., S. 111 ff.; Erasmus von Rotterdam, *Querela Pacis* (1517), deutsche Übersetzung in Kurt von Raumer, *Ewiger Friede*, München 1953, S. 211 ff.; Immanuel Kant, *Zum ewigen Frieden* (1795), ungekürzte Textausgabe in: *Philosophische Bibliothek* Bd. 47/I, hrsg. von Karl Vorländer, Leipzig 1913, S. 115 ff. sowie in v. Raumer, a.a.O., S. 419 ff.; Eméric Crucé, *Le Nouveau Cynée*, 1. Aufl. Paris 1623, gekürzte deutsche Übersetzung bei v. Raumer, a.a.O., S. 289.

15 Vgl. Otfried Nippold, *Die zweite Haager Friedenskonferenz*, Leipzig 1908; Philipp Zorn, *Deutschland und die beiden Haager Friedenskonferenzen*, Stuttgart u. Berlin 1920.

16 Carl Schmitt (s. Anm. 10).

17 Vgl. Otto Göppert, *Der Völkerbund*, Stuttgart 1938, S. 207 ff.

18 Vgl. Hans Wehberg, *Das Genfer Protokoll betreffend die friedliche Erledigung internationaler Streitigkeiten*, Berlin 1927.

19 Vgl. Otto Kimminich, *Friede und Gerechtigkeit* (s. Anm. 6), S. 176 ff.

20 Vgl. Otto Kimminich, *Entwicklungstendenzen des gegenwärtigen Völkerrechts*, München 1976, S. 35.

21 Stanley Hoffmann, *The State of War*, New York 1965, S. 256.
22 Georg Schwarzenberger, *Über die Machtpolitik hinaus?*, Hamburg 1968.
23 Otto Kimminich, *Völkerrecht im Atomzeitalter*, Freiburg i. Br. 1969, S. 361.
24 Englischer Originaltext in: *Zeitschrift für ausländisches öffentliches Recht und Völkerrecht* 1978, S. 91. Hierzu Otto Kimminich, *Schutz der Menschen in bewaffneten Konflikten*, München–Mainz 1979, S. 82 ff.
25 Vgl. Viktor Böhmert, *Der Art. 19 der Völkerbundssatzung*, Kiel 1934.
26 *Hearings before the Senate Committee on Foreign Relations on the Charter of the United Nations*, Washington 1945, S. 218.
27 Lincoln P. Bloomfield, *Evolution or Revolution*, Harvard University Press 1957, S. 110.

Burkhard Steinmetz

»Gerechter Krieg« und Friedenserziehung. Eine Lesehilfe zum Buch mit Anregungen für den Unterricht

Diese Publikation erscheint in einer Zeit, in der in der Bundesrepublik Deutschland Kriegsmöglichkeiten und Kriegs-Szenarios (z. B. militärische Besetzung der Ölfelder im Nahen Osten) dem Bürger vorgeführt werden. Der Zwang zur Legitimation eines Krieges ist größer geworden, da seine Risiken schrecklicher und einsichtiger als je sind. Jedermann hat Angst vor den verheerenden und unkontrollierbaren Wirkungen der Atomwaffen, jedermann weiß um die Verletzlichkeit unseres dichtbesiedelten, hochindustrialisierten und mit zivilen Atomreaktoren bestückten Landes. Jedermann kennt aus der Berichterstattung die Bilder vom modernen Krieg und dem durch ihn ausgelösten Flüchtlingselend: All dies treibt den Preis, um dessentwillen man die Verwicklung unseres Landes in einen Krieg in Kauf nehmen würde, beträchtlich in die Höhe.

Zugleich sprudeln die Quellen, aus denen das deutsche Volk Rechtfertigungen für seine Kriege schöpfen konnte, immer spärlicher: Der (als ungerecht erkannte) Zweite Weltkrieg belastet das Gemüt auch dann, wenn die Erinnerung daran mit Erfolg verdrängt werden konnte; Gott und Vaterland sind nicht mehr eins; Hunderttausende von jungen Männern haben die Ideen der Kriegsdienstverweigerung publik gemacht; drei Jahrzehnte relativer Stabilität und zunehmend guter Nachbarschaft in Europa sind als hoher Wert angesehen, und den Ideologien des Antikommunismus bzw. der »Freiheitlich Demokratischen Grundordnung« fehlt jenes Zündende, mit dem breite Volksmassen auf eine unsichere Zukunft hin zu mobilisieren wären.

Damit soll nicht gesagt sein, daß sich Kriege und Kriegsgefahren vermindert hätten; es ist vielmehr zu Beginn der 80er

Jahre eine Verschärfung der internationalen Interessenkonflikte zu beobachten, die auch für uns Mitteleuropäer in einen Krieg münden könnte. Der Einsatz moderner Kriegstechnologie würde allerdings ohne die für breite Schichten glaubhafte Erklärung, daß er notwendig sei und einer gerechten Sache diene, erschwert. Soll das Thema »Gerechter Krieg« ein Beitrag zur Friedenserziehung sein, so muß die Legitimation von Kriegen in Frage gestellt werden. Man darf es folglich nicht einfach deskriptiv behandeln. Wird es unter diesem Anspruch vom Lehrer aufbereitet, gewinnt es auch jene innere Spannung, die zu einem über den Erwerb von Zensuren hinausführenden Schüler-Interesse nötig ist.

Die in diesem Band vorgelegten Analysen sind eher grundsätzlicher Natur und wurden von einem historischen bzw. systematischen Blickwinkel erarbeitet. Dies darf den Leser nicht von der Tatsache ablenken, daß sie von höchster Aktualität sind, denn sie legen Traditionen frei, die nach wie vor Entscheidungen über Krieg und Frieden beeinflussen.

Der unauflösbare Widerspruch der Lehre vom gerechten Krieg liegt in der Gegenwart darin, daß ein Krieg mit modernen Waffen nichts mehr von dem zurücklassen wird, wofür gekämpft wurde (S. 137-150, vgl. auch S. 109-114, 179-183, 193 ff., 199). Dies wird besonders deutlich in dem Beitrag von *Lienemann* herausgearbeitet: Die Kirchen, denen es in der europäischen Geschichte nie an Schriftgelehrten gefehlt hat, um Kriege zu rechtfertigen, sind schon eine ganze Generation lang nicht mehr imstande, etwas zu unserem Thema zu formulieren. Dies hindert aber die Bundeswehr keineswegs daran, sich mit dem ältesten abendländischen Symbol des gerechten Kriegs zu schmücken und das Kreuz auf ihre Panzer und Flugzeuge zu malen.

Ziel dieses für die Unterrichtsvorbereitung geschriebenen Beitrags ist es, dem Lehrer eine Orientierung quer durch die Aufsätze dieses Bandes der *Friedensanalysen* zu geben. Die Auswahl der Stoffe und die Reflexion der Unterrichtsziele sollen erleichtert werden. Auf weitere didaktische Überlegungen etwa zur Altersstufe der Schüler, zum methodischen Aufbau oder zu geeigneten Medien kann hier nicht ausführlich eingegangen werden.

Selbst im Religionsunterricht, der sich neben dem Politik- oder Sozialkundeunterricht am unmittelbarsten für eine ausführlichere Unterrichtseinheit zum Thema »Gerechter Krieg« anbietet, können die Darlegungen dieses Bandes nur in Ausschnitten und unter bestimmten Zielsetzungen behandelt werden. Es geht also um die Frage, unter welchen Gesichtspunkten, die nicht einfach den Überschriften der einzelnen Artikel entsprechen, eine Auswahl der Unterrichts-Stoffe möglich ist. Im Folgenden werden verschiedene Zugänge vorgestellt.

1. Der lexikalische Zugriff

Wer im Unterricht von Definitionen des gerechten Kriegs ausgehen will, dem sei v. a. der Beitrag von *Engelhardt* empfohlen, der in einem weiten Bogen durch die Geschichte von der Antike bis zur Gegenwart die Entwicklung des Begriffs skizziert (vgl. u. a. S. 72, 75, 76 f., 84, 89, 91, 96, 98, 104, 110); weitere Definitionen zum gerechten Krieg im Islam (15, 20, 57 f.), im Protestantismus (128-130, 132 f., 137, 144), im Marxismus-Leninismus sowjetischer (163 f., 166 f., 174, 178 f.) und chinesischer (186 f.) Prägung und im Völkerrecht (209 f., 213, 215). Es dürfte allerdings den Schüler überfordern, wenn diese Definitionen etwa in Form einer synoptischen Darstellung am Anfang einer Unterrichtseinheit über den »gerechten Krieg« stünden. Sie gewinnen erst an Leben innerhalb des Kontextes der Beiträge dieses Bandes.

2. Der historische Zugriff

Im Rahmen des Geschichtsunterrichts ergibt sich bei der Behandlung verschiedener Epochen die Möglichkeit, den »gerechten Krieg« zu thematisieren. Friedenserziehung wird zunächst darauf achten, den historischen Kontext dem Schüler so verständlich zu machen, daß er sich ein Stück weit in die Zeit hineinversetzen kann und den Sinn der jeweiligen Auffassungen versteht. Nur auf dem Weg der versuchten Identifikation mit einer anderen Epoche wird es möglich sein, sie nicht einfach vorurteilshaft von unserem zeitgenössischen Verständnis her zu bewerten. Gerade beim Thema »Krieg« bzw. »Rechtfertigung des Krieges« wird es dem Historiker bewußt sein, daß kein anderes Jahrhundert solche Rückschritte in die Barbarei zu verzeichnen hat wie das unsere.

Am Ausgang der *Antike* steht Augustinus, dessen erste abendländische Formulierung einer Lehre vom gerechten Krieg auf der Tatsache aufbaute, daß das christlich gewordene Römische Reich Kriege führte (S. 74-79, 207). Sieht man Augustinus' theologische und staatsphilosophische Wirkung bis in die Neuzeit hinein in der grundlegenden Unterscheidung zwischen Gottes-Bürgerschaft und Erden-Bürgerschaft, so fallen bei der zwei Jahrhunderte später von Muhammed ausgehenden Lehre Staat und Religion zusammen. Der *ĝihad* ist daher Heiliger und Gerechter Krieg in einem (19-29). Diese weit auseinanderliegenden Begriffe vom gerechten Krieg sind für das Verständnis der europäischen und der arabischen Geschichte von fundamentaler Bedeutung.

An den Kreuzzügen des *Mittelalters* läßt sich die kontroverse Geschichtsdeutung besonders klar herausarbeiten. Die Kreuzzüge und die spanische Reconquista sind für uns ja nicht nur als geschichtstheoretisches Exempel bedeutsam, an dem zu zeigen ist, wie dieselben Vorgänge von abend- bzw. morgendländischer Seite kontrovers dargestellt werden; sie sind zugleich ein Erbe religiöser und politischer Intoleranz und Toleranz, das im Nahost-Konflikt und im europäisch-arabischen Verhältnis insgesamt noch immer wirksam ist (S. 35-39, 83-86, 129 f.).

War bis in die Zeit der Türkenkriege (S. 128-130) die »gerechte Sache« auf beiden Seiten der kriegführenden Parteien noch unbestritten, so ließen sich die die *Neuzeit* eröffnenden Kolonialkriege durch die »allerchristlichsten Majestäten« nicht mehr ohne weiteres als gerechte Kriege rechtfertigen. Angesichts der brutalen Eroberungskriege der Konquistadoren, die ihre Beutezüge mit dem Rückgriff auf den Krieg gegen die Ungläubigen zur Zeit der Reconquista zu rechtfertigen suchten, entwickelten Theologen wie Las Casas und Francisco de Vitoria eine Lehre vom gerechten Krieg als Verteidigungskrieg, bei dem die Verhältnismäßigkeit der Mittel gewahrt bleiben müsse (S. 88-93). Im Gegenzug dazu konnte der *ĝihad* im Islam eine neue Qualität als Kampf gegen Kolonialismus und Imperialismus gewinnen (S. 39-42). Das ebenfalls zur Zeit der Kolonialkriege sich entwickelnde Völkerrecht hob die Trennung zwischen gerechtem und ungerechtem Krieg auf und versuchte den Krieg dahingehend einzuschränken, daß es ein »Recht im Kriege« formulierte (S. 209-213).

In der *neuesten Zeit* gibt es keine Lehre vom gerechten oder ungerechten Krieg, auf die man sich weltweit berufen könnte. Die unterschiedlichsten Interpretationen stehen in Konkurrenz zueinander, womit die spannungsvolle internationale Lage auch in der Staatsphilosophie und Ethik widergespiegelt wird. *Wette* arbeitet in seinem Aufsatz deutlich heraus, wie in der Endphase der Weimarer Republik die erstmals international anerkannte totale Kriegsächtung neben einer abstrakten Kriegsverherrlichung steht, die nur noch Pathos und keine Moral mehr kennt. Angesichts einer möglichen Kriegführung mit Atomwaffen haben die Vereinten Nationen und die Kirchen den Krieg geächtet (S. 216, 142, 112-116), ohne aber das Abschreckungssystem grundsätzlich abzulehnen (112-117, 146 f.). Im marxistisch-leninistischen Denken wird weiterhin an der Lehre vom gerechten Krieg festgehalten (165, 180 f., 186), wenn auch durchaus umstritten ist, wer die gerechte Sache vertritt (S. 177, 190); in der Praxis jedenfalls zeigt man sich zurückhaltend (172, 195). Der Islam hingegen scheint unter dem Begriff *ğihad* eine mobilisierende Wirkung auf die Bevölkerung zu haben; von gerechten Kriegen in Kreuzberg (S. 44) lesen wir in den Tageszeitungen (S. 43-59). Aufgabe eines auf Friedenserziehung bedachten Unterrichts wäre es also zunächst, die aktuelle Begriffsverwirrung um den »gerechten« oder »Heiligen« Krieg aufzulösen. Daß dieser Ratschlag leicht auszusprechen, aber schwierig zu realisieren ist, liegt auf der Hand angesichts knapp bemessener Unterrichtszeit und der Erfahrung, daß ein so emotionales Thema wie »Gerechter Krieg« in jeder Klasse oder Gruppe Fürsprecher und Widersacher hat.

3. Emotionaler Zugang und Wissensvermittlung

Aus den Diskussionen für oder gegen den Wehrdienst, aus den Debatten zwischen Vätern und Söhnen, Kriegsdienstverweigerern und Jugendoffizieren weiß man inzwischen, daß die Frage nach der Rechtfertigung oder Ablehnung von Kriegen oder Kriegsvorbereitungen ebenso emotional wie derzeit unlösbar kontrovers behandelt wird. Und ebenso, daß Argumente pro und contra in einer einmal aufgeheizten Stimmung wenig nützen. Man wird also beispielsweise in einer Auseinandersetzung mit hartgesottenen Antikommunisten wenig Punkte sammeln können mit dem Hinweis *Jahns*, die UdSSR stehe »in der Tradition der bürgerlichen Instrumentalisierung des Krieges für politische Zwecke« (S. 173). Das bedeutet aber keineswegs, daß man sich mit diesem Argument nicht vertraut zu machen hätte.

So muß man beispielsweise auch wissen, daß die Formel »Unterstützt den gerechten Kampf des ... Volkes« von der Volksrepublik China nur dann akzeptiert wird, wenn sie sich gegen Imperialismus und Hegemonismus wendet (S. 190), daß die Rechtsgrundlagen der UNO durch »gerechte Befreiungskriege« ins Wanken geraten (218-221) und daß die ökonomische Bewegung der protestantischen Kirchen dadurch aufs schwerste belastet wurde (151).

Man muß weiterhin wissen, daß der Kriegsfatalismus nach dem Motto »Kriege hat's schon immer gegeben« leicht umschlagen kann in eine Kriegsverherrlichungs-Ideologie (S. 248 ff., 256), in der ethische Fragen völlig zurücktreten hinter der »Selbstverwirklichung des Mannes in Stahlgewittern« – oder im elektronischen Kommandostand eines modernen Kampfpanzers.

Unmittelbar am bedrohlichsten erscheint ein »gerechter Krieg« derzeit durch die machtvoll zunehmende islamische Bewegung. Wir in der Bundesrepublik spüren sie auf doppelte Weise durch die Ölpreiserhöhungen und durch das Selbstbewußtsein islamischer Gastarbeiter. Nicht zufällig steht deshalb der Beitrag über den Islam an erster Stelle in diesem Band. In der Einleitung (S. 14 f.) werden kurz einige grundlegende Differenzierungen zwischen der heutigen Situation des islamischen Bewußtseins und des christlich-säkularisierten Bewußtseins angeführt.

Daß diese Differenzierung auf verschiedenen Ebenen vorzunehmen ist, weiß jeder, der mit einer chaotischen Diskussion »über Khomeini« konfrontiert wurde. *Rajewsky* nennt folgende Ebenen:

– die realpolitische, d. h. die Verschiebung der Machtzentren durch die Abhängigkeit vom Erdöl;
– die historische, d. h. die Ent-Kolonisierung der jahrhundertelang unterworfenen islamischen Staaten;
– das islamische Bewußtsein, bei dem Religion und Staat zusammenfallen;
– die latente Angst und offene Abwehr in unserem Bewußtsein, die sich im Rückgriff auf alte Erfahrungen (»Hunneneinfälle«) oder in scheinbar aufgeklärter Arroganz (»reaktionäre religiöse Fanatiker«) ausdrücken.

Diese Ebenen im Unterricht deutlich zu machen, gerade wenn die Freiheit zu offen assoziierendem Gespräch gewährt wird, ist ein von der Lehrerrolle her selbstverständlicher Beitrag zur Aufklärung. Friedenserziehung muß aber noch darüber hinaus gehen in dem Versuch, sich einmal in die Rolle des anderen hineinzuversetzen. Das bedeutet ein lebendiges Zur-Kenntnis-Nehmen des islamischen Menschen mit Hilfe von Filmen, Märchen, Jugendbüchern oder durch das Gespräch mit einem islamischen Mitbürger. Dies kann dazu beitragen, daß in der Klasse oder Jugendgruppe reale weltpolitische Konflikte, die sich in den Individuen abbilden, nicht nur irrational wahrgenommen und interpretiert werden.

Allgemeiner Teil

Wolfram Wette
Von Kellogg bis Hitler (1928-1933) Die öffentliche Meinung zwischen Kriegsächtung und Kriegsverherrlichung

1. Der Kriegsächtungspakt von 1928

Am 27. August 1928 fand in Paris die Unterzeichnung des nach dem französischen Außenminister Briand und seinem US-amerikanischen Kollegen Kellogg benannten Kriegsächtungspaktes statt. Die Vertreter von 15 Staaten erklärten »feierlich im Namen ihrer Völker, daß sie den Krieg als Mittel für die Lösung internationaler Streitfälle verurteilen und auf ihn als Werkzeug nationaler Politik in ihren gegenseitigen Beziehungen verzichten« (Artikel 1).[1] In Zusatznoten wurde allerdings festgestellt, daß das »natürliche Recht auf Selbstverteidigung« nicht beeinträchtigt werde, was bedeutete, daß der Verteidigungskrieg von der Kriegsächtung nicht betroffen war.[2] Da offenblieb, welche Tatbestandsmerkmale erfüllt sein mußten, um eine Gewaltmaßnahme als Aggression beziehungsweise als Verteidigung zu qualifizieren, sowie, wer hierüber befinden sollte, ließ der Pakt die letzte Konsequenz vermissen.

Im ersten Jahrzehnt nach dem Ersten Weltkrieg hatte es bereits mehrere Versuche gegeben, dem Kriegführungsrecht der Staaten Schranken zu setzen. In diesem Zusammenhang verdienen besonders die Satzung des Völkerbundes von 1919, das Genfer Protokoll von 1924 und die Locarnoverträge von 1925 genannt zu werden, aber auch die Entschließung der Völkerbundsversammlung vom 24. September 1927, in welcher der Angriffskrieg zu einem internationalen Verbrechen erklärt und die Pflicht zur friedlichen Regelung aller internationalen Streitigkeiten betont wurden.[3] Der Briand-Kellogg-Pakt brachte nun eine noch weitergehendere Ausschaltung, eine noch drastischere Ächtung des Krieges. Mit seiner Unterzeichnung war der Höhepunkt der Kriegsächtungsbewegung erreicht, die in den zwanziger Jahren als Reaktion auf den Weltkrieg weltweite Verbreitung gefunden hatte.

Betrachtet man den Kriegsächtungspakt von 1928 und seine Vorläufer in einem größeren historischen Zusammenhang, so wird deutlich, daß es sich bei ihnen – trotz der erwähnten Mängel und Inkonsequenzen – um eine Sensation handelte, nämlich um einen radikalen Bruch mit bestimmten Ideen, die auf eine sehr lange Geschichte verweisen konnten. Denn seit Jahrhunderten – wenn nicht seit Jahrtausenden – hatte der Krieg als etwas Natürliches, etwas Schicksalhaftes und daher als etwas Selbstverständliches gegolten. Zugleich wurde in ihm seit der Existenz des neuzeitlichen Staatensystems ein grundsätzlich erlaubtes Mittel zur Durchsetzung staatspolitischer Forderungen gesehen. Der seit dem 19. Jahrhundert auftretende Pazifismus, der die Berechtigung der fatalistischen Einstellung gegenüber dem Krieg anzweifelte und der behauptete, dauerhafter Friede sei möglich und durch eine richtige Politik auch erreichbar, hatte gegen diesen Kriegsfatalismus noch in den ersten Jahrzehnten des 20. Jahrhunderts wenig auszurichten vermocht.

Neben dem Kriegsfatalismus und ihn überlagernd gab es ebenfalls seit vielen Jahrhunderten ausgefeilte Theorien über den Krieg, in denen bestimmte Kriterien benannt wurden, die es ermöglichen sollten, gerechte und ungerechte Kriege voneinander zu unterscheiden.[4] Teilweise sind diese Theorien in das kodifizierte Völkerrecht eingegangen.[5]

Mochten diese Kriegslehren ursprünglich dem menschlichen Bedürfnis nach rationaler Bewältigung des Phänomens Krieg entsprungen sein, mochten einige der Urheber solcher Lehren auch die Absicht verfolgt haben, die Häufigkeit kriegerischer Konflikte einzuschränken, so wurden sie in der Praxis jedoch schnell zu einem Hilfsmittel von Gewaltpolitik. Gelang es beispielsweise einem Herrscher, seine Kriegspolitik mit den Kriterien der theoretischen Lehre zu begründen und sie als gerecht hinzustellen, so wurde es ihm und den ihn unterstützenden Führungseliten erleichtert, den Untertanen den Kriegsdienst und damit den Einsatz des Lebens abzuverlangen. Auf diese Weise dienten die verschiedenen Lehren von gerechten und ungerechten Kriegen direkt oder indirekt den Legitimationsbedürfnissen der Politik. Sie erfüllten die Funktion von Herrschaftsmitteln. Ihre Langzeitwirkung bestand darin, daß sich im Bewußtsein der Menschen die Vorstellung zum Glaubenssatz verfestigte, daß nämlich der Krieg von Zeit zu Zeit wie eine Naturgewalt ausbreche und man ihn daher notgedrungen als ein auferlegtes Schicksal hinnehmen müsse.

In der Tradition dieses Denkens steht, um ein für die deutsche Geschichte des 20. Jahrhunderts bedeutsames Beispiel herauszugreifen, die apologetische These vom »Kriegsausbruch« im Jahre 1914. Denn sie suggeriert die Vorstellung, hier sei eine unkontrollierte Naturgewalt wirksam gewesen – vergleichbar einem Vulkanausbruch – und nicht etwa Politik. Zusammen mit nationalistischer Voreingenommenheit trug diese Interpretation der Ursachen des Weltkrieges 1914-1918 in Deutschland dazu bei, daß das Propagandaschlagwort von der »Kriegsschuldlüge« in der Weimarer Zeit auf viele offene Ohren stoßen konnte; glaubte man doch, die Staaten seien in diesen Weltkrieg »hineingeschlittert« und daher könne die Zuweisung von Kriegsschuld nur als eine böswillige antideutsche Denunziation verstanden werden.

Allerdings waren die Reaktionen auf den Weltkrieg und das Weltkriegserlebnis im Deutschland der 20er Jahre durchaus konträr.[6] Es gab sowohl die verklärende Kriegsverherrlichung als auch die moralisch-rigoristische Kriegsgegnerschaft sowie eine ganze Reihe von Positionen zwischen diesen beiden Polen. Deutlicher als je zuvor artikulierte sich nach dem Ende des Ersten Weltkrieges ein an Begriffen wie »Völkerbund« und »Abrüstung« erkennbarer gemäßigter Pazifismus, der auf aktuelle Kriegsverhütung und langfristige Friedenssicherung abzielte, ohne das in der deutschen Bevölkerung insgesamt bejahte Verlangen nach einer Revision des Versailler Vertrages aufzugeben. Über die gesamten 20er Jahre hinweg befanden sich die Ideologien mit eher kriegerisch-militaristischer Tendenz und die mit eher pazifistischer in einem zum Teil vehement geführten Konkurrenzkampf um die Gunst der deutschen Öffentlichkeit. Vor diesem Hintergrund mußte die Unterzeichnung des Briand-Kellogg-Paktes als ein weithin sichtbarer Sieg des pazifistischen Gedankenguts und als eine schwerwiegende Niederlage derjenigen Positionen und ihrer Vertreter erscheinen, die Gewalt als Mittel der Außenpolitik – hier speziell der Politik der Revision des Versailler Vertrages und zur Wiedergewinnung einer deutschen Großmachtstellung – bejahten.

Da es sich in Paris um den Versuch handelte, mit den kriegsapologetischen Traditionen radikal zu brechen, kann man es durchaus nachempfinden, daß die zur Vertragsunterzeichnung nach Paris gereisten Diplomaten und Politiker davon überzeugt waren, einer historischen Stunde beizuwohnen. Briand erklärte in seiner Festrede, »daß das Ereignis dieses Tages ein neues Datum in der Geschichte der Menschheit darstellt«.[7] In einer Anspielung auf die deutsch-französische Erbfeindschaft verwies er auf den Symbolgehalt der Anwesenheit Gustav Stresemanns. Anläßlich der Unterzeichnung des Paktes habe nämlich erstmals seit mehr als einem Jahrhundert wieder ein deutscher Außenminister auf französischem Boden empfangen werden können. Stresemann seinerseits gab wenig später im Deutschen Reichstag seiner Meinung Ausdruck,[8] der Briand-Kellogg-Pakt verdiene es, als »Einleitung einer neuen Epoche« bezeichnet zu werden. In den USA sprach man von einer »Revolution des menschlichen Denkens«.[9]

Wie wir heute wissen, gingen diese hochgespannten Erwartungen nicht in Erfüllung.[10] Die im Briand-Kellogg-Pakt gipfelnden Bestrebungen einer vertraglich bindenden internationalen Ächtung von Gewalt und Krieg als Mittel der Politik haben seinerzeit weder die Abrüstungspolitik vorangetrieben, noch haben sie die Entfesselung des Zweiten Weltkrieges durch das faschistisch beherrschte Deutsche Reich verhindern können.

Mit diesen Feststellungen ist zugleich die Frage aufgeworfen, weshalb es Ende der 20er Jahre nicht gelang, der feierlichen Kriegsächtungserklärung Geltung zu verschaffen. Man wäre ein unhistorisch argumentierender Besserwisser, wollte man behaupten, die Politiker seien damals eben so naiv gewesen, zu glauben, man könne mit einer moralischen Verurteilung des Krieges und seiner formalen Rechtloserklärung das Zeitalter des ewigen Friedens einläuten. Eine solche Fehleinschätzung des faktischen politischen Gewichts dieses Vertrages mag es vereinzelt gegeben haben; aber sie bildete keinesfalls den Kern der Misere. Den politisch handelnden Zeitgenossen war durchaus klar, daß die papierne Erklärung erst noch mit materiellem Gehalt gefüllt, also in praktische Politik umgesetzt werden mußte.[11]

Fürs erste erhofften sich die Initiatoren des Paktes eine nachhaltige Unterstützung der Kriegsächtungsidee seitens der Öffentlichkeit in den Unterzeichnerländern. So äußerte Briand die Erwartung, daß die Völker sich nach und nach daran gewöhnen würden, die Begriffe »nationales Interesse« und »nationales Prestige« nicht mehr mit dem Begriff der Gewalt zu verbinden. Denn der gewollte Krieg, der früher als ein Ausfluß göttlichen Rechts gegolten und der in der internationalen Ethik als ein Vorrecht der Souveränität fortgelebt habe, sei jetzt endlich »von Rechts wegen dessen entkleidet, was seine größte Gefahr darstellte: seiner Legitimität«.[12] Gegen den Einwand, der Pakt sei nicht realistisch, weil ihm die Erzwingbarkeit fehle,[13] setzte er die Frage: »Aber ist es wirklich realistisch gedacht, auf dem Gebiet der Tatsachen die moralischen Kräfte, darunter die der öffentlichen Meinung, auszuschließen?« Hier wird erneut deutlich, daß der französische Außenminister in der Massenwirksamkeit der Kriegsächtungsidee das eigentliche Politikum des Paktes erblickte.

Auch Frank B. Kellogg hoffte, daß sich die moralische und rechtliche Ächtung des Krieges dadurch zu einem Machtfaktor entwickeln werde, daß sie von den Bevölkerungen der Unterzeichnerländer – den zunächst 15 Staaten schlossen sich bis 1938 weitere 48 an – akzeptiert und von den politischen und publizistischen Meinungsführern unterstützt werde. Kellogg erhielt 1929 den Friedensnobelpreis zugesprochen. Als er ihn am 10. Dezember 1930 in Oslo entgegennahm, vertrat er in seiner Dankesrede[14] die Auffassung, die Staatsmänner seien sich in den letzten zehn Jahren viel näher gekommen und er glaube, daß die allgemeine Weltmeinung in Zukunft den Frieden sichern werde. Keine der noch ungelösten Fragen in Europa sei von solcher Bedeutung, daß ein Krieg gerechtfertigt sei.

Kellogg scheint geglaubt zu haben, der Inhalt des von ihm

mitinitiierten Kriegsächtungspaktes sei mehr oder weniger mit der »Weltmeinung« identisch gewesen und die internationale öffentliche Meinung stelle schon jetzt einen bedeutsamen Faktor der Friedenserhaltung dar. Ebenso ist von Vertretern der Völkerrechtswissenschaft die Meinung vertreten worden, bei der Unterzeichnung des Paktes hätten sich die Regierungen in Übereinstimmung mit dem Rechtsbewußtsein ihrer Völker befunden.[15]

Ob diese Einschätzung der »Weltmeinung« richtig war oder nicht, läßt sich exakt kaum beantworten, zumal eine eingehende wissenschaftliche Untersuchung über die Verbreitung der Kriegsächtungsidee beziehungsweise über die Wirkungen des Briand-Kellogg-Paktes auf die öffentliche Meinung in den verschiedenen Unterzeichnerländern bisher noch aussteht. Allenfalls lassen sich einige Beobachtungen zusammentragen, die für die These sprechen, daß die Grundeinstellung »Nie wieder Krieg!« in den am Ersten Weltkrieg beteiligten Ländern sehr weit verbreitet war und Kellogg also durchaus nicht völlig an der Wirklichkeit vorbeiredete.

In seinem eigenen Land, den USA, wurde die öffentliche Meinung in der Nachkriegszeit nachhaltig durch die dort seit dem 19. Jahrhundert lebendige Friedens- und Kriegsächtungsbewegung[16] beeinflußt, die den Krieg nicht nur eindämmen, sondern als Institution des Völkerrechts radikal ausmerzen wollte.[17] In keinem anderen Land scheint die Kriegsächtungsbewegung so stark gewesen zu sein wie in den USA.[18] Die Auffassung, daß der Krieg einer unaufgeklärten, undemokratischen Vergangenheit angehöre und in einer modernen, rationalen Welt keinen Platz mehr habe, war ein weit verbreitetes amerikanisches Credo. Die Überzeugung, daß der Krieg verboten werden müsse (»Cutlawry of War«), drückte in ganz spezifischer Weise den amerikanischen Glauben an die Macht rechtlicher Entwürfe und moralischer Prinzipien aus, ja mehr noch, sie gehörte zum amerikanischen politischen Sendungsbewußtsein.[19] Insofern kann man den Pakt von 1928 als eine Projektion dieses amerikanischen Glaubenssatzes betrachten. Auch die konkrete amerikanische Außenpolitik der 20er Jahre orientierte sich an einem Konzept des friedlichen Interessenausgleichs (»peaceful change«), das jedoch durchaus nicht nur defensiv verstanden wurde, sondern ökonomische Expansion wie auch die Verhinderung eines weiteren Vordringens all dessen, was man für Kommunismus hielt, mit umfaßte. Auf Europa bezogen bedeutete die Maxime des »peaceful change«, daß die USA durchaus zu einer schrittweisen Beseitigung der deutschen Beschwerden bereit waren, im Gegensatz zu Frankreich also nicht glaubten, daß das Einfrieren des durch Versailles vorgegebenen status quo den Frieden dauerhaft sichern könne.[20]

Frankreichs Außenpolitik der 20er Jahre war nationale Sicherheitspolitik auf der Grundlage der Bestimmungen des Versailler Friedensvertrages. Die Vorgeschichte des Briand-Kellogg-Paktes macht deutlich, daß Frankreich ursprünglich gar nicht an einem multilateralen Kriegsächtungspakt interessiert war, sondern vielmehr nur an einem französisch-amerikanischen Vertrag, durch den diese beiden Länder für immer auf alle Kriege verzichten sollten. Hinter diesem Anliegen verbarg sich die Absicht der französischen Regierung, die USA durch einen bilateralen Vertrag in das französische Sicherheitssystem einzubauen. Erst als sich zeigte, daß die amerikanische Regierung hierzu nicht bereit war, sondern einen multilateralen Pakt anstrebte, schloß sich Briand notgedrungen diesen Absichten an.[21]

Wenn sie in der französischen Öffentlichkeit weithin ein positives Echo fanden, so ist dies hauptsächlich darauf zurückzuführen, daß sich in Frankreich nach dem Ersten Weltkrieg eine ausgeprägte pazifistische Grundstimmung ausgebreitet hatte. Besonders die ehemaligen Frontkämpfer, die sich in millionenstarken Vereinigungen zusammengeschlossen hatten und deren weitverzweigte Organisation bis in die letzte Kommune hineinreichte, waren beherrscht von einer tief verwurzelten Abneigung gegen den Krieg – wobei sie sich allerdings selten Rechenschaft darüber ablegten, »daß ihr Pazifismus in erster Linie durch den Sieg möglich geworden war«.[22] Mit dieser für das politische Klima im Frankreich der zwanziger Jahre charakteristischen Antikriegsstimmung verband sich zugleich ein gewisses Unterlegenheitsgefühl gegenüber dem deutschen Nachbarn, dessen Bevölkerungszahl um etwa ein Drittel stärker war, was ebenso wie das als überlegen eingeschätzte deutsche Wirtschaftspotential als eine mögliche Bedrohung begriffen wurde und die in der französischen Öffentlichkeit ohnehin vorhandene Zwangsvorstellung einer möglichen deutschen Invasion noch verstärkte.[23] Militärpolitisch schlugen sich diese Tendenzen in einer Furcht vor Abrüstungsschritten nieder, die als den französischen Sicherheitsinteressen zuwiderlaufend begriffen wurden.[24] Auch in England gab es eine Mehrheit innerhalb der Bevölkerung, »die kriegsmüde war und innenpolitische Reformen forderte«.[25] An dieser in der Zwischenkriegszeit dominierenden Grundstimmung konnte die englische Außen- und Innenpolitik nicht vorbeigehen. Die unter dem Namen »Appeasement« (wörtlich: Beschwichtigung) bekanntgewordene britische Politik der Kriegsverhinderung und Friedensstabilisierung muß in engem Zusammenhang mit dieser pazifistischen Grundstimmung in der englischen Bevölkerung gesehen werden.[26] Einerseits war diese Stimmung eine Folge der nach dem Ersten Weltkrieg in England lautstark artikulierten Wertvorstellungen der Gewaltlosigkeit. Andererseits entsprach das britische Friedensverlangen einem Kalkül nationaler Politik, wobei wirtschaftliche Interessen eine besondere Rolle spielten. »Großbritannien hatte keine Alternative zum Frieden, wollte es seinen Machtverlust im internationalen Vergleich nicht beschleunigen.«[27] Im Jahre 1928, dem Jahr des Kriegsächtungspaktes, faßte die britische Regierung den bezeichnenden Beschluß, »von der festen Annahme auszugehen, daß kein größerer Krieg in den nächsten zehn Jahren ausbrechen« wird.[28] Tatsächlich richtete die englische Regierung in der Folgezeit auch ihre Militärpolitik nach dieser »Zehnjahresregel« aus, was sich in merklichen Reduzierungen des Verteidigungsbudgets, in einem Disengagement von Europa sowie in einer Politik des Isolationismus niederschlug. So kann auch England als ein Beleg dafür angeführt werden, daß sich eine auf die Vermeidung eines neuen kriegerischen Konflikts hin orientierte öffentliche Meinung in praktischer Regierungspolitik niedergeschlagen hatte.

Über die Einstellung der Bevölkerung der UdSSR zu der in westlichen Ländern entstandenen Kriegsächtungsidee ist nichts bekannt. Die Westmächte scheinen anfangs wenig Interesse an einer Einbeziehung der Sowjetunion in den Kellogg-Pakt gehabt zu haben. Sie beteiligten die Sowjetunion nicht an den Verhandlungen, die schließlich zur Unterzeichnung des Paktes führten, und sie verhinderten auch – dies übrigens gegen den Willen der deutschen Reichsregierung – die Zugehörigkeit der Sowjetunion zum Kreis der Erstsignatarmächte,[29] so daß die SU erst einen Monat später ihre Unterschrift leisten konnte. Grundsätzlich war die sowjetische Regierung in den 20er Jahren an allen Abkommen, die zur Kriegsverhinderung beitragen konnten, in hohem Maße interessiert. Denn sie war auf ständiger Suche nach Sicherheit vor ihren potentiellen Gegnern im Westen, um die Entwicklung im Innern ungestört fortsetzen zu können. Eine antisowjetische Koalition der kapitalistischen Staaten des Westens war für die sowjetischen Politiker und Diplomaten geradezu ein Alptraum und die Verhinderung eines solchen Bündnisses daher eines der wichtigsten Ziele ihrer Außenpolitik.[30]

Während also die Regierung der UdSSR im September 1928 den Briand-Kellogg-Pakt unterzeichnete, inszenierte die Kommunistische Partei der Sowjetunion (KPdSU) ein Doppelspiel, indem sie den Pakt als eine neue »kapitalistische Verschwörung« gegen die Sowjetunion verurteilte.[31] Ebenso operierte Nikolai Bucharin auf dem VI. Weltkongreß der Kommunistischen Internationale (Komintern) im Herbst 1928 in Moskau. Er bezeichnete es als ein Verwischen der wirklichen Konfliktkonstellationen, wenn der Imperialismus verschiedene »pazifistische« Pakte, wie zum Beispiel den Kellogg-Pakt vorschlage, wenn er Konferenzen des Völkerbundes organisiere und ein Friedensgeschrei erhebe.[32] Diese Position entsprach der marxistisch-leninistischen Kriegstheorie, derzufolge sich der Klassenkampf seit der Existenz der Sowjetunion von der nationalen auf die internationale Ebene verlagert habe, was zugleich bedeutete, daß Verschärfungen kapitalistischer Krisen zu militärischen Aggressionen der kapitalistischen Länder gegen die Sowjetunion führen mußten. Diesen für unvermeidbar gehaltenen Krieg versuchte die sowjetische Regierung so lange wie möglich hinauszuzögern, um die eigene Ausgangsposition verbessern zu können.

2. Die deutsche Sonderentwicklung

Wie in England, Frankreich und den USA gab es nach dem Weltkrieg 1914-1918 auch in Deutschland starke pazifistische Strömungen, und zwar nicht nur in der Deutschen Friedensgesellschaft[33] und den anderen im sogenannten Deutschen Friedenskartell zusammengeschlossenen Organisationen. Es ist der historischen Situation der 20er Jahre dieses Jahrhunderts nicht angemessen, das Etikett »pazifistisch« lediglich für die radikale Position einer generellen Ablehnung militärischer Machtmittel zu reservieren. Angesichts der Alternative, welche die politische Rechte der Weimarer Zeit bot – nämlich Wiedergewinnung militärischer Macht unter Umgehung der Versailler Vertragsbestimmungen, und zwar sowohl aus nationalen Prestigegründen wie auch zum Zwecke einer künftigen aktiven militärischen Machtpolitik –, muß auch die um Friedensbewahrung bemühte Außenpolitik der Weimarer Koalition unter diesen Begriff fallen, der damals auch durchaus in diesem Sinne verwandt wurde – nicht nur in denunziatorischer Absicht von der nationalen Rechten. Was die Sozialdemokratische Partei Deutschlands, die katholische Zentrumspartei und die liberale Deutsche Demokratische Partei vertraten, war ein gemäßigter Pazifismus, nämlich eine Kombination von äußerer Verständigungspolitik samt Befürwortung von Völkerbund und Abrüstung einerseits und defensiver Militärpolitik andererseits.[34] Diese bis zum Jahre 1930 durchaus mehrheitsfähige Politik geriet dann in der Spätphase der Weimarer Republik mit zunehmendem Erfolg unter den Beschuß der nationalistischen Rechten, die den republikanischen Pazifismus als schwächlich denunzierte und machtpolitische Parolen propagierte.

Schon die Behandlung des Briand-Kellogg-Paktes im Deutschen Reichstag zeigte, daß Kriegsächtung nicht einmal der Idee nach von allen Parteien akzeptiert wurde. In der Ratifizierungsdebatte[35] am 8. Februar 1929 stimmten 289 Abgeordnete für den Vertrag und 127 gegen ihn. Zu den Gegnern gehörte die Fraktion der Kommunistischen Partei Deutschlands (KPD), die mit den bereits erwähnten Komintern-Argumenten gegen den Pakt polemisierte. Seitens der Rechten versagten die Deutschnationale Volkspartei (DNVP), die Nationalsozialistische Deutsche Arbeiterpartei (NSDAP) und die Christlich-Nationale Bauernpartei dem Pakt ihre Zustimmung. Jedoch auch bei den anderen Parteien war das Ja an Bedingungen geknüpft. Mehrere Sprecher machten deutlich, daß sie den Pakt als Instrument zur Unterstützung deutscher Revisionsforderungen benutzen wollten, insbesondere der Forderung nach Abrüstung der Versailler Mächte. Auch die von dem sozialdemokratischen Kanzler Hermann Müller geführte Reichsregierung betrachtete den Briand-Kellogg-Pakt unter dem generellen Aspekt einer friedlichen, schrittweisen Revisionspolitik.

Trotz ihrer Unvollständigkeit läßt die vorstehende Betrachtung der öffentlichen Meinung in den Vereinigten Staaten von Amerika, Frankreich, England, der Sowjetunion und Deutschland die Annahme zu, daß die Kriegsächtungsidee in den Bevölkerungen der meisten dieser Länder auf eine schon vorhandene, wenn auch unterschiedlich weit verbreitete Antikriegsstimmung[36] traf. Der Briand-Kellogg-Pakt korrespondierte offenbar mit einem latenten Pazifismus, wie unklar er im einzelnen auch artikuliert sein mochte.

In Deutschland, auf das sich die nachfolgenden Ausführungen beschränken, ist das auf den ersten Blick wenig verständliche Phänomen zu beobachten, daß etwa ein Jahr nach der Unterzeichnung des Kriegsächtungspaktes ein Stimmungsumschwung einsetzte. In zunehmendem Maße stießen jetzt nationalistische Ideologien mit einem ausgeprägt militaristischen Einschlag auf Resonanz in großen Teilen der deutschen Öffentlichkeit. Es handelte sich um eine Entwicklung, die den Intentionen des Kriegsächtungspaktes direkt entgegenlief und die sich in dieser Weise nur in Deutschland vollzog. Die öffentliche Meinung in den meisten der übrigen Signatarstaaten des Briand-Kellogg-Paktes, besonders der erwähnten Großmächte, schwenkte erst in der zweiten Hälfte der 30er Jahre um und gab dann ebenfalls ihre latent pazifistische Linie auf. Es handelte sich dabei zweifelsfrei um eine Reaktion auf die von Hitler-Deutschland ausgehenden Kriegsgefahren.

Die These, daß sich eine flutartige Remilitarisierung der öffentlichen Meinung bereits seit dem Ende der 20er Jahre vollzog, und nicht erst mit dem Machtantritt Hitlers, ist relativ neu. Die historische Forschung hat nach dem Ende des Zweiten Weltkrieges – in dem verständlichen Bemühen, aus dem Scheitern der ersten deutschen Republik Lehren zu ziehen für eine Stabilisierung des parlamentarischen Regierungssystems der zweiten Republik – die ausgehenden 20er und beginnenden 30er Jahre vorrangig unter der Fragestellung analysiert, welche Faktoren zum Verfall des Staates von Weimar beigetragen haben.[37] Dabei wurde den antidemokratischen Ideen der politischen Rechten besondere Aufmerksamkeit gewidmet.[38] Dagegen erschien das militaristische Gedankengut, der »Gesinnungsmilitarismus«, dem Hitler später organisatorische Gestalt geben konnte, unter dem auf den Problemkreis Demokratie-Diktatur eingeengten Gesichtswinkel lediglich als ein Element der antidemokratischen Ideen und wurde nicht in zureichendem Maße als ein eigengewichtiger historischer Faktor gewürdigt, der als ein direkter Vorläufer der seit 1933 von der Regierung Hitler verordneten geistigen und materiellen »Wiederwehrhaftmachung« begriffen werden muß.

Diese Forschungslage führte zu einem Defizit an Studien über die Entwicklung des militaristischen und des pazifistischen Denkens, wie es sich in der veröffentlichten Meinung in Deutschland in den Krisenjahren 1929-1933 niedergeschlagen hat. Die folgenden Ausführungen sind daher als Versuch zu verstehen, die These von einer deutschen Sonderentwicklung durch eine Reihe von Indizien zu untermauern, ohne gleichzeitig schon die schwierige Frage abschließend beantworten zu können, wie diese Entwicklung zu erklären ist.

Ein gängiges, eher apologetisches Erklärungsmuster orientiert sich an außenpolitischen Ereignissen, insbesondere an dem Nachweis, daß sich die an den Briand-Kellogg-Pakt geknüpften Erwartungen hinsichtlich einer schleunigen Revision des Versailler Vertrages nicht erfüllten. In der Tat kamen die Verhandlungen über eine Reduzierung der deutschen Reparationszahlungen nur schleppend voran, die Abrüstungsverhandlungen stagnierten, und weite Teile der deutschen Bevölkerung sahen sich nach wie vor durch die Kriegsschuldthese der Siegermächte diskriminiert. Vornehmlich auf indirektem Wege, nämlich durch die Interpretation, welche die nationalistischen Parteien und Verbände in ihrer politischen Propaganda den außenpolitischen Ereignissen gaben, wurde das Meinungsklima in Deutschland durch diese Ereignisse beeinflußt. Die Frage, in welcher Weise die 1929 beginnende Weltwirtschaftskrise, die in Deutschland zu Massenarbeitslosigkeit und damit wirtschaftlicher Not in den lohnabhängigen Bevölkerungsschichten führte, die aber auch Existenzängste in den Mittelschichten hervorrief, einer militaristischen Trendwende Vorschub leistete, bedarf noch eingehender, auch psychoanalytisch ansetzender Untersuchungen.[39] Das Ergebnis der krisenhaften Wende läßt sich nicht zuletzt an den Wahlerfolgen der Rechtsparteien und am Abgleiten der Mittelparteien in ein nationalistisches Fahrwasser ablesen. Sie verdeutlichen, daß mit dem Stimmungsumschwung von 1929/30 die Position einer friedlichen Revisionspolitik in die Defensive gedrängt wurde und der Ruf nach machtpolitischen Lösungen des außen-, innen- und wirtschaftspolitischen Dilemmas zunehmenden Widerhall fand.

Zweifellos hatte die Propaganda der nationalistischen Parteien an dieser Entwicklung maßgeblichen Anteil. Nicht unwesentliche, im einzelnen aber schwer meßbare Wirkungen gingen überdies von bestimmten literarischen und filmischen Kulturprodukten aus, die an dieser Stelle näher untersucht werden sollen.

3. Literarische Kriegsverherrlichung: Der »Soldatische Nationalismus«

Die radikalste Ausformung antipazifistischen und kriegsverherrlichenden Denkens repräsentierte eine literarische Strömung, die politisch der »Konservativen Revolution« zuzurechnen ist und deren Ideologie im nachhinein zutreffend als »Kriegerischer« oder »Soldatischer Nationalismus«[40] bezeichnet worden ist; zutreffend deshalb, weil Krieg und Nation die zentralen Bezugspunkte dieser Ideologie darstellten. Bei ihren Vertretern handelte es sich um eine zahlenmäßig kleine, aber einflußreiche Gruppe von Intellektuellen, die schon seit Beginn der 20er Jahre die Rolle übernommen hatte, das Thema Krieg in immer neuen Varianten literarisch zu verarbeiten, deren Produktion aber erst am Ende des Jahrzehnts Massenauflagen erlebte – Indiz für eine gesteigerte Nachfrage nach der aus heutiger Sicht schockierend wirkenden Kriegsphilosophie, die diese literarischen »Krieger« mitzuteilen hatten.

Zum »Soldatischen Nationalismus« zählten die Brüder Ernst und Friedrich Georg Jünger, Werner Beumelburg, Edwin Erich Dwinger, Franz Schauwecker, Helmut Franke, Friedrich Hielscher, Wilhelm Kleinau, Albrecht Erich Günther, Ernst von Salomon, Gerhard Günther, Wilhelm von Schramm, um nur einige der bekanntesten Namen zu nennen. Sie alle waren im letzten Jahrzehnt des 19. Jahrhunderts geboren und hatten am Weltkrieg als Frontsoldaten teilgenommen. Nach ihrer Selbsteinschätzung wurde der Krieg für sie zu einem Bildungserlebnis, das sie entscheidend prägte.[41] Da sie jede Form von Organisation ablehnten, wie übrigens auch jede verbindliche politische Programmatik, gehörten sie keiner der konservativen Parteien an. Was sie verband und zu einer Gruppe werden ließ, war eine bestimmte, durch den Krieg geprägte Geisteshaltung, die es nach ihrer Überzeugung auch nach dem Ende des Krieges in irgendeiner Weise zu bewahren galt.

Mit diesem Anliegen befanden sie sich nicht etwa in einer Außenseiterposition. Die kollektive Erinnerung an die unverbrüchliche »Frontgemeinschaft« wurde vielmehr im konservativ-nationalistischen Lager insgesamt kultiviert, wie man auf der anderen Seite ebenso einhellig die Weimarer Republik und die sie tragenden demokratischen Parteien als unheroisch, unkriegerisch, unsoldatisch, pazifistisch und defätistisch angriff. Die nationalistische und antidemokratische Ausdeutung des Kriegserlebnisses wurde zu einer der durchschlagskräftigsten konservativen Einigungsparolen,[42] zumal die demokratische Linke das stimmungsmäßig so wichtige Gebiet der militärischen Traditionen fast gänzlich der politischen Rechten überließ.[43]

Die weitgehende Einigkeit der Konservativen verschiedenster Provenienz hinsichtlich ihres Verhältnisses zum Weltkrieg, zum Kriegserlebnis und zum Problem Krieg schlechthin wird verständlich, wenn man sich vergegenwärtigt, daß der Konservatismus bereits im vorigen Jahrhundert eine Philosophie des Krieges entwickelt hatte, derzufolge Krieg, wie eingangs erwähnt, als ein Naturgesetz, als ein schicksalhafter Vorgang zu begreifen war. Die aufklärerische Idee des ewigen Friedens mußte folglich als eine den Naturgesetzen zuwiderlaufende Utopie erscheinen. Überdies eignete der konservativen Theorie eine prinzipiell positive Bewertung des Krieges.[44] Man pries ihn als einen Jungbrunnen der Völker und als ein geeignetes Mittel zur nationalen Integration.

Diese konstanten Elemente der konservativen Kriegsphilosophie brauchten in der literarischen Reproduktion des Weltkriegserlebnisses also nur aufgenommen und aktualisiert zu werden. Freilich wurden auch neue Akzente gesetzt, etwa durch Ernst Jüngers ästhetisierende Beschreibung des Krieges; aber insgesamt ist doch festzuhalten, daß die Kriegsglorifizierung, wie sie von den Frontliteraten der »Konservativen Revolution« in den Jahren der Weimarer Republik permanent betrieben wurde, in der erwähnten Tradition stand.

Viele der nationalistisch gesinnten ehemaligen Frontsoldaten, die mit Kriegsende arbeitslos geworden waren und den Einstieg in einen bürgerlichen Beruf nicht gefunden hatten oder nicht hatten finden wollen,[45] betätigten sich in den Anfangsjahren der Republik aktiv in den Freikorps und nach deren Auflösung in deren Nachfolgeorganisationen, den rechtsgerichteten Wehrbünden. Was die Intellektuellen unter ihnen in dieser Zeit literarisch von sich gaben, war noch keine politische Artikulation im engeren Sinne, sondern vielmehr eine subjektive, individuelle Verklärung dessen, was sie in den vier Kriegsjahren erlebt hatten.[46]

Die Politisierung des Kriegserlebnisses setzte ein, als sich mit dem Jahre 1924 die wirtschaftliche Lage zu stabilisieren begann und die gewaltsamen innenpolitischen Auseinandersetzungen der vergangenen Jahre abflauten. Seit dem Beginn dieser sogenannten Stabilisierungsphase der Weimarer Republik standen das Kriegserlebnis und die Kriegsschuldfrage nicht mehr in demselben Maße im Mittelpunkt der öffentlichen Diskussion, wie dies zuvor der Fall gewesen war. Dadurch gerieten die Frontliteraten für einige Jahre in die Isolation. Aber die schwächer werdende Resonanz in der Öffentlichkeit beeinträchtigte ihre Aktivität nicht, sondern steigerte sie noch zu einem geradezu missionarischen Sendungsbewußtsein.[47] Ihre Ideologie wirkte in den folgenden Jahren in die oppositionellen Rechtsparteien hinein, sowie in die zahlreichen nationalen Wehrverbände, die sich den kriegerischen Traditionen verpflichtet fühlten. Im »Werwolf«, im »Jungdeutschen Orden«, im »Bund Oberland«, im »Bund Wiking« und anderen Wehrbünden, vor allem aber im »Stahlhelm« fanden Friedrich Georg Jünger, Schauwecker, Franke und Kleinau, insbesondere aber Ernst Jünger, der in der Gruppe des »Soldatischen Nationalismus« eine unbestrittene Führerrolle einnahm, ein weites publizistisches Agitationsfeld.[48] Von 1924 bis 1926 stand ihnen die Stahlhelmzeitung »Die Standarte« als Sprachrohr zur Verfügung. Als es dann zum Bruch mit dem »Stahlhelm« kam, versuchten die Literaten des »Soldatischen Nationalismus« in den kommenden Jahren, die übrigen Wehrbünde zusammenzufassen, ohne diese Absicht jedoch verwirklichen zu können. Der große Erfolg, den sie in der Endphase der Republik feiern sollten, war auf den ersten Blick ein literarischer, von der Wirkung her gesehen jedoch zugleich ein politischer.

Die *Ideologie des »Soldatischen Nationalismus«* präsentierte sich als ein Bündel von Irrationalismen, innerhalb dessen sich mit einiger Mühe die folgenden vier Elemente unterscheiden lassen: Erstens wurde das Weltkriegserlebnis idealisierend verklärt. Über den erlebten Einzelfall hinaus gelangte man, zweitens, zu einer generellen Hochschätzung und Verherrlichung von Krieg und Kriegertum. Mit ihr verband sich, drittens, ein ausgeprägter Nationalismus. Und viertens schließlich erhob der »Kriegerische Nationalismus« die Forderung nach einem Staat der Frontsoldaten, dem die Aufgabe imperialistischer Eroberungen zufallen sollte.

In schroffem Gegensatz zur pazifistischen Ausdeutung des Kriegserlebnisses ging es den nationalistischen Frontliteraten darum, die durch den Krieg verursachten Leiden und Zerstörungen vergessen zu machen und statt dessen demonstrativ seine positiven Seiten zu betonen: »Wir wollen das negative, bedingte, der Verwesung opfernde Teil (sic!) dieses Krieges aus unserem Gedächtnis auszumerzen versuchen, wie dies die Tendenz des Gedächtnisses immer ist – und nur das Lebendige, Große, Fortzeugende aufbehalten.«[49] Wie sich schon an diesem Satz ablesen läßt, ging es den Publizisten des »Soldatischen Nationalismus« von vorneherein nicht um eine politische, soziale oder ökonomische Analyse des Weltkrieges. Es ging ihnen überhaupt weder um die Erzeugung überprüfbaren Wissens noch um rationale Argumentation, sondern um intuitives Schauen und Fühlen, um wirklichkeitsentrücktes Verklären. Daher lag auch eine Beschäftigung mit den Ursachen des Weltkrieges außerhalb des Gesichtskreises des »Soldatischen Nationalismus«. Man hielt es diesbezüglich mit dem Wort vom Krieg als Vater aller Dinge, das der vielgelesene Oswald Spengler in die noch eingängigere Formulierung abgewandelt hatte: »Am Anfang war der Krieg.«[50] Dies galt als unumstößliche, ewige Wahrheit, und jede weitere Erörterung dieser Frage mußte daher als überflüssig erscheinen. So war es nur folgerichtig, wenn Ernst Jünger meinte, für die Erkenntnis des Wesens des Krieges spiele es eine nebensächliche Rolle, »in welchem Jahrhundert, für welche Ideen und mit welchen Waffen gefochten wird«.[51]

Wenn die Frontliteraten über den Krieg schrieben, so meinten sie eben nicht einen bestimmten Krieg in seinem spezifischen historischen Kontext, sondern den *Krieg an sich*. In diesem Sinne artikulierte Friedrich Hielscher das Selbstverständnis des »Soldatischen Nationalismus«: Man müsse »Krieger sein um des Krieges willen«, und wenn man es so sehe, sei man auch »des höchsten inneren Friedens gewiß«.[52] Im Rahmen der kampfbetonten, sozialdarwinistisch beinflußten Lebensphilosophie verschwanden denn auch die Gegensätze zwischen Krieg und Frieden und verflüssigten sich zu »zwei Seiten einunddesselben Zustandes der Verwandlung, die wir das Leben nennen«: »Krieg ist immer da; und der Friede ist immer da. Denn jedes Leben vollzieht sich dadurch, daß es anderes Leben zerstört.«[53] Heroismus war daher alles, und die Humanität bedeutete nichts: »Der geborene Krieger läßt sich auf humanitäre Perspektiven gar nicht ein; er kann es nicht, weil er von der Schicksalhaftigkeit des Krieges ganz und gar durchdrungen ist.«[54] Eine moralische, ethische oder rechtliche Beurteilung des Krieges erschien den literarischen Kriegern als ein ebenso absurdes Unterfangen wie die Unterscheidung von Angriffs- und Verteidigungskrieg. All dies gehörte in den Bereich der verachteten rationalen Analyse, die, wie sich A. E. Günther vernehmen ließ, nur den Instinkt lähme:

»Natürlich ist jeder Krieg ein Verteidigungskrieg, sogar für beide Partner, – sei es, daß die Lebensrechte des Werdenden gegen den erstickenden Druck des Bestehenden, sei es, daß das Lebensrecht des Bestehenden gegen die zerstörende Gewalt des Werdenden verteidigt werden: uns vermag darum diese Diskussion nur um ihres propagandistischen Wertes – um ihrer instinktlähmenden Wirkung zu interessieren.«

Daher sei es nichts weniger als selbstverständlich, daß die »Wahrung des Lebensrechtes« auch den Angriff umschließe.[55] Diesen Gedanken fortführend empfahl Ernst Jünger seinen Landsleuten, sie sollten stolz darauf sein, von der Welt »als eine ihrer höchsten Gefahren gewittert zu werden«.[56]

Die »hemmungslose Übertragung der Thesen des L'Art pour l'Art auf den Krieg«,[57] die für die Ideologie des »Soldatischen Nationalismus« charakteristisch war, erreichte einen kaum noch steigerungsfähigen Höhepunkt in der Vorstellung, der aller praktischen Zwecke und politischen Ziele entkleidete kriegerische Kampf gehöre in den Bereich der edelsten Künste. Für echte Soldaten, bedauerte beispielsweise Wilhelm von Schramm sich und seinesgleichen, sei der Weltkrieg eine schlimme Enttäuschung geworden; dies nicht etwa, weil das Deutsche Reich den Krieg verloren hatte, sondern weil dieser Krieg »kein Krieg um der tieferen Ideen des Krieges willen« war, weil er der Idee vom Krieg »als Kunst, als höchster und edelster Stil des Streites zwischen Männern, als kunstvolle eigengesetzliche Fassung des Kampfes zwischen Völkern« nicht entsprach, weil es in ihm statt dessen »um Zwecke und praktische Ziele, (um) materiellen Gewinn« ging und nicht um das »ernste, hohe und blutige Spiel«, das »die Männer zu allen Zeiten zu Männern« macht.[58]

Mit Weisheiten dieser Art haben die Literaten des »Soldatischen Nationalismus« Tausende von Seiten gefüllt. Sie fügten sich nahtlos in jenen extremen politischen Irrationalismus ein, dem die Konservative Revolution insgesamt verpflichtet war.

Walter Benjamin hat seinerzeit die Sammelschrift *Krieg und Krieger,* aus der hier mehrfach zitiert wurde, genau analysiert und einer vernichtenden Kritik unterzogen:

»Man soll es mit aller Bitternis aussprechen: Im Angesicht der total mobilgemachten Landschaft hat das deutsche Naturgefühl einen ungeahnten Aufschwung genommen. Die Friedensgenien, die sie so besinnlich besiedeln, sind evakuiert worden und so weit man über den Grabenrand blicken konnte, war alles Umliegende zum Gelände des deutschen Idealismus selbst geworden, jeder Granattrichter ein Problem, jeder Drahtverhau eine Autonomie, jede Explosion eine Satzung, und der Himmel darüber bei Tag die kosmische Innenseite des Stahlhelms, bei Nacht das sittliche Gesetz über ihr.« Die Vertreter des neuen Nationalismus, die sich zum Krieg in Form der metaphysischen Abstraktion bekennen, seien jedoch nicht bloß idealistische Denker. »Was sich hier unter der Maske erst des Freiwilligen im Weltkrieg, dann des Söldners im Nachkrieg, heranbildete, ist in Wahrheit der zuverlässigste faschistische Klassenkrieger, und was die Verfasser unter Nation verstehen, eine auf diesen Stand gestützte Herrscherklasse . . .« Sie sind die »Kriegsingenieure der Herrscherklasse«, und als solche »bilden sie das Pendant der leitenden Angestellten im Cut. Weiß Gott«, warnte Benjamin, »daß ihre Führergeste ernst zu nehmen, ihre Drohung nicht lächerlich ist.«[59]

Das waren in der Tat die beiden Rollen, die der »Soldatische Nationalismus« spielte: Einerseits propagierte er einen metaphysisch-abstrakten Kriegskult, andererseits meldete er unüberhörbar politische Herrschaftsansprüche für die Elite der Frontsoldatengeneration an. Was man in der Literatur etwas unscharf die »Politisierung des Kriegserlebnisses« genannt hat,[60] bestand in eben diesem Herrschaftsanspruch: Ausgehend von der Frontgemeinschaft, die als ideales Modell einer verwirklichten nationalen Gemeinschaft und als Ausgangspunkt für die politische Erneuerung Deutschlands gepriesen wurde, entwickelten die Vertreter des »Kriegerischen Nationalismus« die recht konkrete politische Forderung nach einem Staat der Frontsoldaten. Dessen erste Aufgabe sollte es sein, mit der als schwächlich diffamierten Verständigungspolitik der demokratischen Parteien aufzuräumen, d. h. mit dem »unheroischen« Versuch, eine friedliche Revision der Versailler Friedensbedingungen zu erreichen.

Mit diesen Vorstellungen entwickelte der »Soldatische Nationalismus« eine geradezu klassische Ideologie des Militarismus. Militärische Ordnungsvorstellungen wurden in der Form einer emotionalen Projektion des Kriegserlebnisses auf die im Frieden lebende Gesellschaft übertragen, ohne daß auch nur andeutungsweise der Versuch unternommen worden wäre, die Bewegungsgesetze einer fortgeschrittenen Industriegesellschaft rational zu analysieren.

Die Konzeption des Frontsoldatenstaates fungierte in erster Linie als ein autoritärer und nationalistischer Gegenentwurf zum demokratischen System von Weimar. Als solcher unterschied er sich allenfalls graduell von dem nach 1933 verwirklichten faschistischen Staatswesen. Aber die Liquidierung des verhaßten Systems von Weimar war nur die eine Stoßrichtung. Der Frontsoldatenstaat sollte auch den Weg frei machen für kriegerische Eroberungen. Der Krieg, dieser permanent gepriesene heroische Lebenszustand, mußte wiederaufgenommen werden, nicht unbedingt ein bestimmter Krieg, etwa ein Revanchekrieg gegen Frankreich oder ein Präventivkrieg gegen Polen, sondern ein Krieg an sich.

Die Literaten des »Kriegerischen Nationalismus« verstiegen sich in imperialistische Wunschträume, die jene der Alldeutschen vor 1914 weit hinter sich ließen und die den Hitlerschen Kriegsideen in nichts nachstanden. Friedrich Georg Jünger forderte bereits im Jahre 1926, der Nationalismus müsse die »ins Unendliche« gerichtete imperialistische Idee dem deutschen Bewußtsein unermüdlich einhämmern: »Es gibt nichts Wichtigeres, nichts Dringlicheres, als den imperialistischen Willen überall zu beleben, zu stählen und schlagfertig zu machen. Denn jeder Kampf, der morgen oder übermorgen von uns geführt wird, geht um das Dasein ... Er ist Austrag über die Beherrschung der Erde.«[61] Da der nationalistische Frontsoldatenstaat »das Deutsche (sic!) in eine neue aggressive Form« bringen wolle, sei für ihn »jede neue Schraube an einem Maschinengewehr, jede Vervollkommnung des Gaskrieges wesentlicher als der Völkerbund«. Es gehe nicht um Mitarbeit im Völkerbund, sondern »das Deutsche« sei dazu berufen, das »Imperium germanicum« zu schaffen.[62] Für F. G. Jünger stand fest: »Die Gesinnung des Nationalismus ist notwendig zugleich eine imperialistische.«[63]

Sein Bruder Ernst gab der Überzeugung Ausdruck, »daß es um die Welt nur gut stehen kann, in der wir die ersten sind«.[64] In seinem Kriegstagebuch *Feuer und Blut* hielt er ein rassistisch gefärbtes Plädoyer für eine gewalttätige und durch kein konkretes territoriales Ziel begrenzte imperialistische Expansion, das in denkbar drastischer Weise dokumentiert, wie entbehrlich die Unterscheidung zwischen dem faschistischen und dem kriegerisch-nationalistischen Gedankengut ist. Hitler formulierte in *Mein Kampf:* »Ein Staat, der im Zeitalter der Rassenvergiftung sich der Pflege seiner besten rassischen Elemente widmet, muß eines Tages zum Herrn der Erde werden.«[65] Jünger schrieb:

»Den Drang ins Weite und Grenzenlose, wir tragen ihn als unser germanisches Erbteil im Blut, und wir hoffen, daß es sich dereinst zu einem Imperialismus gestalten wird, der sich nicht wie jener kümmerliche von gestern auf einige Vorrechte, Grenzprovinzen und Südseeinseln richtet, sondern der wirklich aufs Ganze geht.«[66]

Was die »überhitzte militarisierte Phantasie« Jüngers[67] hier unter Verzicht auf jede politische Begründung produzierte, war die Idee unbegrenzter Gewalttätigkeit um der Gewalttätigkeit willen. Die Vision eines germanischen Weltreiches wurde dementsprechend nur sehr vage artikuliert und wirkt eher wie ein entbehrliches Anhängsel, wie eine widerwillige Konzession an die Adresse derer, die dem politischen Irrationalismus noch nicht völlig verfallen waren.

4. Indizien zur Remilitarisierung der öffentlichen Meinung in Deutschland ab 1929

Die Ideologie der Literatengruppe »Soldatischer Nationalismus« trug gewiß extreme Züge. Aber dies bedeutet nicht, daß es sich um eine isolierte und politisch bedeutungslose Erscheinung handelte. Denn ab 1929 – der Zeitpunkt ist relativ genau fixierbar – stießen die Bücher dieser Literatengruppe, die zum Teil schon Jahre zuvor erstmals erschienen, aber nicht sonderlich beachtet worden waren, auf das Interesse eines Massenpublikums,[68] was gewiß als Indiz für eine Trendwende in der politischen Stimmungslage gelten kann.

Werner Beumelburgs Frontsoldatenroman *Gruppe Bosemüller* erreichte 1930 auf Anhieb das 30. Tausend, 1933 das 65. (1935 das 90., 1940 das 170.). Sein Bestseller *Sperrfeuer um Deutschland* wurde alleine im Jahre 1930 in einer Auflage von 100 000 gedruckt; 1931 wurde das 140. Tausend, 1932 das 150. und 1933 das 166. Tausend ausgeliefert (1935 das 216., 1938 das 328.). Edwin Erich Dwingers Bücher erlebten ebenfalls Massenauflagen mit mehreren zigtausend verkauften Exemplaren. Sein sibirisches Tagebuch mit dem Titel *Die Armee hinter Stacheldraht* erschien 1929, erreichte 1931 das 27. und 1935 das 78. Tausend; sein Roman *Zwischen Weiß und Rot*, 1930 erstmals publiziert, hatte 1932 die Auflage von 40 000 überschritten. Ernst Jüngers Schlachtbeschreibung *Feuer und Blut* erlebte 1929 die 4. Auflage, seine Chronik aus den Grabenkämpfen 1918 mit dem Titel *Das Wäldchen 125* wurde 1929 in 4. und 1930 in 5. Auflage gedruckt (16. Tausend); sein *Der Kampf als inneres Erlebnis* kletterte zwischen 1929 und 1933 von der 4. bis zur 13. Auflage, und sein Buch *In Stahlgewittern* erreichte 1931 ebenfalls die 13. Auflage. Im Jahre 1930 erschienen zugleich die beiden dickleibigen, von Ernst Jünger herausgegebenen Sammelbände *Krieg und Krieger* und *Das Antlitz des Weltkrieges* (2 Bände). Das Buch von Franz Schauwecker *So war der Krieg* wurde 1929 in 7. und 8. Auflage herausgebracht und überschritt 1930 das 50. Tausend; nach 1928 erschienen mehrere Neuauflagen seines Romans *Der feurige Weg*. Schauweckers Buch *Aufbruch der Nation* kam 1930 mit einer Auflage von 30 000 heraus. Es wurde übrigens, ebenso wie Ernst von Salomons Bücher *Putsch* und *Die Verschwörer*, 1933 in der NS-Reihe »Das Reich im Werden« nachgedruckt. Auch die Schriften des Stahlhelm-Führers Franz Seldte *M.G.K.* und *Dauerfeuer*, die nach 1933 in Volksausgaben herausgebracht wurden, erschienen bereits 1929 und 1930 in hohen Auflagen (30 000). Wilhelm Michaels *Infanterist Perhobstler* erlebte 1930 eine Auflage von 30 000 und Arnolt Bronnens *O. S.* eine solche von 25 000 Exemplaren. Neben den genannten sah sich eine Reihe weiterer Autoren des »Soldatischen Nationalismus« beziehungsweise der »Konservativen Revolution« mit einem gesteigerten Interesse der Öffentlichkeit konfrontiert.

Daß Deutschland seit 1929 von einer regelrechten Welle nationalistischer Kriegsbücher und Kriegsfilme überschwemmt wurde, war zu einem nicht unwesentlichen Anteil der Produktion der Literatengruppe »Soldatischer Nationalismus« zuzuschreiben. Der Gesamttrend war jedoch noch wesentlich breiter angelegt. Eine Auswertung des einschlägigen Schrifttums anhand des Deutschen Bücherverzeichnisses für die Jahre 1925-1935 zeigt: Der Boom von Kulturprodukten mit militaristischer und der gleichzeitige Niedergang von solchen mit pazifistischer Tendenz zeichnete sich bereits mehrere Jahre vor Hitlers Regierungsantritt ab.

Beispielsweise ist zu beobachten, daß die Zahl der Bücher, die sich mit »Wehrfragen«[69] auseinandersetzten, zwischen 1929 und 1935 kontinuierlich anstieg. Für die Jahre 1930 bis 1932 fällt besonders die hohe Zahl jener Schriften ins Auge, die sich mit zukünftigen Kriegen befaßten (1929: 2; 1930: 12; 1931: 14; 1932: 17). Die Zahl der Bücher, die man allgemein – ohne Analyse der Tendenz – unter der Rubrik »Weltkriegsbücher« zusammenfassen kann, die also Aufschluß über die sich steigernde Auseinandersetzung mit dem Krieg 1914-1918 und mit der Rückerinnerung an ihn geben können, stieg von etwa 200 im Jahre 1926 auf etwa 300 im Jahre 1929 und mehr als 400 im Jahre 1930, fiel 1931 und 1932 auf etwa 300 zurück und erreichte dann, nach dem Regierungsantritt Hitlers, mit jeweils mehr als 500 Titeln in den Jahren 1933 bis 1935 einen absoluten Höhepunkt. Mit dem Jahre 1935 endete dann die militärpolitische Diskussion in der Öffentlichkeit, was Hillgruber darauf zurückführt, daß das militaristische Gesellschaftskonzept zu diesem Zeitpunkt weitgehend in die Wirklichkeit umgesetzt war.[70]

Die Entwicklung der Bücher zur Friedensproblematik, denen man pazifistische Tendenzen im weitesten Sinne unterstellen kann, verlief genau umgekehrt. Die unter der Rubrik »Frieden« im Deutschen Bücherverzeichnis faßbaren (also gewiß nicht vollständigen, aber gleichwohl aussagekräftigen) Titel zeigen eine Linie nach unten: 1929 waren es 35, 1930 30, 1931 25, 1932 23 und 1933 noch 10 Titel. Seit 1933 wurde pazifistische Literatur in Deutschland bekanntlich nicht mehr verlegt, sondern öffentlich verbrannt.

Ein einziges Buch mit einer gegen den Krieg gerichteten Tendenz, nämlich Erich Maria Remarques *Im Westen nichts Neues*, konnte sich trotz der zu beobachtenden Trendwende behaupten und im Jahre 1930 eine Spitzenauflage von 1 Million Exemplaren im Inland und von 2 Millionen im Ausland erzielen.[71] Da Remarques Buch eine ungeschminkte Reportage des Kriegsalltags bot und auf jedes Heldenpathos verzichtete, wurde es im Lager der nationalistischen Rechten als ein massiver Angriff auf die »Ehre der Frontsoldaten« empfunden. Schauwecker sprach vom »Kriegserlebnis des Untermenschen«, und F. G. Jünger brachte seine Verachtung dadurch zum Ausdruck, daß er den Roman als ein Buch abkanzelte, »das nicht die heroischen Kämpfe der deutschen Heere darstelle, sondern sich in schwächlichen Klagen gegen den Krieg erging«.[72] Der Pazifist Carl von Ossietzky brachte 1932 in der *Weltbühne*[73] sein Bedauern darüber zum Ausdruck, daß Remarques Bestseller nicht von der Literatur in die Politik hineinwirken konnte und daher eine »interessante und isolierte« Leistung geblieben sei. Seine ungeheure Verbreitung habe dem Nationalismus keinen Abbruch getan. Das Buch sei im Grunde effektlos vorbeigerauscht. Es sei als eine Modesache aufgenommen, so gelesen und wieder weggelegt worden.

Die nationalistische Rechte scheint diese Auffassung nicht geteilt zu haben. Denn neben den erwähnten Ausfällen verbaler Aggressivität gegen das pazifistische Buch zeigten politische Ereignisse im Spätjahr 1930, daß die durch den Triumph der NSDAP in den Septemberwahlen 1930 gestärkte Rechte zwischenzeitlich nicht mehr bereit war, der Verbreitung pazifistischen Gedankenguts tatenlos zuzusehen.

Am 5. Dezember 1930 kam es anläßlich der Berliner Erstaufführung des Films *Im Westen nichts Neues* zu erregten Demonstrationen vor allem seitens der NSDAP unter deren Berliner Gauleiter Goebbels.[74] Die Aufführung wurde gesprengt, und eine zweite mußte abgesetzt werden. Wenige Tage später veranstaltete die NSDAP große öffentliche Protestkundgebungen gegen den Film. Auch die Frontkämpferverbände stimmten in den Protest ein. Die Länder Sachsen, Bayern und Württemberg stellten schließlich bei der Filmoberprüfstelle in Berlin den Antrag, die Zulassung des Films zu widerrufen. Es kennzeichnet das veränderte politische Klima, daß die Zensurbehörde dem Antrag entsprach und weitere Aufführungen unter dem Vorwand verbot, er gefährde das deutsche Ansehen im Ausland. Selbst die Zentrumspartei, ehedem eine der Stützen der »Weimarer Koalition«, sprach sich für das Verbot aus. Der dem Zentrum angehörende Reichskanzler Heinrich Brüning forderte in diesem Zusammenhang, daß auch gegen andere pazifistische Filme und Theaterstücke verschärft Front gemacht werden müsse. Daß die sozialdemokratisch geführte preußische Regierung gegen das Filmverbot Stellung nahm, verurteilte Brüning als »sehr gefährlich nach außen«. Seiner eigenen Partei empfahl er, den neuen Formen (»Umzüge, Kleinkaliberschießen etc.«) stärker Rechnung zu tragen.[75] Auch der dem Zentrum angehörende Reichsinnenminister Joseph Wirth[76] machte sich für das Verbot des Remarque-Films stark, weil er glaubte, »gewisse Gefühle schonen« und »Rücksicht auf gewisse Stimmungen nehmen« zu müssen. Für die Neigungen Brünings, besonders aber für das 1930 im Reichstag vorherrschende Meinungsklima war es charakteristisch, daß der Reichskanzler seine Regierung als »Kabinett der Frontsoldaten«[77] bezeichnete. Bei einem ersten Zusammentreffen mit Hitler am 6. Oktober 1930 appellierte Brüning an diesen »als alten Frontsoldaten«, er möge seine Politik tolerieren. Im übrigen versuchte Brüning Hitler für Koalitionen von Zentrum und NSDAP in den Länderparlamenten zu gewinnen.[78]

Wie die Literatur, so war auch das Kino »Kriegsschauplatz«, auf dem innenpolitische und ideologische Konflikte ausgetragen wurden. Im deutschen Film waren seit 1930 Entwicklungstendenzen zu beobachten, die mit dem Boom der kriegsverherrlichenden Literatur durchaus parallel liefen. Der fortschrittliche Film, der sich der Kritik sozialer Verhältnisse zuwandte und auch pazifistische Inhalte zu vermitteln suchte, mußte zunehmend dem autoritären Film, dem »nationalen Epos«, weichen, in dem Rebellen, Kriegshelden und Führer zu Leitbildern stilisiert wurden.[79] Typisch für diese letztgenannte Gruppe von Filmen waren die von Louis Trenker, in denen das Loblied kriegerischer Tugenden gesungen wurde und für die im übrigen charakteristisch war, daß Kriege als überpersönliche Ereignisse dargestellt wurden, mit denen man sich abzufinden habe. Der Filmhistoriker Kracauer urteilt: »Trenkers Bergsteiger war der Typ des Mannes, mit dem ein auf Krieg bedachtes Regime zuverlässig rechnen konnte.«[80]

Es ist auffallend, wie exakt die Flut der rechtsgerichteten Kriegsbücher und Kriegsfilme mit der ökonomischen Krise zusammenfiel und auf ein aufnahmebereites Publikum stieß. Mit einigem Anspruch auf Plausibilität kann hieraus gefolgert werden, daß sich die Konsumenten dieser Kulturprodukte vom Pazifismus des »Systems«, das heißt von der Verständigungspolitik der die Weimarer Republik tragenden Parteien, nichts mehr versprachen und eher für die Alternative autoritärer und schließlich gewaltsamer Lösungen in der Innen- wie der Außenpolitik optierten. Prümm zufolge übernahm zumal das mittelständische Bürgertum in den letzten Weimarer Jahren Positionen, »die seine positiven liberalen Traditionen als schwächliche Ressentiments diffamierten und Gewalt und Brutalität als adäquate politische Mittel verherrlichten ... Es akzeptierte den verklärenden Rückblick auf den Krieg und seine Erhebung zum gesellschaftlichen Normalzustand«.[81] Etwas behutsamer formuliert: Es reduzierte die Schwellenwerte des Vorbehalts gegenüber zunächst symbolischer und später organisierter und praktizierter Gewalt.

Wer die Konsumenten der nationalistischen Kriegsbücher und Kriegsfilme im einzelnen waren, ist empirisch nicht faßbar. Die These von Prümm, daß sie vornehmlich im mittelständischen Bürgertum zu suchen seien, ist plausibel, waren es doch neben dem traditionellen rechten Wählerpotential hauptsächlich die Mittelschichten, die sich seit 1930 der NSDAP zuwandten. Zu den Konsumenten gehörte, wie wir wissen, die Mehrheit der Studenten, die zu 95 Prozent aus der Mittel- und Oberschicht kamen und die zu etwa zwei Dritteln in den politisch rechts stehenden Korporationen organisiert waren. Unter den Studenten von 1929/30, die den Krieg selbst nicht als Soldaten miterlebt hatten, da sie erst um 1910 geboren waren, wurde es zu einem vorherrschenden Modetrend, den Frontsoldatenmythos ohne Abstriche zu übernehmen und die Frontsoldatengeneration und deren Kriegserlebnisse zu idealisieren.[82] Diese militaristische Welle an den Hochschulen fand auch in neuen Organisationen ihren Ausdruck: Ein »Stahlhelm-Studentenring« wurde gegründet, ebenso eine »Langemarck-Stiftung der deutschen Studentenschaft«. 1930 sah die Deutsche Studentenschaft ihr wichtigstes Aufgabengebiet in der wehrsportlichen Erziehungs- und Aufklärungsarbeit.

Soziologischen Untersuchungen des Wählerverhaltens in den Jahren 1930-1933 ist zudem zu entnehmen, daß eine große Anzahl Jugendlicher, die bisher aus Protest oder aus Altersgründen nicht oder noch nicht zur Wahl gegangen waren, seit 1930 NSDAP wählten. Hierin spiegelte sich der in der historischen Forschung unstrittige Tatbestand, daß der für die deutsche Gesellschaft der 20er Jahre dominante Generationenkonflikt von den antirepublikanischen Gruppierungen erfolgreich ausgenutzt werden konnte.[83] Diese Jugendlichen dürften, ähnlich wie die Studenten, ebenfalls zu den Konsumenten der nationalistischen Kriegsliteratur gehört haben. Die Studenten und Jugendlichen von 1930 waren die Soldaten von 1939.

In dem geschilderten politischen Klima konnte die aggressivste und am entschiedensten gegen Demokratie, Sozialismus und Pazifismus agitierende politische Partei, nämlich die NSDAP, in wenigen Jahren zur stärksten politischen Kraft in Deutschland werden. Die NSDAP und ihre Hilfsorganisationen haben den Stimmungsumschwung nur zum Teil selbst hervorgerufen, gewiß aber sich seiner bedient. Sie konnten an den schon zuvor begonnenen Prozeß der Remilitarisierung der öffentlichen Meinung anknüpfen, ihn verstärken und beschleunigen. Es gab schon vor 1933 eine latente, durch die Propagierung bestimmter militaristischer Ideologien bewirkte Bereitschaft zur Hinnahme, wenn nicht gar zur ausdrücklichen Befürwortung von Gewalt. Sie konnte bei Bedarf und nach Schaffung entsprechender personeller und materieller Voraussetzungen, also nach vollzogener Aufrüstung, jederzeit aktualisiert werden.[84]

5. Die übermächtige Tradition des Kriegsfatalismus und des Großmachtanspruchs

Für die These einer bereits mit dem Jahr 1929 beginnenden antipazifistischen und promilitaristischen Trendwende in der öffentlichen Meinung Deutschlands spricht, wie zu zeigen versucht wurde, eine Vielzahl von Indizien. Es liegt daher auf der Hand, die Endphase der Weimarer Republik nicht nur, wie bisher geschehen, unter dem Gesichtspunkt des Niedergangs des demokratischen Regierungssystems zu betrachten, sondern verstärkt nach den Verbindungslinien zu den Ursachen und Voraussetzungen des Zweiten Weltkrieges zu fragen.[85] Die Ernennung Hitlers zum Reichskanzler am 30. Januar 1933 ist dann nicht mehr jenes einschneidende, epochemachende Datum, als das es bislang von fast allen Historikern bezeichnet wurde. Der Nachweis der Kontinuitäten auf den verschiedensten Politikfeldern gibt zumindest Anlaß, die Zäsur-These – bezogen auf 1933 – zu relativieren. Richtig bleibt, daß mit der Kanzlerschaft Hitlers der erneute Anlauf zur Wiederaufrichtung der kontinentalen Großmachtstellung Deutschlands in ein qualitativ anderes Stadium trat, nämlich in das Stadium der konkreten Kriegsvorbereitung.

Betrachtet man die relativ kurze, nämlich nur knapp 75jährige Geschichte des deutschen Nationalstaats, so fällt ins Auge, daß sowohl die Entstehung als auch das Ende dieses Staates mit einer Kriegspolitik verbunden waren – demnach eine Kontinuität staatlicher Gewaltpolitik nach außen konstatiert werden kann.[86] Die deutsche Unterschrift unter dem Kriegsächtungspakt von 1929 nimmt sich demgegenüber fast wie ein Fremdkörper aus.

Tatsächlich lassen sich die Spuren, die dieser Vertrag in der öffentlichen Meinung Deutschlands vielleicht doch hinterließ, schon wenige Jahre später kaum mehr verfolgen. In Deutschland hat sich die Hoffnung Briands, Kelloggs und anderer Verfechter der Kriegsächtungsidee nicht erfüllt, die öffentliche Meinung werde sich künftig als ein maßgeblicher Faktor der Friedenserhaltung erweisen. Der Massenerfolg der nationalistischen Kriegsliteratur signalisierte gerade das Gegenteil. Er ließ erkennen, daß die Kriegsächtungsidee schon bald nach ihrer Kodifizierung in weiten Teilen der deutschen Öffentlichkeit in Vergessenheit geraten war, jedenfalls kaum noch eine Anziehungskraft ausüben konnte.

Auf der Suche nach Erklärungsgründen für diese Entwicklung stößt man – neben den bereits erörterten, auf die konkrete historische Situation der Endphase der Weimarer Republik bezogenen Erklärungsansätzen – auf die eingangs beschriebene Tradition des Kriegsfatalismus, die sich ganz offensichtlich als übermächtig erwiesen hat. Mit ein paar Schlagzeilen in den Zeitungen und einem zusätzlichen Paragraphen in den Völkerrechts-Lehrbüchern vermochte sich die Kriegsächtungsidee kaum nachhaltig gegen die alten Vorurteile und Glaubenssätze zu behaupten. In den Köpfen der meisten Zeitgenossen blieb der Krieg trotz Briand-Kellogg-Pakt das, was er seit Menschengedenken war, nämlich sowohl Schicksal als auch legitimes Mittel der Politik. Die Zahl derjenigen Deutschen, die sich von diesen kriegsfatalistischen Traditionen – auf denen auch die geschilderte nationalistische Kriegsverherrlichung gedeihen konnte – zu lösen vermochte, war nicht groß genug, um einen Rückfall in die Gewaltpolitik zu verhindern.

Anmerkungen

1 Text des Briand-Kellogg-Paktes u. a. in: *Verhandlungen des Reichstags.* IV. Wahlperiode 1928. Bd. 433. *Anlagen zu den stenographischen Berichten,* Berlin 1928, Nr. 744; Hans Wehberg, *Die Völkerbundsatzung,* Berlin [3]1929, S. 178 ff.; *Schulthess' Europäischer Geschichtskalender für das Jahr 1928,* S. 497 f.; V. Bruns, *Politische Verträge,* Bd. 1, Nr. 86.

2 Zur völkerrechtlichen Interpretation vgl. Hans Wehberg, *Die Ächtung des Krieges. Eine Vorlesung an der Haager Völkerrechtsakademie und am »Institut Universitaire de Hautes Etudes Internationales«* (Genf), Berlin 1930 (= Schriften der Deutschen Liga für Völkerbund); Hans Wehberg, *Krieg und Eroberung im Wandel des Völkerrechts.* Frankfurt/M., Berlin 1953, S. 43 ff.; Georg Dahm, *Völkerrecht.* Bd. II. Stuttgart 1961, § 73, S. 347 ff.; Friedrich Berber, *Lehrbuch des Völkerrechts.* III. Bd.: *Kriegsrecht.* München [2]1969, S. 35 ff.

3 Im einzelnen G. Dahm, *Völkerrecht*, Bd. II, S. 331-347.

4 Vgl. die Beiträge im vorliegenden Band sowie die Übersicht von Hans Wehberg, *Krieg und Eroberung* (S. Anm. 2), S. 11 ff.; sowie den informativen Artikel *»Krieg«* von Norman H. Gibbs, Thomas W. Wolfe, Claus D. Kernig in: *Sowjetsystem und demokratische Gesellschaft. Eine vergleichende Enzyklopädie*. Bd. III. Freiburg, Basel, Wien 1969, S. 1026-1087. Bzgl. der marxistisch-leninistischen Version dieser Lehre vgl. *Gerechte und ungerechte Kriege*, verfaßt von einem Autorenkollektiv unter der Leitung von Günter Rau, (Ost-)Berlin 1970 (= Serie *Politik und Landesverteidigung*). Die Kriegsrechtfertigungslehren einiger sozialistischer Klassiker untersucht Wolfram Wette, *Kriegstheorien deutscher Sozialisten. Marx, Engels, Lassalle, Bernstein, Kautsky, Luxemburg*, Stuttgart u. a. 1971.

5 Zum Recht des Krieges im europäischen Völkerrecht vgl. Hans Wehberg, *Krieg und Eroberung* (s. Anm. 2), S. 21 ff.

6 Vgl. Kurt Sontheimer, *Antidemokratisches Denken in der Weimarer Republik. Die politischen Ideen des deutschen Nationalismus zwischen 1918 und 1933*, München 1962, besonders das 5. Kapitel »Das Kriegserlebnis des Ersten Weltkrieges«.

7 Die Rede Briands ist abgedruckt in *Schulthess' Europäischer Geschichtskalender für das Jahr 1928*, S. 502-505, hier: S. 504.

8 Stresemann am 2. Februar 1929 im Reichstag bei der 1. Lesung des Kellogg-Paktes. Siehe *Schulthess' Europäischer Geschichtskalender für das Jahr 1929*, S. 19. Stresemann war – zusammen mit Briand – im Jahre 1926 der Friedensnobelpreis verliehen worden. Vgl. *Der Friedensnobelpreis. Stiftung und Verleihung. Die Reden der vier deutschen Preisträger Gustav Stresemann, Ludwig Quidde, Carl von Ossietzky, Willy Brandt*, hrsg. v. Arnold Harttung, Berlin o. J. (1972). Daß Stresemann im übrigen ein langfristig denkender Machtpolitiker war, belegt Michael-Olaf Maxelon: *Stresemann und Frankreich 1914-1929. Deutsche Politik der Ost-West-Balance*, Düsseldorf 1972 (= Geschichtliche Studien zu Politik und Gesellschaft, Bd. 5).

9 So Kelloggs Nachfolger im amerikanischen Außenministerium, Stimson, am 8. 8. 1932. Siehe Knud Krakau, *Missionsbewußtsein und Völkerrechtsdoktrin in den Vereinigten Staaten von Amerika*, Frankfurt/M., Berlin 1967, S. 326.

10 Der französische Historiker Maurice Baumont urteilte abschätzig, der Pakt sei »ein theatralischer Sieg des Friedensgedankens« gewesen, »so recht geschaffen, um in seiner Unschuld die Phantasie der Massen zu beeindrucken«. M. Baumont, *Aristide Briand. Diplomat und Idealist*, Göttingen, Frankfurt, Zürich 1966, S. 74.

11 So etwa Briand, der seine Festrede anläßlich der Paktunterzeichnung mit der Aufforderung schloß, der Proklamation des Friedens

nunmehr die Organisation des Friedens folgen zu lassen. Siehe *Schulthess' Europäischer Geschichtskalender für das Jahr 1928, S. 505.*

12 Siehe *Schulthess' Europäischer Geschichtskalender für das Jahr 1928*, S. 504 f.

13 Zu dieser und anderen Schwächen des Paktes vgl. Hans Wehberg, *Krieg und Eroberung* (s. Anm. 2), S. 43 ff.; sowie Georg Dahm, *Völkerrecht*, Bd. II. Stuttgart 1961, § 73, S. 347 ff.

14 Auszüge der Rede Kelloggs in Oslo in: *Schulthess' Europäischer Geschichtskalender für das Jahr 1931*, S. 342 f.; vgl. auch L. Ethan Ellis, *Frank B. Kellogg and American Foreign Relations, 1925-1929*, New Brunswick N. J. 1961; sowie Robert H. Ferrell, *Frank B. Kellogg*, in: *The American Secretaries of State and Their Diplomacy*, Vol. XI. New York 1963, p. 1-135.

15 Hans Wehberg, *Krieg und Eroberung* (s. Anm. 2), S. 53.

16 Eine Übersicht über die Gruppierungen der amerikanischen Friedensbewegung bringt Robert H. Ferrell: *Peace in Their Time. The Origins of the Kellogg-Briand Pact*, New Haven, Conn. 1952, S. 13 ff.

17 Hans Wehberg, *Die Ächtung des Krieges* (s. Anm. 2), S. 22 f.

18 Dies behauptet Roland N. Stromberg, *Collective Security and American Foreign Policy. From the League of Nations to NATO*, New York 1963, S. 55 ff.

19 Knud Krakau (s. Anm. 9), S. 320 ff., insbes. S. 325.

20 Werner Link, *Die amerikanische Stabilisierungspolitik in Deutschland 1921-1932*, Düsseldorf 1970, S. 619-623.

21 Robert Gottwald, *Die deutsch-amerikanischen Beziehungen in der Ära Stresemann*, Berlin 1965, S. 88 ff.; Jacques Néré, *The Foreign Policy of France from 1914 to 1945*, London 1975.

22 Antoine Prost, *Die französischen Kriegsteilnehmer und Deutschland 1933-1938*, Referat beim deutsch-französischen Historiker-Kolloquium in Paris 1977, Manuskript.

23 Daß die französische Sicherheitspolitik nicht in erster Linie von militärstrategischen, sondern von demographischen und wirtschaftlichen Überlegungen bestimmt war, betont Jacques Bariéty, *Les relations franco-allemandes après la première guerre mondiale, 10 Novembre 1918-10 Janvier 1925*, Paris 1977.

24 Jean-Marie d'Hoop, *Das Problem der französischen Wiederaufrüstung bis März 1936*, Referat beim deutsch-französischen Historiker-Kolloquium in Paris 1977, Manuskript.

25 Paul M. Kennedy, *»Splendid Isolation« gegen »Continental Commitment«. Das Dilemma der britischen Deutschlandstrategie in der Zwischenkriegszeit*, in: *Tradition und Neubeginn*, hrsg. von J. Hütter u. a. Köln, Bonn, München 1975, S. 156 und 162.

26 Vgl. Gottfried Niedhart, *Friedensvorstellungen, Gewaltdiskussion und Konfliktverhalten in der britischen Labour Party 1919-1926*, in: *Frieden, Gewalt, Sozialismus. Studien zur Geschichte der sozialistischen Arbeiterbewegung*, hrsg. v. W. Huber und J. Schwerdtfeger, Stuttgart 1976, S. 641-679. Ders., *Appeasement: Die britische Antwort auf die Krise des Weltkrieges und des internationalen Systems vor dem Zweiten Weltkrieg*, in: *Historische Zeitschrift*, 226. Bd. (1978), S. 67-88, hier: S. 68. Für die 30er Jahre vgl. D. Aigner, *Das Ringen um England. Das deutsch-britische Verhältnis. Die öffentliche Meinung 1933-1939, Tragödie zweier Völker*, München, Esslingen 1969.

27 G. Niedhart (s. Anm. 26), S. 72 und 74 f.

28 Paul M. Kennedy (s. Anm. 25), S. 161.

29 *Robert Gottwald (s. Anm. 21), S. 100. Martin Walsdorff, Westorientierung und Ostpolitik. Stresemanns Rußlandpolitik in der Locarno-Ära*, Bremen 1971, S. 198 f.

30 Vgl. u. a. Sven Allard, *Stalin und Hitler: Die sowjetische Außenpolitik 1930-1941*, Bern, München, 1974, S. 7 ff.

31 F. A. Krummacher, H. Lange, *Krieg und Frieden. Geschichte der deutsch-sowjetischen Beziehungen*, München, Esslingen 1970, S. 218 f.

32 Protokoll des 6. Weltkongresses der Kommunistischen Internationale in Moskau 1928, Bd. 1: *Die internationale Lage und die Aufgaben der Komintern. Der Kampf gegen die imperialistische Kriegsgefahr*, Hamburg, Berlin 1928, S. 39 f., 526, 531 f.

33 Vgl. Friedrich-Karl Scheer, *Die Deutsche Friedensgesellschaft (1892-1933). Organisation – Ideologie – Politische Ziele. Ein Beitrag zur Entwicklung des Pazifismus in Deutschland*, Phil. Diss. Bochum 1974. Guido Grünewald, *Stimme der Völkerverständigung und der Humanität: Die Deutsche Friedensgesellschaft 1892-1933*, in: *Friedensanalysen* 10 (1979), S. 179-200.

34 Vgl. im einzelnen W. Wette, *Ideologien, Propaganda und Innenpolitik als Voraussetzungen der Kriegspolitik des Dritten Reiches*, in: Deist, Messerschmidt, Volkmann, Wette: *Ursachen und Voraussetzungen der deutschen Kriegspolitik*, Stuttgart 1979, S. 62-87 (= *Das Deutsche Reich und der Zweite Weltkrieg*. Bd. 1).

35 Siehe *Verhandlungen des Reichstags*, IV. Wahlperiode 1928. Bd. 423. *Stenographische Berichte*, Berlin 1929, S. 991-1000 (1. und 2. Beratung des Vertrags über die Ächtung des Krieges am 2. Februar 1929); und Bd. 424, S. 1057-1080 (3. Beratung am 6. Februar 1929). Kurzfassung der Debattenbeiträge in *Schulthess' Europäischer Geschichtskalender für das Jahr 1929*, S. 25-27.

36 Mangels einschlägiger Spezialstudien nicht exakter bestimmbar.

37 Hier sind insbesondere die Standardwerke von Karl Dietrich

Bracher zu nennen: *Die Auflösung der Weimarer Republik. Eine Studie zum Problem des Machtverfalls in der Demokratie,* Villingen ³1960 u. ö., sowie: *Die deutsche Diktatur. Entstehung, Struktur, Folgen des Nationalsozialismus,* Köln, Berlin 1969; *Die Krise Europas 1917-1975,* Berlin 1976, Kap. »Demokratie und Antidemokratie«, S. 98-152.

38 Sontheimer (s. Anm. 6).

39 Die psychoanalytische Studie von Klaus Theweleit, *Männerphantasien,* 2 Bde., Frankfurt/M. 1977/78, beschäftigt sich mit dem Typus des Freikorps-Soldaten in der ersten Hälfte der zwanziger Jahre. Inwieweit seine Erklärungen auf die Renaissance militaristischer Ideologien in der Endphase der Weimarer Republik Anwendung finden können, bedürfte einer näheren Untersuchung, die hier nicht geleistet werden kann. Insbesondere die Tatsache, daß auch und gerade die Jugendlichen sich dem militaristischen Trend anschlossen, die selbst kein Fronterlebnis hatten und auch unter anderen Umständen aufwuchsen als die Freikorps-Soldaten, erfährt durch Theweleits Ausführungen keine Erhellung.

40 Karl Prümm, *Die Literatur des Soldatischen Nationalismus der 20er Jahre (1918-1933). Gruppenideologie und Epochenproblematik,* Kronberg/Ts. 1974.

41 »Der Krieg ist unser Vater, er hat uns gezeugt im glühenden Schoße der Kampfgräben als ein neues Geschlecht und wir erkennen mit Stolz unsere Herkunft an.« So Ernst Jünger im Vorwort zu Friedrich Georg Jünger: *Aufmarsch des Nationalismus,* hrsg. von Ernst Jünger. Berlin 1928, S. XI.

42 Prümm (s. Anm. 40), S. V.

43 Arthur Rosenberg, *Entstehung und Geschichte der Weimarer Republik,* hrsg. v. Kurt Kersten, Frankfurt/M. ¹³1972, S. 94.

44 Vgl. Martin Greiffenhagen, *Das Dilemma des Konservatismus in Deutschland.* München 1971, S. 258 ff.; Kurt Sontheimer, *Antidemokratisches Denken* (s. Anm. 6).

45 Ihre Mentalität analysiert Klaus Theweleit in seiner o. g. Untersuchung (vgl. Anm. 39).

46 Prümm (s. Anm. 40), S. 38.

47 Ebenda; ebenso Hans-Peter Schwarz, *Der konservative Anarchist. Politik und Zeitkritik Ernst Jüngers,* Freiburg i. Br., 1962.

48 Prümm (s. Anm. 40), S. 57.

49 Wilhelm v. Schramm, *Schöpferische Kritik des Krieges,* in: E. Jünger (Hrsg.), *Krieg und Krieger,* Berlin 1930, S. 35.

50 Oswald Spengler, *Der Untergang des Abendlandes,* München 1922, S. 448.

51 E. Jünger, *Die totale Mobilmachung,* Berlin 1930, ²1934, S. 11.

52 Friedrich Hielscher, *Die große Verwandlung*, in: E. Jünger, *Krieg* (s. Anm. 49), S. 131.

53 Ebenda S. 129.

54 E. Jünger, *Krieg* (s. Anm. 49), S. 63. Ähnlich F. G. Jünger, *Aufmarsch des Nationalismus*, Berlin 1928, S. 56.

55 Albrecht Erich Günther, *Die Intelligenz und der Krieg*, in: E. Jünger, *Krieg* (s. Anm. 49), S. 90 f.

56 E. Jünger, *Mobilmachung* (s. Anm. 51), S. 26.

57 Walter Benjamin, *Theorien des deutschen Faschismus. Zu der Sammelschrift »Krieg und Krieger«. Herausgegeben von Ernst Jünger*, in: *Die Gesellschaft*. 7. Jg. 1930, Bd. 2, S. 39.

58 W. v. Schramm (s. Anm. 49), S. 38-41.

59 Benjamin (s. Anm. 57), S. 39 f.

60 Sontheimer (s. Anm. 6), S. 115 ff; Prümm (s. Anm. 40), S. 38 ff. und 186 ff.

61 F. G. Jünger, *Aufmarsch* (s. Anm. 41), S. 60 f.

62 Ebenda S. 68 f.

63 Ebenda S. 63.

64 E. Jünger, *Das Wäldchen 125. Eine Chronik aus den Grabenkämpfen 1918*, Berlin 1925, zit. nach der 4. Aufl. 1929, S. 178 f.

65 A. Hitler, *Mein Kampf*, München 1930, S. 782.

66 E. Jünger, *Feuer und Blut. Ein kleiner Ausschnitt aus einer großen Schlacht*, Berlin 1925, zit. nach der 4. Aufl. 1929, S. 66.

67 Prümm (s. Anm. 40), S. 208 f.; H.-P. Schwarz, *Anarchist* (s. Anm. 47), S. 59, nennt Jünger einen »Gesinnungsmilitaristen«.

68 Die folgenden Angaben sind entnommen aus: *Deutsches Bücherverzeichnis*, 15.-22. Band. Eine vollständige Analyse der Auflagenhöhe der nationalistischen Kriegsliteratur in den Jahren 1929 bis 1933 wird dadurch erschwert, daß das Deutsche Bücherverzeichnis für die Jahre 1931-1935 (Leipzig 1937) im Vergleich zur bisherigen Übung der Herausgeber relativ wenige Angaben über die Anzahl der aufgelegten Exemplare enthält. – Die Angaben wurden ergänzt durch eine von Prümm (s. Anm. 40), S. 75 zitierte Aufstellung der wichtigsten Kriegsbücher des Jahres 1930, die der von Ernst Jünger und Werner Laß herausgegebenen Zeitschrift *Die Kommenden. Überbündische Wochenschrift der deutschen Jugend*, 5. Jg. 1930, S. 365 f. entnommen ist. (Diese Wochenschrift ist zwar namensgleich, aber nicht identisch mit dem nach 1945 erscheinenden anthroposophischen Organ *Die Kommenden.)*

69 Ausgezählt wurden die unter der Rubrik »Wehr-«subsumierten Titel.

70 A. Hillgruber, *Militarismus am Ende der Weimarer Republik und im »Dritten Reich«*, in: *Großmachtpolitik und Militarismus im*

20. Jahrhundert. Drei Beiträge zum Kontinuitätsproblem, Düsseldorf 1974, S. 37-51. Wiederabdruck in ders., *Deutsche Großmacht- und Weltpolitik im 19. und 20. Jahrhundert,* Düsseldorf 1977, S. 134-168.

71 Prümm (s. Anm. 40), S. 75; dort auch eine Aufstellung der wichtigsten Kriegsbücher des Jahres 1930.

72 Zitiert nach Sontheimer (s. Anm. 6), S. 119 f.; vgl. auch K. Rohe, *Das Reichsbanner Schwarz Rot Gold. Ein Beitrag zur Geschichte und Struktur der politischen Kampfverbände zur Zeit der Weimarer Republik,* Düsseldorf 1966, S. 143.

73 Carl von Ossietzky, *Der Fall Remarque,* in: *Weltbühne* 8, 1932, S. 549 f.

74 *Schulthess' Europäischer Geschichtskalender für das Jahr 1930,* S. 243. Vgl. auch Siegfried Kracauer, *Von Caligari bis Hitler. Ein Beitrag zur Geschichte des deutschen Films,* Hamburg 1958, S. 131; K. Sontheimer, *Antidemokratisches Denken* (s. Anm. 6), S. 119 f.; Viktor Reimann, *Dr. Joseph Goebbels,* Wien, München, Zürich 1971, S. 149 f.

75 *Die Protokolle der Reichstagsfraktion und des Fraktionsvorstandes der Deutschen Zentrumspartei 1926-1933,* bearb. v. R. Morsey, Mainz 1969, S. 500 ff. (aus der Fraktionsvorstandssitzung am 12. Dez. 1930).

76 Ebenda S. 517 (aus einer Sitzung der Zentrumsfraktion am 20. Februar 1931).

77 Karl Dietrich Bracher, *Die Auflösung der Weimarer Republik. Eine Studie zum Problem des Machtverfalls in der Demokratie,* Villingen [5]1971, S. 468.

78 Heinrich Brüning, *Memoiren 1918-1934,* Stuttgart 1970, S. 196.

79 Kracauer (s. Anm. 74), S. 152-158, 164, 171 ff.

80 Ebenda, S. 171.

81 Prümm (s. Anm. 40), S. 70 f.

82 Näher ausgeführt in W. Wette, *Ideologien* (s. Anm. 34), S. 52-55; dort auch Literaturangaben.

83 Hans Mommsen, *Die Last der Vergangenheit,* in: Jürgen Habermas (Hrsg.), *Stichworte zur ›Geistigen Situation‹ der Zeit,* 1. Bd., Frankfurt/M. 1979, S. 169.

84 Zu diesem Zusammenhang vgl. W. Wette, *NS-Propaganda und Kriegsbereitschaft der Deutschen bis 1936,* In: *Francia. Forschungen zur westeuropäischen Geschichte,* Bd. 5 (1977), München 1978, S. 567-590.

85 Diese Verbindungslinien – Kontinuitätsstränge – gibt es nicht nur auf ideologischem, sondern auch auf innenpolitischem, wirtschaftspolitischem, rüstungswirtschaftlichem, militärpolitischem und außenpolitischem Gebiet. Dies nachzuweisen ist einer der Schwer-

punkte des Bandes von W. Deist, M. Messerschmidt, H.-E. Volkmann, W. Wette, *Ursachen und Voraussetzungen der deutschen Kriegspolitik*, Stuttgart 1979 (= *Das Deutsche Reich und der Zweite Weltkrieg*. Bd. 1).

86 Grundlegend Fritz Fischer, *Bündnis der Eliten. Zur Kontinuität der Machtstrukturen in Deutschland 1871-1945*, Düsseldorf 1979.

Information

Vorstellung neuer Friedensforschungsstudien

Beate Höfling: Katholische Friedensbewegung zwischen den Kriegen. Friedensbund Deutscher Katholiken 1917-1933.

Die Mainzer Dissertation (1977) der Autorin gibt eine auf gründlichem Archivstudium und Befragung von Zeitgenossen basierende umfassende Darstellung der ersten organisierten katholischen Friedensbewegung in Deutschland, die zu Beginn der dreißiger Jahre 49 000 Mitglieder (davon 9000 Einzelmitglieder) umfaßte. Der »Friedensbund Deutscher Katholiken« war seinem Selbstverständnis nach keine Massenbewegung, sondern eine intellektuelle Avantgarde, die dem Engagement für den Frieden innerhalb der katholischen Kirche größeres Gewicht verschaffen wollte.

Die Arbeit betrachtet diesen offiziösen, d. h. von der Amtskirche zumindest geduldeten Friedensbund nach drei Richtungen hin: nach seiner theologischen Begründung, seiner politischen Konzeption und seiner Stellung im deutschen Katholizismus.

In der theologischen Diskussion nimmt der Friedensbund die traditionelle naturrechtlich-scholastische Lehre vom »gerechten Krieg« auf, um sie ad absurdum zu führen. Aus dieser Lehre, die neben einem »gerechten Grund« und einer legalen Autorität vor allem die Voraussetzung macht, daß die Schäden des Krieges nicht größer sein dürfen als der mögliche Nutzen für das Gemeinwohl, folgerte man im Friedensbund schon damals, daß seit dem Einsatz von flächendeckenden Waffen wie Bomben und Giftgas die Verhältnismäßigkeit der Mittel nie mehr gegeben, ein gerechter Krieg also unmöglich sei. Als einzige Ausnahme dachte man an einen Sanktionskrieg des Völkerbundes.

In der politischen Konsequenz bedeutet diese Haltung neben dem Versuch einer Verständigung mit den feindlichen Nachbarn Frankreich und Polen – von Höfling ausführlich dargestellt – die Ablehnung von Aufrüstung und Wehrpflicht. Der Krieg als Mechanismus zur Regulierung zwischenstaatlicher Konflikte soll abgelöst werden durch eine internationale Schiedsgerichtsbarkeit, die man sich vom Völkerbund erhofft: hier treffen sich Friedensgedanken der Päpste seit 1917 mit denen der bürgerlichen Friedensbewegung. Zugleich plädiert der Friedensbund für die Entwicklung von Formen passiven Widerstands, in heutiger Terminologie für Soziale Verteidigung. Diese Haltung bringt der Friedensbund – das ist für eine kirchliche Organisation nicht selbstverständlich – seit etwa 1926 auch in der Tagespolitik zum Ausdruck: so in der Ablehnung des Panzerkreuzerbaus 1928 und des Wehrsports 1932.

Damit verbunden ist eine partielle Abkehr vom Block des politischen Katholizismus, repräsentiert vor allem im Zentrum, dessen kleiner pazifistischer Flügel bedeutungslos blieb. Von dort, ebenso von den Bischöfen und den katholischen Verbänden in ihrer Mehrzahl, wird der Friedensbund skeptisch und distanziert betrachtet. Breitenwirkung hat er kaum, größere Resonanz höchstens in Teilen der katholischen Jugendbewegung, von denen sich einige kollektiv dem Friedensbund anschließen.

Hauptsächlich aus der katholischen Jugendbewegung kommen aber auch radikalere Pazifisten, für die Pazifismus, Antikapitalismus und Lebensreform eine Einheit bilden und die sich z. B. in der katholisch-linksradikalen »Christlich-Sozialen Reichspartei« vertreten finden. Dieser »bunte« Zweig der katholischen Friedensbewegung bleibt in der vorliegenden Monographie am Rande. Dagegen verdeutlicht ein quantitativer und qualitativer Vergleich mit der Deutschen Friedensgesellschaft den Stellenwert des Friedensbundes innerhalb der deutschen Friedensbewegung, die sich im Deutschen Friedenskartell organisiert hatte. Der Versuch einer politiktheoretischen Einordnung (orientiert an Hannah Arendt) christlich motivierter Friedensarbeit bildet den Schluß des Bandes.

Die Untersuchung erschien Mai 1979 in der Waldkircher Verlagsgesellschaft.

Lutz Lemhöfer

Tübinger Verbreitungsstelle für Friedensmaterialien

Die Tübinger Verbreitungsstelle für Friedensmaterialien ist eingegliedert in den Verein für Friedenspädagogik Tübingen e. V. und wird finanziert von der Berghof-Stiftung für Konfliktforschung (BSK). Sie hat sich vor allem zwei Aufgaben gestellt:

1. Die Verbreitung von Ergebnissen der Friedensforschung und von Materialien zur Friedenserziehung. Dazu werden kommentierte Literatur-Übersichten erstellt, deren Zweck es ist, interessante Publikationen zu verschiedenen Themen der Friedensforschung und Friedenserziehung bekanntzumachen, eine Orientierung über den jeweiligen Themenbereich zu ermöglichen und damit gleichzeitig allgemeinere Anfragen zeitsparend und doch informativ zu beantworten.

2. Die Unterstützung der Kommunikation und des Erfahrungsaustausches aller an der Friedensforschung und Friedenserziehung Intersierten. Dazu bietet die Verbreitungsstelle in Zusammenarbeit mit Mitgliedern des Vereins für Friedenspädagogik im regionalen Rahmen Beratung (für Lehrer, Aktionsgruppen, Pfarrer ...) an oder vermittelt eine Beratung im jeweils regionalen Bezug.

Bisher sind folgende Literatur-Übersichten verfügbar:

Heft 1 Zeitschriften der Friedensbewegung

Heft 2 Friedenserziehung

In Arbeit: Literatur zur Kriegsdienstverweigerung und zum Zivildienst

Medien für die Friedenserziehung

Literatur zum Thema Sicherheitspolitik und Rüstung

Die Materialien werden zum Selbstkostenpreis abgegeben. Anschrift: Tübinger Verbreitungsstelle für Friedensmaterialien, Seelhausgasse 3, 7400 Tübingen, Tel. 07071/4401.

Zu den Autoren dieses Bandes

Briefe an die Autoren werden durch die Redaktion weitergeleitet: Hessische Stiftung Friedens- und Konfliktforschung, Leimenrode 29, 6000 Frankfurt/M. 1.

P. Paulus *Engelhardt,* geb. 1921, Dr. phil., Professorenvertreter für Sozialphilosophie an der Fachhochschule Münster, Lehrbeauftragter für Moraltheologie an der Pädagogischen Hochschule Rheinland, Abt. Bonn; Hauptschriftleiter der deutschen Thomas-Ausgabe; verantwortlicher Schriftleiter der theologischen Zeitschrift »Wort und Antwort«

Egbert *Jahn,* Dr. phil., Mitarbeiter der HSFK ab 1971, Forschungsgruppenleiter an der HSFK ab 1974, Professor der Politikwissenschaft an der Universität Frankfurt/M.

Otto *Kimminich,* geb. 1932, Dr. jur., Professor für öffentliches Recht, insbesondere Völkerrecht, Staatsrecht und Politik an der Universität Regensburg

Wolfgang *Lienemann,* geb. 1944, Studium der Theologie und Sozialwissenschaften, seit 1974 wissenschaftlicher Mitarbeiter der Forschungsstätte der Ev. Studiengemeinschaft (FEST) in Heidelberg

Christiane *Rajewsky,* geb. 1934, Studium der Politologie und der Islamwissenschaft, Professorin der Politologie an der Fachhochschule Düsseldorf

Burkhard *Steinmetz,* geb. 1946, Studium der Theologie, Geschichte und Politikwissenschaft, Religionslehrer, seit 1977 Geschäftsführer des Vereins für Friedenspädagogik in Tübingen

Reiner *Steinweg,* geb. 1939, Dr. phil., Studium der Germanistik, Geschichte und Sozialwissenschaft, seit 1974 Mitarbeiter der HSFK

Oskar *Weggel,* geb. 1935, Dr. jur., seit 1968 China-Referent am Institut für Asienkunde in Hamburg

Wolfram *Wette,* geb. 1940, Dr. phil., seit 1971 Historiker am Militärgeschichtlichen Forschungsamt in Freiburg/Brsg.

Summaries

Christiane Rajewsky
Just War in Islamic Thinking (pp. 13-71)
Starting from the observation that the significance as well as the influence sphere of the Islam are considerably growing at present, this contribution describes the double function of Islam in its specific construction as doctrine of faith and state-sustaining political power. This power has had the effect that in the Islamic world justification of war does not represent an isolated chapter of history. In detail, the contribution is concerned about the orthodox Islamic doctrine of djihād; the special rôle of the Shiite line of Islam; those moments in historical development that may at least partly explain the dynamics of the Islamic conquests as well as the drive of the present Islamic movement; and finally, manifestation of Holy War under the political conditions of a re-islamization, especially in Iran.

Paulus Engelhardt
The Doctrine of Just War in Preprotestant and Catholic Tradition (pp. 72-124)
Ever since the christianization of the Roman empire (Constantin), Christian theologians (Augustinus) take the conditions justifying a war and certain war actions from Roman law. It is through medieval canonical law and medieval theology (Thomas Aquinus) that the theory of just war comes to modern times.There is a refinement of this theory in connection with Spanish colonization problems in the 16th century (Francisco de Vittoria), and thanks to Hugo Grotius it finds its way into modern international law. The foundation of both Western defence readiness and (comparatively) pacifist positions lies in the continuation of Catholic tradition. Certainly, the belief that the traditional conditions are no longer applicable to modern war is asserted more and more. Nevertheless, the ethic alternative that could become politically effective will still have to be found.

Wolfgang Lienemann
The Problem of Just War in German Protestantism after World War II (pp. 125-162)
Recognizing the existence of modern means of mass destruction, practically every institutionalized religion (church) has by now given up the doctrines of just war that are commonly known since Augusti-

nus. Protestantism in the Federal Republic of Germany, however, concedes in general the possibility of securing peace militarily within the framework of the deterrence strategy. The dilemma that this strategy cannot but include the preparedness to make war, a war that may never be called "just" – a dilemma which tends to be greatly suppressed. There are, however, indications in the direction that the more recent emphasis on non-violence commanded by Christianity may also lead to consequences in the assessment of military violence.

Egbert Jahn
A Criticism of Soviet Marxist Theory of Just War (pp. 163-185)
In the age of potential nuclear war the leading Marxist-Leninist theorists are often confronted with the question whether the theory of "just war" is still valid. Objecting the arguments of Western critics, the (East) German Journal of Philosophy dedicated in 1976 a whole number to the subject. Egbert Jahn replies to it by tracing the theory of just war back to the bourgeois origins of the interrelationship of politics and violence. Jahn points to some elements of ideological instruments for self-criticism in Soviet Marxist theory. Nevertheless, the ideological claim to wage but just wars, that the Soviet Union has asserted up to now, is understood as a danger of inflexibility in critical international situations, insofar as it might prevent possible retreatment of Soviet troops and the admittance of errors in the calculation of the political and military factors. In the assesment of nuclear wars being declared "just", even if they threaten the existence of mankind as a whole, the author sees an unsoluble contradiction in Marxist-Leninist theory of war.

Oskar Weggel
"Peace as Revolutionary Act of the Masses." Chinese Attitude Concerning Problems of War and Peace (pp. 186-205)
From the Chinese point of view, real peace is possible only if direct and indirect acts of aggression, i. e. hegemonist offensive wars of the super powers as well as acts of structural violence by the super powers' "lackeys" against the "masses of the people" in the respective countries, could effectively be prevented. This, however, is in any case possible only with the help of the "masses": – internationally by means of altering the U.N. Charter in a way that puts all member states of this world organization into the position to decide *ad hoc* on the existence of an aggression, domestically through all forms of resistence, including even armed revolt which in Maoist opinion is understood as "the highest form of revolution". Supporting such defence actions against structural violence by China is, from the

Peking point of view, to be seen as self-defence or just war, respectively.

Otto Kimminich
Just War in the Mirror of International Law (pp. 206-223)
International law largely represents – especially at its time of inception in the 17th century – the attempt to regulate the interrelationship of belligerent states. This became necessary when the medieval order of the occident with emperor and Pope as arbiters collapsed. The author of the present essay is mainly interested in showing a) how, in the course of international law's historical development, the doctrine of just war has been overcome, and b) how the right to wage war, which originally had been conferred upon all sovereign states by international law, was replaced by a general ban on war (Kellogg pact) or, even more far-reaching, by a general ban on violence (U.N. Charter). The author criticizes any tendency to re-introduce certain types of "just" wars (liberation wars) as an atavism in the development of international law.

Wolfram Wette
From Kellogg to Hitler (1928-1933). Public Opinion on War between Outlawing and Glorification (pp. 233-268)
This contribution on historical peace research presents a relatively new thesis which is substantiated by a chain of evidence: Conditions in Germany for pursuing precisely that policy, which in 1939 led to the third Reich's causing world war II, had for a considerable part already been existent before 1933, i.e. before Hitler seized power. Beginning with the late twenties, there had been a flood-like remilitarization of public opinion in Germany. This was a prerequisite not only for a revision of the Versailles peace treaty, but also for renewed efforts to re-establish the position of Germany as great power by force. The present contribution attempts to clarify how such a development could come about despite the fact that Germany had signed the 1928 Kellogg pact outlawing war. It is shown that in Germany, unlike other states, the idea of outlawing war did not assert itself. It was on the basis of both the predominant tradition of war fatalism and the nationalist power policy that ever since the great depression of 1929 there grew a mass public for books and movies in which war was not only justified but glorified.

Zu den ›Friedensanalysen‹

Die Zeitschrift dient der Vermittlung von Friedensforschung und Friedenspolitik bzw. -erziehung: Die Ergebnisse und Probleme der Friedensforschung sollen in einer verständlichen, nicht nur für Fachleute lesbaren Sprache einem breiteren Publikum nahegebracht werden; die besonderen Bedürfnisse und Probleme der Friedenspolitik und -pädagogik sollen ihrerseits nicht nur in der Form erwünschter Kritik auf die Auswahl und die Form der in der Zeitschrift dargestellten Gegenstände und damit auf die Friedensforschung selbst zurückwirken (s. die Einführung zu Band I: *Wozu und für wen Friedensanalysen?*). Das Spektrum der Zeitschrift umfaßt alle Probleme, die mit der Grundfrage zusammenhängen: Wie kann Gewalt in den Lebensverhältnissen der Menschen überwunden werden? Zu diesen Problemen gehören:

- Militarismus und Rüstungsdynamik, Rüstungskontrolle, Abrüstung
- Sozialstrukturelle Grundlagen von Außenpolitik und internationaler Diplomatie
- Weltgesellschaftliche Gewaltverhältnisse, insbesondere Imperialismus, internationale Abhängigkeitsstrukturen
- Konfliktstrukturen zwischen Staaten gleicher und unterschiedlicher Gesellschaftsordnung, insbesondere kapitalistisch-sozialistische Systemkonkurrenz
- Gesellschaftliche Konflikte und Formen ihrer Austragung
- Gesellschaftliche Friedensbewegungen und Friedensstrategien
- Sozialpsychologie von Aggression und Gewalt
- Friedenserziehung
- Allgemeine wissenschaftspolitische und methodologische Probleme der Friedensforschung.

Autoren, die der Redaktion Manuskripte zur Publikation anbieten wollen, werden gebeten, die Notwendigkeit einfacher und übersichtlicher Darstellung der Kernargumente bei der Abfassung ihrer Arbeiten von Anfang an zu berücksichtigen. Sie werden ferner gebeten, ihre Manuskripte in *fünf Exemplaren* einzusenden, sich in der *Zitierweise* und bei *Anmerkungen* genau nach dem vorliegenden Band zu richten und jeweils ein *Summary* (vgl. S. 273 ff.) sowie *Angaben zur Person* (vgl. S. 272) beizufügen.

Zu den *Herausgebern und Förderern der Zeitschrift:* Die Hessische

Stiftung Friedens- und Konfliktforschung (HSFK) ist eine 1970 durch das Land Hessen gegründete Forschungseinrichtung. In der 1968 gegründeten »Arbeitsgemeinschaft für Friedens- und Konfliktforschung« (AFK) haben sich die meisten Friedensforscher der Bundesrepublik und West-Berlins zusammengeschlossen. Die Berghof Stiftung für Konfliktforschung (gegründet 1971) hat sich zum Ziel gesetzt, »praxisrelevante theoretische und empirische Projekte der Friedens- und Konfliktforschung« sowie die Verbreitung und Anwendung ihrer Ergebnisse zu fördern. (Vgl. Eva Senghaas-Knobloch, *Konfliktforschung konkret, Ein Bericht über die Projektforschung der Berghof Stiftung* 1971-1979, Waldkirch i. Br. 1980.)

Die Bände 1-11 der ›Friedensanalysen‹ haben folgende *Schwerpunkte*:

Band 1: *Feindbilder* (edition suhrkamp 784) 1975
Band 2: *Rüstung* (es 834) 1976
Band 3: *Unterentwicklung* (es 847) 1976
Band 4: *Friedensbewegung* (es 871) 1976
Band 5: *Aggression* (es 891) 1977
Band 6: *Gewalt – Sozialisation – Aggression* (es 925) 1977
Band 7: *Sonderband:* Jungsozialisten und Jungdemokraten zur Friedens- und Sicherheitspolitik (es 955) 1977
Band 8: *Kriege und Bürgerkriege der Gegenwart* (Vietnam, Zypern, Libanon, Südafrika, Somalia/Äthiopien, der mittelamerikanische »Fußballkrieg«, es 958) 1978
Band 9: *Entspannungspolitik* (es 755) 1979
Band 10: *Bildungsarbeit* (es 748) 1979
Band 11: *Kampf um die Weltmeere* (es 855) 1980

Über die Inhalte der Bände 1-10 informiert ein ausführlicher *Prospekt*, der bei der Redaktion angefordert werden kann – auch zum Weitergeben.

In den *Allgemeinen Teilen* der Bände 1-11 wurden folgende Themen abgehandelt (die Ziffern nach den Schlagworten geben Band und Seitenzahl an):

edition suhrkamp. Neue Folge.

Als „nicht wegzudenkender Bestandteil des geistigen Lebens der Bundesrepublik Deutschland“ wurde die edition suhrkamp bezeichnet. Diese Funktion möchte auch die Neue Folge übernehmen. Auch sie möchte Strömungen widerspiegeln und Impulse für neue Entwicklungen geben, Chronik und Anregung sein, Widersprüche zeigen und Widersprüche provozieren. Sie möchte eine Reihe sein, in der der Alltag differenziert betrachtet wird, in der der Mensch der Gegenwart sich erkennt, in seinen Problemen und Ängsten, in seinen Möglichkeiten und seiner Hoffnung. Die edition suhrkamp möchte, mit einem Wort, Forum sein für eine lebendige Literatur.

1
Gertrud Leutenegger: Lebewohl, Gute Reise
Ein dramatisches Poem

2
Hans Georg Bulla: Weitergehen
Gedichte

edition suhrkamp. Neue Folge.

3
Von nun an: Neue deutsche Erzähler
Herausgegeben von Hans-Ulrich Müller-Schwefe

4
Franz Böni: Hospiz
Erzählung

5
Bodo Kirchhoff: Body-Building
Erzählung, Schauspiel, Essay

6
Thomas Bernhard: Die Billigesser

7
Sinclair: Der Fremde
Erzählung

8
Octavio Paz: Suche nach einer Mitte
Die großen Gedichte. Spanisch und Deutsch

9
Tove Ditlevsen: Sucht
Erinnerungen

edition suhrkamp. Neue Folge.

15
William G. Niederland:
Folgen der Verfolgung: Das Überlebenden-Syndrom

16
Politik der inneren Sicherheit
Hrsg.: Erhard Blankenburg

17
Der gerechte Krieg. *Christentum, Islam, Marxismus*

18
Darcy Ribeiro: Unterentwicklung, Kultur, Zivilisation
Essays

19
Uwe Johnson: Begleitumstände
Frankfurter Vorlesungen

20
Walter Benjamin: Moskauer Tagebuch
Vorwort von Gershom Scholem
Hrsg.: Gary Smith

21
Dieter Leisegang: Lauter letzte Worte
Gedichte und farbige Miniaturen

edition suhrkamp. Neue Folge.

22
Renate Rubinstein:
Nichts zu verlieren und dennoch Angst
Vorwort von Norbert Elias

23
Hanna Krall:
Schneller als der liebe Gott
Vorwort von Willy Brandt

24
Roberto Calasso:
Die geheime Geschichte
des Senatspräsidenten
Dr. Daniel Paul Schreber

25
Nicolaus Bornhorn:
America oder Der Frühling der Dinge

26
Winfried Menninghaus:
Paul Celan. Magie der Form

27
Claude Lévi-Strauss: Mythos und Bedeutung

28
Der Neger vom Dienst. *Afrikanische Erzählungen*
Hrsg.: Rüdiger Jestel

edition suhrkamp. Neue Folge.

29
Rainer Malkowski: Das weiße Schloß
Erzählung

30
Roland Barthes: Leçon/Lektion

31
Das kontrollierte Chaos. Die Krise der Abrüstung

32
Die Museen des Wahnsinns und die Zukunft der Psychiatrie
Hrsg.: Manfred M. Wambach

33
Alejo Carpentier: Stegreif und Kunstgriff
Essays

34
Ernst Kris/Otto Kurz: Die Legende vom Künstler
Ein geschichtlicher Versuch

35
Horst Antes: Künstler machen Bücher
Hrsg.: Klaus Gallwitz

edition suhrkamp. Neue Folge.

10
Hoffnung auf Frühling
Moderne chinesische Erzählungen
Band 1: 1919–1949

Hundert Blumen
Moderne chinesische Erzählungen
Band 2: 1949–1979

11
Paul Feyerabend: Erkenntnis für freie Menschen
Revidierte Ausgabe

12
Norbert Elias:
Der bürgerliche Künstler in der höfischen Gesellschaft
Am Beispiel Mozart

13
Stanisław Lem: Dialoge

14
Leo Löwenthal
Ein autobiographisches Gespräch
mit Helmut Dubiel